国家安全学系列丛书

总 主 编：叶 青
执行主编：李 翔

NATIONAL
Security Law

国家安全法学

主　编　叶 青
执行主编　李 翔
副主编　杨知文　杨海强

北京大学出版社
PEKING UNIVERSITY PRESS

图书在版编目(CIP)数据

国家安全法学/叶青主编. —北京:北京大学出版社,2023.1
国家安全学系列丛书
ISBN 978-7-301-33542-0

Ⅰ.①国… Ⅱ.①叶… Ⅲ.①国家安全法—法的理论—中国—高等学校—教材 Ⅳ.①D922.141

中国版本图书馆 CIP 数据核字(2022)第 209797 号

书　　名	国家安全法学 GUOJIA ANQUAN FAXUE
著作责任者	叶　青　主编
责任编辑	徐　音　吴康文
标准书号	ISBN 978-7-301-33542-0
出版发行	北京大学出版社
地　　址	北京市海淀区成府路 205 号　100871
网　　址	http://www.pup.cn　新浪微博:@北京大学出版社
电子邮箱	zpup@pup.cn
电　　话	邮购部 010-62752015　发行部 010-62750672 编辑部 021-62071998
印　刷　者	北京虎彩文化传播有限公司
经　销　者	新华书店
	730 毫米×980 毫米　16 开本　18.5 印张　308 千字 2023 年 1 月第 1 版　2024 年 3 月第 2 次印刷
定　　价	68.00 元

未经许可,不得以任何方式复制或抄袭本书之部分或全部内容。
版权所有,侵权必究
举报电话: 010-62752024　电子邮箱: fd@pup.cn
图书如有印装质量问题,请与出版部联系,电话: 010-62756370

总　序

国家安全学系列丛书由华东政法大学与北京大学出版社联合推出。系列丛书坚持总体国家安全观，注重体现新时代国家安全特点，注重反映国家安全理论与实践最新动态，包括教材、专著、论文集等多种形式，旨在为高校院所国家安全相关专业学生、研究人员和国家安全实务工作者提供可资学习、研究和工作指导的专业读物。

国家安全是指国家政权、主权、统一和领土完整、人民福祉、经济社会可持续发展和国家其他重大利益相对处于没有危险和不受内外威胁的状态，以及保障持续安全状态的能力。习近平总书记在2014年4月15日召开的中央国家安全委员会第一次会议上强调指出："当前我国国家安全内涵和外延比历史上任何时候都要丰富，时空领域比历史上任何时候都要宽广，内外因素比历史上任何时候都要复杂，必须坚持总体国家安全观，以人民安全为宗旨，以政治安全为根本，以经济安全为基础，以军事、文化、社会安全为保障，以促进国际安全为依托，走出一条中国特色国家安全道路。"习近平总书记明确提出了总体国家安全观，为我国国家安全工作提供强大思想武器。坚持总体国家安全观，统筹发展和安全，增强忧患意识，做到居安思危，已经成为我们党治国理政的一项重大原则。在总体国家安全观指引下，我国不断完善国家安全战略体系、政策体系和法治体系，持续推进国家安全治理体系和治理能力现代化，取得了前所未有的成果。

我国具有悠久历史，也曾多次经历治乱循环和兴衰更替，国家安全和社会安定是全体人民的共同期待，历代仁人志士为之不断探索奋斗，形成了非常丰富的国家安全经验和智慧。中国共产党诞生于国家内忧外患、民族危难之时，对国家安全的重要性有着刻骨铭心的认识。中华人民共和国成立后，党和国家高度重视国家安全工作，通过一系列重大举措巩固新生政权，巩固国防，不断推进社会主义改造和工业化、现代化建设，有力捍卫国家安全。改革开放以来，党和国家把维护国家安全和社会安定作为一项基础性工作来抓，为改革开放和社会主义现代化建设营造了良好安全环境。进入新时代，我国面临更为严峻的国家安全形势,外部压力前所未有,传统安全威胁和非传统安全威胁相互交织,"黑天鹅"事件和"灰犀牛"事件时有发生,国家安全工作在党和国家事业全局中的重要性进一步提升。习近平总书记指出,党的十八届三中全会决定成立国家安全委员会,是推进国家治理体系和治理能力现代化、实现国家长治久安的迫切要求,是全面建成小康社会、实现中华民族伟大复兴中国梦的重要保障,目的就是更好地适应我国国家安全面临的新形势、新任务,建立集中统一、高效权威的国家安全体制,加强对国家安全工作的领导。

国家安全工作在中央国家安全委员会统一部署下,坚决贯彻落实总体国家安全观。我国对内对外国家安全工作实践的突飞猛进对国家安全学术研究和学科发展提出迫切要求。与法学、政治学、经济学、社会学等传统学科相比,国家安全学学科发展相对滞后,相关研究长期分散在其他学科领域,未能形成独立的理论体系、话语体系和学科体系。全面贯彻落实总体国家安全观,要求建立与之相匹配的国家安全理论体系、话语体系和学科体系。2018年以来,教育部在试点基础上不断推进国家安全学学科建设。2021年,国务院学位委员会、教育部在交叉学科门类下正式设立国家安全学一级学科,标志着我国国家安全理论研究和学科建设迈入新的历史阶段。

一般认为,国家安全研究起源于二十世纪六七十年代,是在反思"一战""二战"和思考"冷战"的基础上逐渐形成的一个特定研究领域,是对战略研究的延续和拓展。早期的国家安全研究受战略研究影响比较明显,研究议题较为狭窄,主要局限于政治安全、军事安全、国土安全等传统安全领域,相关研究成果也主要分布于政治学、军事学、国际关系学等传统学科之中。随着国家安全环境和形势变化,人们对国家安全的认识也不断深入,新兴安全领域如经济安全、金融安全、社会安全、文化安全、生态安全、生物安全、科技安全、网络安全、数字安全、人工智能安全、资源安全、粮食安全、核安全、海外利益安全、太空安全、深海安全、极地安全、公共卫生安全等不断出现。当前,在总体国家安全观指引下,我国国家安全体系日益扩大,国家安全领域不断拓展,国家安全任务日益复杂化和专业化,新时代呼唤新的国家安全学。

在2017年2月17日召开的国家安全工作座谈会上,习近平总书记明确要求:"要加大对维护国家安全所需的物质、技术、装备、人才、法律、机制等保障方面的能力建设,更好适应国家安全工作需要。"国家安全工作特别是维护国家安全的专门工作,是对抗性、专业性、机密性极强的工作,从事这项专门工作的人员除具有坚定的政治立场、爱国主义精神外,还必须具备一定的专业知识和较强的专业能力。为此,《中华人民共和国国家安全法》规定,国家采取必要措施,招录、培养和管理国家安全工作专门人才和特殊人才。华东政法大学是中华人民共和国成立后创办的第一批社会主义高等政法院校。建校70年来,华政人遵循"笃行致知,明德崇法"的校训,发扬"逆境中崛起,忧患中奋进,辉煌中卓越"的精神,把学校建设成为一所以法学学科为主,兼有经济学、管理学、文学、工学等学科的办学特色鲜明的多科性应用研究型大学,被誉为"法学教育的东方明珠"。

依托法学、政治学等学科优势,华东政法大学多年来为我国政法战线、国家安全战线培养了一大批讲政治、懂法律、精外语的国家安全专业人才。进入新时代,华东政法大学在国家安全学术研究、智库研究、学科建设和人才培养上不断探索。2016年,华东政法大学整合校内多学科资源,组建成立中国法治战略研究中心。六年来,中心围绕法治中国、平安中国、美丽中国、科技强国、长三角一体化等国家重大战略持续开展学术与智库研究,积极发挥咨政建言和社会服务作用,取得了丰硕成果,先后获评"上海高校二类智库"和"上海市重点培育智库"。中心多位老师长期从事国家安全研究,发表了一系列高质量研究成果,为国家相关决策部门提供了许多有价值的智库专报。2020年,由我担任首席专家、上海市国家安全机关专门研究团队和我校中国法治战略研究中心的专门研究人员共同参与的国家社科基金重大项目"新时代国家安全法治的体系建设与实施措施研究"获批立项,阶段性成果已分别在《光明日报》《中国社会科学报》《法学》《政治与法律》等核心报刊公开发表。同年,在上海市法学会的领导与支持下,上海市法学会国家安全法律研究会成立,并有组织地开展国家安全法律理论与实务研究活动,编辑出版了《国家安全比较研究》会刊。2021年,我校"十四五"规划将国家安全学一级学科列为"十四五"时期学科建设重点任务,明确由中国法治战略研究中心具体承担国家安全学一级学科培育任务。2022年2月,我校自主设置交叉学科"国家安全法学"获教育部备案通过。未来,我校将不断拓展国家安全学二级学科布局,不断丰富国家安全学一级学科内涵,逐渐形成本硕博一体化人才培养体系,努力打造以国家安全法治为特色、覆盖各重点安全领域的国家安全科研智库品牌和人才培养高地。

长期以来，由于缺乏独立的国家安全学学科，我国从事国家安全教学科研的人员力量较为分散，研究成果相对也比较薄弱，很多领域缺少高质量的专著、译著和教材。鉴于此，我校联合北京大学出版社推出国家安全学系列丛书，希望对国家安全学理论创新、学科发展、人才培养起到一定推动作用。系列丛书由我担任总主编，我校发展规划处处长、学科建设办公室主任李翔教授担任执行主编，撰稿人均为我校长期研究国家安全理论的优秀中青年学者。系列丛书以习近平新时代中国特色社会主义思想为根本遵循，坚持总体国家安全观，着力阐述习近平法治思想，内容涉及国家安全学基础理论、国家安全战略、国家安全法治以及各重点安全领域等。目前，该系列丛书已有多部定稿，有的还在写作之中，之后将陆续出版面世。

"安而不忘危，存而不忘亡，治而不忘乱。"当今世界正经历百年未有之大变局，新一轮科技革命和产业变革深入发展，国际力量对比深刻调整，国际经济政治格局复杂多变，单边主义、保护主义、霸权主义对世界和平与发展构成威胁，我国所面临的国家安全风险挑战日益严峻复杂。必须坚持总体国家安全观，坚持统筹发展和安全，深入推进国家安全理论研究和学科建设，夯实国家安全的理论基础、制度基础、人才基础。"不积跬步，无以至千里。"华东政法大学将以系列丛书的编著为依托，扎实推进国家安全学一级学科建设，大力培养能够胜任各安全领域工作的专门人才。由于我国国家安全学学科建设刚刚起步，相关研究成果较少，又缺少成熟的建设经验作为参考，加之作者研究能力与写作水平有限，系列丛书难免存在诸多不足之处，希望各位方家不吝赐教，我们将虚心听取，并逐步完善和努力提升系列丛书质量，为我国国家安全事业和国家安全学学科发展添砖加瓦。

是为序。

华东政法大学校长、教授　叶青
2022 年 6 月 19 日于华政园

目 录

第一章 总体国家安全观 (1)
第一节 国家安全与国家安全观 (1)
第二节 总体国家安全观的演进历程 (11)

第二章 国家利益 (21)
第一节 国家利益与国家安全 (21)
第二节 国家核心利益和重大利益 (27)
第三节 国家安全面临的风险挑战 (31)

第三章 国家安全战略 (37)
第一节 国家安全战略的定义、要素和特征 (37)
第二节 国家安全战略的历史演进和总体布局 (41)
第三节 走中国特色的国家安全道路 (47)

第四章 国家安全体系 (52)
第一节 国家安全体系的重要领域 (52)
第二节 国家安全体系和能力建设 (60)

第五章 国家安全法治 (69)
第一节 全面依法治国与国家安全法治 (69)
第二节 国家安全法治的基本要义 (74)

第六章 中国当代国家安全法治的演进与发展 (86)
第一节 中国国家安全法治建设的发展阶段 (86)
第二节 中国当代国家安全法治演进的特点与经验 (91)

第七章 外国国家安全法治 (98)
第一节 美国国家安全法治 (98)
第二节 俄罗斯国家安全法治 (105)
第三节 英国国家安全法治 (109)

第四节 德国国家安全法治 …………………………………… (113)

第八章 全球安全法治 …………………………………………… (117)
  第一节 全球安全概述 ……………………………………… (117)
  第二节 全球安全合作机制 ………………………………… (122)
  第三节 构筑人类命运共同体 ……………………………… (124)

第九章 国家安全法律体系 …………………………………… (126)
  第一节 国家安全法律规范体系 …………………………… (126)
  第二节 国家安全的类型 …………………………………… (129)

第十章 国家安全基本法 ……………………………………… (135)
  第一节 宪法 ………………………………………………… (135)
  第二节 国家安全法 ………………………………………… (136)

第十一章 国家安全专门法 …………………………………… (150)
  第一节 反间谍法 …………………………………………… (150)
  第二节 国家情报法 ………………………………………… (155)
  第三节 反恐怖主义法 ……………………………………… (159)
  第四节 保守国家秘密法 …………………………………… (163)

第十二章 刑法与国家安全 …………………………………… (167)
  第一节 刑法与国家安全法律关系概述 …………………… (167)
  第二节 刑法保障国家安全之宏观现状 …………………… (170)
  第三节 刑法保障国家安全之微观解析 …………………… (172)

第十三章 行政法与国家安全法 ……………………………… (181)
  第一节 行政法与国家安全法律关系概述 ………………… (181)
  第二节 行政法与《国家安全法》的衔接问题 …………… (185)

第十四章 国家安全党内法规 ………………………………… (196)
  第一节 国家安全党内法规概述 …………………………… (196)
  第二节 中国共产党政法工作条例解读 …………………… (206)

第十五章 国家安全执法 ……………………………………… (213)
  第一节 国家安全执法概述 ………………………………… (213)
  第二节 维护国家安全职责分工 …………………………… (217)

第三节　国家安全刑事执法 …………………………… (224)
　　第四节　国家安全行政执法 …………………………… (229)

第十六章　国家安全司法 ……………………………………… (236)
　　第一节　国家安全司法概述 …………………………… (236)
　　第二节　国家安全司法功能的具体分析 ……………… (240)
　　第三节　我国国家安全司法实践 ……………………… (247)

第十七章　国家安全保障 ……………………………………… (250)
　　第一节　党的领导 ……………………………………… (250)
　　第二节　法制保障 ……………………………………… (253)
　　第三节　人才保障 ……………………………………… (255)
　　第四节　制度保障 ……………………………………… (258)
　　第五节　科技保障 ……………………………………… (259)
　　第六节　学科保障 ……………………………………… (261)
　　第七节　教育宣传保障 ………………………………… (263)

第十八章　危害国家安全的法律责任 ………………………… (265)
　　第一节　危害国家安全行为的认定 …………………… (265)
　　第二节　危害国家安全的行政责任 …………………… (267)
　　第三节　危害国家安全的刑事责任 …………………… (276)

后　记 …………………………………………………………… (284)

第一章　总体国家安全观

当前,我国已经进入中国特色社会主义新时代。面对中华民族伟大复兴战略全局和世界百年未有之大变局,我国一方面需要牢牢把握时代发展的正确方向,不断推动经济社会发展和满足人民对美好生活的向往,另一方面也要全力保障国家的总体安全,在充满挑战的世界局势中坚定前行。国家安全是关乎国家发展稳定和社会长治久安的重大战略问题。正如习近平总书记所强调的,"国家安全是安邦定国的重要基石,维护国家安全是全国各族人民根本利益所在"①。中国的发展面临着诸多不确定因素和外部挑战,因此,通过法治化、制度化和体系化的努力来促进和保障总体国家安全,已经成为国家发展的重要战略任务。做好新时代的国家安全工作,必须要坚持总体国家安全观。本书重点关注的国家安全法治建设和治理体系建设,均是在总体国家安全观的指导下展开的。因此,本章首先对国家安全和国家安全观的概念进行综合论述,进而系统总结总体国家安全观的基本内涵和演进历程,最后结合中国的国家安全实践,探讨贯彻总体国家安全观的具体路径。

第一节　国家安全与国家安全观

在人类文明发展史上,建构国家是最基本的政治行动之一,而确保国家的长治久安和稳定发展,则是保障人类文明存续的重要条件。因此,无论是"国家"还是"安全",在中西方都具有悠久的历史和丰富的实践。但是,"国家安全"作为一个确定概念的出现,则是较为晚近的事情。当维护国家安全上升为国家发展的重要任务时,相应的基本战略和指导思路就会逐渐形成特定的国家安全观。因此,在探讨总体国家安全观之前,有必要对国家安全和国家安全观进行一定的历史回顾和理论探析。

---

① 资料来源:https://news.12371.cn/2017/11/14/ARTI1510623959169870.shtml,2020年11月25日访问。

一、国家安全

什么是国家安全？从词汇构成来看，国家安全由"国家"和"安全"组成。如果仅从词汇的角度来看，中国古代已经出现了"国家安全"的用法。有学者曾经在日本看到，其保存的最古老的印刷字号标准手册上，印有六种不同字号"明朝体"的"天下泰平，国家安全"。① 即便这一词汇源自日本的特殊转借，但是其基本内涵仍然属于汉语的范畴。由此可见，从中国传统的角度来看，"国家安全"的基本内涵，大致上可以相当于国人极为熟悉的"国泰民安"一词，即"国家太平、人民安乐"之意。从这个角度来说，国家安全的观念在我国具有悠久的历史传统，同时也深刻影响了当代中国对国家安全的理解。2016年4月，习近平总书记在我国首个国家安全教育日到来之际作出重要指示强调："国泰民安是人民群众最基本、最普遍的愿望。实现中华民族伟大复兴的中国梦，保证人民安居乐业，国家安全是头等大事。"② 这表明，我国对国家安全的理解具有深厚的历史文化土壤，不仅重视安全对于国家发展的重要保障作用，同时也高度重视其对人民安居乐业的保障作用。

国家安全的核心词汇是"安全"。在汉语中，"安全"一词实际上是由"安"和"全"组成的。前者主要指"没有危险，不受威胁，不出事故"，如《易林·小畜之无妄》："道里夷易，安全无恙。"后者则是指"保护，保全"，如《晋书·慕容垂载记》："孤受主上不世之恩，故欲安全长乐公，使尽众赴京师，然后修复国家之业，与秦永为邻好。"③ 中国传统观念高度重视"安"的价值，而且"安"作为一种政治理念，与国家具有高度的关联性。一方面，传统中国重视作为统治基础的百姓，而农业社会的百姓具有较强的安土重迁观念，国泰民安、安居乐业是其天然的首要追求。换言之，中国对于安全的重视，首先是与居有定所联系在一起的，而在此基础之上才能够谋求发展。另一方面，传统中国对于"安"的界定，是与"危"联系在一起的。《易经·系辞下》中说："君子安而不忘危，存而不忘亡，治而不忘乱，是以身安而国家可保也。"这种"安不忘危""居安思危"的传统辩证思维，深刻影响着中国对于国家安全的理解。

---

① 刘江永：《可持续安全论》，清华大学出版社2016年版，第IX—XI页。
② 资料来源：https://news.12371.cn/2016/04/14/ARTI1460633279409342.shtml，2020年11月25日访问。
③ 夏征农、陈至立主编：《辞海》，上海辞书出版社2009年版，第35页。

需要指出的是，上述古代论述中所提到的"国家"一词，其主要用法大致与今天一致，但同时也存在一定的区别。从起源来看，中国古代诸侯称国，大夫称家，而"国家"则可以作为政权的"国"的通称。《尚书·立政》有言："其惟吉士，用劢相我国家。"《孟子·离娄上》则称："人有恒言，皆曰，'天下国家。'天下之本在国，国之本在家。"因此，尽管中国古代的"国"与"家"分别具有不同的内涵，但也形成了"家国一体"的基本观念。在这种情况下，古人对国家的认识更偏重于"国"，同时也不忽视作为"国之本"的"家"。因此，即便中国古代没有明确论述"国家安全"的资料，但是在各种典籍文献中，仍然可以找到关于国家安全的思想论述。如在政治安全上注重居安思危，有备无患；在经济安全上注重富民利民、恒产安国；在军事安全上注重国防、强化军备；在社会安全上注重民为邦本，本固邦宁；等等。这些思想在很大程度上奠定了中国此后两千多年国家安全思想的基调，而且也对建构具有中国特色的国家安全理论体系具有重要的现实意义。[①]

尽管从中国传统中可以找到诸多关于国家安全的论述，但是作为现代概念或术语的国家安全，主要起源于美国。1943年，美国总统外交顾问、专栏作家沃尔特·李普曼（Walter Lippmann）在《美国对外政策：共和国之盾》一书中提出了"国家安全"（National Security）的概念，并且将其定义为"在国家希望避免战争时，能免于必须牺牲核心价值的危险；在受到挑战时，它能通过赢得战争的胜利来保护这些核心价值"[②]。随着二战后美国全球利益网络的拓展，特别是冷战的开始，维护国家安全成为美国对外政策中的核心目标。在这种情况下，1947年7月，美国通过了《国家安全法案》，成立了国家安全委员会，下设中央情报局，协调政府各部门的情报工作。由此，"国家安全"一词开始进入国际社会的视野，并频繁出现在各国政府的法律和政策之中，成为国际政治和国际关系领域的一个常用概念。从这个角度来看，美国对于国家安全的理解和运用，主要侧重外交、军事和情报等领域，即侧重政治安全和军事安全，而这种倾向也长期影响了国际社会对国家安全这一概念的基本理解。

随着社会历史的发展，国家安全所涉及的领域不断拓展，逐渐从单纯的军事政治领域扩展到社会经济乃至国家发展的多个方面，因此，围绕国家安全的定义也在不断发展。特别是在国际关系学界，不同学者基于不同时代、

---

① 刘伟：《先秦时期国家安全思想述论》，载《国际安全研究》2019年第5期。
② 转引自储昭根：《安全的再定义及其边界》，载《国际论坛》2015年第4期。

观念和社会文化等影响而对国家安全作出的定义存在很大的差别,国家安全成为一种具有高度争议性的概念。当然,在这个过程中,也出现过一些较为权威的定义。例如,美国学者阿诺德·沃尔弗斯(Arnold Wolfers)曾从主客观结合的角度,对国家安全进行过经典的定义:"国家安全在客观上意味着不存在对获得价值的威胁,在主观上也不惧怕这些价值受到攻讦。"[1]该定义表明,国家安全虽然主要是一种客观状态,同时也是一种主观的认知,正是由于这种综合性,使得该定义产生了较大的影响。同时,这也表明,作为一种客观状态的"安全"往往要与特定主体的主观认知相联系,才能够具有特定的意义。因此,人对"安全"的不同感知和界定,决定了安全的内涵和目标具有很强的延展性,而国家对于安全的集体认知,也决定了国家安全内容和范畴的不断拓展。

改革开放以来,我国学术界也对国家安全进行了深入的探索。特别是在1983年筹备成立国家安全部前后,"国家安全"一词正式进入官方文件和话语体系之中。但是,最初国内对于国家安全的理解,仍然侧重于传统的安全范畴,即反间谍和军事安全等领域。随着改革开放的不断深入,国内实务界和学术界对于国家安全的认知也在不断推进,出现了一些关于国家安全的新定义。例如,有学者从国家利益的视角来进行界定,认为"国家安全是国家生存和发展的基础,指的是国家利益、特别是重大国家利益免受威胁或危害的状态"[2]。有学者从国家的内外环境角度来界定国家安全,认为国家安全反映的是国家所处的内外环境相对稳定的状态,其基本含义是"国家既没有外部威胁和侵害也没有内部混乱与疾患的客观状态"[3]。也有学者在批评安全概念无限泛化的基础上,从国际政治的视角进行了界定:"所谓国家安全是由客观存在的生存状态和利益关系与反映这种客观存在的主观感受的有机统一体所形成的结构,是国家间、国家与国际社会为谋求自身生存、免受威胁而形成的互动关系,其本质是国家生存利益的调适。它是一个特定国际政治范畴。"[4]还有学者兼顾了国家维护安全的能力,将国家安全界定为"一个国家免

---

[1] Arnold Wolfers, "National Security"as an Ambiguous Symbol, 67 *Political Science Quarterly* 481 (1952).
[2] 马维野:《国家安全·国家利益·新国家安全观》,载《当代世界与社会主义》2001年第6期。
[3] 刘跃进主编:《国家安全学》,中国政法大学出版社2004年版,第51页。
[4] 何贻纶:《国家安全观刍议》,载《政治学研究》2004年第3期。

受各种干扰、侵蚀、威胁和颠覆的状态和能力"①。

上述概念界定代表了我国学术界对于国家安全的基本认知。目前,我国对于国家安全的权威定义来自2015年通过的《中华人民共和国国家安全法》(以下简称《国家安全法》),该法第2条对国家安全作出概念界定:"国家安全是指国家政权、主权、统一和领土完整、人民福祉、经济社会可持续发展和国家其他重大利益相对处于没有危险和不受内外威胁的状态,以及保障持续安全状态的能力。"②该定义充分吸收了此前国内外关于国家安全定义的相关讨论,我们可以从以下三个方面来理解其内涵:

第一,明确了国家安全主要维护的是国家重大利益。这些重大利益既包括国家政权、主权、统一和领土完整等政治层面的利益,也包括人民福祉、经济社会可持续发展和其他方面的利益。这意味着,维护国家安全的核心内容,应当是国家的重大利益。换言之,国家安全关心的是国家发展的重要方面,维护的是具有根本性、决定性和全局性的国家重大利益。

第二,明确了国家安全的对立面是危险和内外威胁。对于国家安全而言,最重要的任务是消除各种危险和内外威胁。但是,来自各方面的隐患、风险和威胁往往是一种客观存在,难以完全消除。因此,维护国家安全就成为一项长期的历史任务。同时,只有对危险和内外威胁有更加清晰的认知和更为深入的把握,才能够真正推动维护国家安全做到有的放矢、万无一失。

第三,明确兼顾了国家安全的主观方面和客观方面。国家安全既是一种客观状态,同时也与主观认知密切相关。从国家治理体系和治理能力现代化的角度来看,国家安全属于国家治理体系的重要组成部分,而保障国家处于持续安全状态的能力,则是国家治理能力的重要方面。将保障国家安全的主观能力纳入国家安全的内涵,既呼应了国家治理现代化的内在需求,同时也强调了主观能动性的重要作用。由此观之,国家安全的观念和能力,对于维护国家安全的状态具有极其重要的作用。换言之,维护国家安全,必须注重国家安全观的建构和完善。

二、国家安全观

简单而言,"国家安全观"是有关国家安全及其相关问题的观念、认知和

---

① 李文良:《国家安全管理学》,吉林大学出版社2014年版,第2页。
② 《中华人民共和国国家安全法》,中国法制出版社2015年版,第3页。

战略判断的总和。然而,正如前文所述,对于"安全"和"国家安全"等核心概念的界定,由于观察角度、学科视野、时代背景和国别地区等诸多因素的影响,存在着较大的争议性,学术界并没有形成完全统一的认知。因此,对于国家安全观的总结和凝练,也要根据具体的国家和历史发展阶段而适时调整。从历史唯物主义的视角来看,自国家产生以后,维护国家安全就成为统治阶级及其政权的核心任务之一。国家既要维护国家主权和领土完整、抵御和消除外部侵略和威胁,同时也要保护国民人身和财产安全、维系政权和统治的稳定性和延续性。针对这些国家安全问题,统治阶级会形成一系列的具体认知、理论总结和战略判断,进而形成特定的国家安全观。

从这个角度来看,国家安全观虽然代表着某种主观认知,但是也具有较强的实践性和客观性。一方面,国家安全观需要由特定的行为主体来塑造,而这种主体往往是集体性的,如某个社会的国家、政府或执政党等。另一方面,国家安全观的形成也是一个社会历史过程,是各种主体不断互动、实践甚至妥协的结果,因而,关于国家安全的观念是随着时代的发展而不断变化的。因此,不能简单地从主观角度来理解国家安全观,同时也要深刻认识其客观性和社会历史特征,需要结合特定的时代和国情来加以界定和研究。

国内外学术界并没有形成对国家安全观的统一定义,而更关心对安全和国家安全所涉及的各种问题的多角度分析。值得注意的是,在国内外关于安全的研究中,安全的主体往往以国家为中心,因此在很多语境下,"安全观"和"国家安全观"是通用的。国内学者曾尝试对国家安全观进行界定,例如,有学者将其定义为:"国家安全观是对国家安全及国家安全相关问题的历史、现状、发展、规律、本质的认知、评价和预期,客观反映国家安全状态。"[①]该定义既从主观认知的角度概括了国家安全观的内容,同时也强调了其客观性。还有学者将其定义为:"国家安全观是安全行为主体对于如何维护、实现和保障国家安全所形成的总的观点、看法或理论。"[②]该定义强调了国家安全观的形成过程和目的,同时也强调了其理论特征。这些定义能够概括国家安全观的基本内涵,但关于国家安全的具体观念则具有更为多元的特征。

从国家安全研究和实践的发展趋势来看,关于"安全观"和"国家安全观"的各类研究经历了长期的历史发展,同时也出现了多种关于安全和安全观的

[①] 黎宏:《论总体国家安全观的变革性特征》,载《重庆大学学报(社会科学版)》2015 年第 3 期。
[②] 杜刚、钮菊生:《总体国家安全的国内政治基础》,载《南京政治学院学报》2016 年第 1 期。

概念性总结。这些关于国家安全观的不同表述和理论总结，既体现了国家安全观随着时代而发展变化的某种规律，同时也体现了不同国家和地区对于国家安全问题的多元化认知。具体而言，可以从下列角度对各类国家安全观的发展脉络和特征进行把握和考察。

第一，从历史发展的角度来看，国家安全观经历了从传统安全观到非传统安全观的历史性转向。传统安全和非传统安全是国家安全研究中的两大流派或分支。传统安全问题主要是指军事安全和政治安全，这是国家安全的基础。从历史上看，传统安全伴随着国家的产生而产生，意味着国家需要应对威胁其生存的基本安全问题，包括领土资源争端、民族宗教冲突和意识形态斗争等。如果这些问题不能得到解决，往往会导致国家之间的对抗、冲突乃至战争，而战争则关系到国家政权的存亡。因此，在很长的历史时期内，军事安全和政治安全构成了传统安全的基本内容，其中，军事安全几乎成为国家安全的同义词。在这种情况下，二战之后，国家安全日益成为各国关注的核心问题，传统安全观自然而然占据了主流，使得国家安全往往与谍报、军备和外交斗争等密切相关。例如，联合国的核心机构安全理事会（Security Council）的首要责任便是维护国际和平与安全。随着国际形势的发展，西方国家开始注意到新兴的国家安全问题，即探索政治、军事和外交等领域之外的、关乎国家前途命运的关键性挑战，并由此逐渐形成了新的非传统安全观念。

随着冷战的结束，国际格局从两极对峙逐渐向着多极化的方向发展，同时，蓬勃发展的经济全球化浪潮也推动着国际形势发生深刻变化。和平与发展日益成为时代主题，在这种情况下，尽管传统安全问题仍然存在，但是其重要性相对下降。与此同时，由于国际政治经济发展的不平衡性加剧和新的国际矛盾滋生，很多非传统的安全问题日益凸显，并且随着全球化的展开而对全人类提出了新的挑战。这些非传统安全问题包括但不限于：日益危害各国安全的国际恐怖袭击，严重影响全球和地区经济安全的大范围金融危机，重大传染性疾病蔓延导致的公共卫生危机，关系国家发展和战略能力的能源资源安全问题，电脑病毒、黑客攻击和数据泄露等网络信息安全问题，地震、海啸、极端天气等严重自然灾害，全球变暖、酸雨和臭氧层破坏等气候变化威胁，环境污染、生物多样性受损等生态安全问题，核设施与核材料的不当利用引发的核安全问题，等等。这些新兴的全球性或地区性的问题，已经超出了传统的政治军事安全范畴。由此,非传统安全观产生了愈发重要的影响,并且逐渐为各国所接受和重视。

第二,从安全层级的角度来看,国家安全观可以与集体安全观、国际安全观形成整体性互动。任何国家的安全状况都不是孤立存在的,而是在与其他国家或全球安全环境联系和互动的基础上形成的。正是因为如此,国际关系领域对于国家安全的研究,往往会提升至集体安全、国际安全和全球安全等层面来进行讨论。所谓集体安全,是指"国际社会设想的以集体力量威慑或制止其内部可能出现的侵略者和侵略行为的办法来保护每一个国家的国家安全的一种安全保障体系"[①]。其基本理论假设是面对具有高度普遍性的安全风险,各国应当形成安全保障的协调机制,通过集体合作来推动保障所有国家的安全,而保障一国安全便是保障其他国家的安全。集体安全最初是为了预防世界大战而产生,较为公认的、具有全球性的集体安全组织便是国际联盟和联合国。由于历史局限,一战后成立的国际联盟较为松散,并没有阻止二战的爆发。二战后成立的联合国成为新的国际性安全组织,并在其宪章中确立了全球性的集体安全保障原则。

因此,集体安全观本身其实是一种具有普遍性和全球化的安全理念,但在实践中,集体安全组织常常是地区性的。一些地区性的军事同盟或军事集团往往也以集体安全组织的面目出现。例如,有人认为北约便是一种"集体安全联盟",苏联解体后部分独联体国家成立的军事同盟就叫作"独联体集体安全条约组织"。但这实际上在某种程度上混淆了集体安全与军事结盟的概念,因为地区性的军事集团并不具有普遍性或集体参与性,而往往与大国争霸相关联,其导致的结果恰恰是各种不安全的因素增多。实际上,集体安全作为保障国家安全的一种重要观念,在实践中往往面临国家间实力悬殊、国家主权受限、各国认知不同等多种因素的制约。而且从根本上讲,集体安全的合作性与国家安全的竞争性之间,也存在着深刻的现实矛盾。因此,集体安全观作为建构国际安全体系的一种思路,仍然具有很强的理想性,需要诸多的主客观条件允许才能够得到真正的落实。

在国际关系研究领域,国际安全研究是一个重要分支,也是研究安全和国家安全问题的主要力量。"在国家安全、集体安全和国际安全中,国际安全

---

① 倪世雄等:《当代西方国际关系理论》,复旦大学出版社2001年版,第376页。

为最高阶段和最高形式,它的研究对象是国际社会生存、稳定,和平与发展的安全环境、条件和保障机制。"①关于国际安全的各种理论流派均有自身的国际安全观,其中最重要的流派是现实主义和自由主义。自由主义流派的国际安全观主要强调通过健全国际安全机制来维护国家安全,其中代表性的观念便是集体安全观。相较之下,现实主义流派的国际安全观则占据了主导地位,其基本观念认为,国际社会处于无政府状态,而以自我利益为中心的主权国家之间的关系是竞争性的,因此国家必须依靠自身的力量来维护安全,而不能将其安全依托于别国的善意。现实主义认为国际安全秩序是以国家实力和权力为基础的,而能够保证国际稳定的状态要么是主要国家及其联盟之间的势力均衡,要么是少数实力强大的国家基于自身利益所建立的霸权体制。② 关于国际安全的研究视角是多元的,但是构建国际安全的基础和核心目标仍然是国家安全。国家安全观、集体安全观和国际安全观之间存在密切关联,同时也具有复杂的内在矛盾和张力。因此,对于国家安全观的建构和发展,必然需要兼顾与"更高"层级的集体安全观和国际安全观的整体性互动。

第三,从国家实践的角度来看,不同国家提出了综合安全观、共同安全观、合作安全观等多元理念。如前所述,从冷战后期开始,国家安全的重心就开始从传统安全向非传统安全转变,而各种新的安全问题所具有的全球性特征,也推动了国际安全研究的转向。例如,1973 年的石油危机使西方国家认识到,经济上的相互依存已经成为影响国家安全的重要因素。1979 年,国际发展问题独立委员会(即勃兰特委员会)发表了题为《争取世界的生存》的报告,对"安全新概念"进行了定义,认为要更全面地理解安全问题,使其不仅仅限于军事方面,也要解决威胁人类的非军事问题。由此,各国对于安全的探索也逐渐向着更为综合与多元的方向发展。冷战结束之后,国际安全研究领域出现了所谓"综合化"的历史变化,有学者将其称为"国际安全的多层面研究",即囊括了政治安全、经济安全、军事安全、社会安全、环境安全等多层面的问题。③ 同时,关于安全主体的认知也在拓展,除了国家安全之外,与其具有内在关系的"个人安全""国民安全""地区安全""人类安全"等概念也开始受到重视。在这个过程中,一些国家和组织先后提出了维护国家安全和国际

---

① 倪世雄等:《当代西方国际关系理论》,复旦大学出版社 2001 年版,第 434 页。
② 朱立群:《欧洲安全组织与安全结构》,世界知识出版社 2002 年版,第 11—16 页。
③ David A. Baldwin, The Concept of Security, *23 Review of International Studies* 5 (1997).

安全的新观念,出现了更为多元的"新安全观",其中具有代表性的包括综合安全观、共同安全观和合作安全观。①

综合安全观来源于日本。20世纪70年代末,日本政府在《国家综合安全报告》中提出并阐述了"综合安全观",并据此制定了"综合安全保障战略"。这种观念认为,要防止和对付诸如战争、能源危机、资源危机、自然灾害等方面的威胁,必须将经济、政治、军事、外交等多种手段相结合,发挥其综合作用。这种观念虽然仍然以传统安全为核心,但已经注意到了经济安全、能源资源安全和生态安全等新的非传统安全问题,体现了国家安全观向着更为综合的方向发展的趋势。

共同安全观来源于欧洲。1982年,瑞典首相帕尔梅主持的非政府组织"裁军与安全问题独立委员会"就全球安全提出了一份题为《共同安全:一种生存蓝图》的报告,对于共同安全的目标、路径和原则进行了深入的阐发。该观念认为,"为避免战争,尤其是避免核战争,是一种共同的责任。世界各国的安全——甚至生存——是相互依赖的。"②1983年,联合国大会专门成立了一个政府间的研究小组,重点研究共同安全,最后发表了题为《安全概念》的研究报告,使得共同安全观有了新发展。共同安全主要关注的仍然是冷战时期的军事威胁,特别是大国间的战略核威慑,但是该观念强调了各国之间的相互依赖,代表了集体安全组织在冷战期间推动国家间避免军备竞赛、共同构建国际安全机制的一种新的努力。

合作安全观来源于北美。1988年,美国智库布鲁金斯学会明确提出了"合作安全"的概念,在冷战结束之后又对其进行了更为系统的阐述,形成了合作安全理论和较为完整的合作安全观。该观念是一种力求通过安全主体(国家主体和非国家主体)在一定范围内的合作谋求国家安全、地区安全乃至全球安全的主张。20世纪90年代,加拿大基于这种观念,开始在亚太地区推动合作安全,并且认为这种基于互信的多边合作,应当取代以势力均衡为基础的冷战安全观。这一时期,澳大利亚也接受了合作安全的观念,并且认为与共同安全相比,这种安全观强调循序渐进原则,因此更为实际和更具操作性。合作安全观符合冷战后新一轮全球化发展的历史潮流,在国家间的合作与共同发展日益成为时代主流的情况下,国家安全的维护也需要超越冷战与

---

① 参见刘跃进主编:《国家安全学》,中国政法大学出版社2004年版,第298—299页。
② 转引自任晓:《从集体安全到合作安全》,载《世界经济与政治》1998年第4期。

军事对抗的狭隘观念,加强国家行为体和非国家行为体之间的合作与互动。

第二节 总体国家安全观的演进历程

从世界范围来看,关于国家安全观的建构和发展,呈现出日益综合和多元的基本趋势。与此同时,我国关于国家安全的认识也呈现出不断演进和拓展的特征,并且形成了一系列新的国家安全观念。党的十八大以来,以习近平同志为核心的党中央准确把握新时代国家安全工作面临的内外形势,创造性地提出了"总体国家安全观"这一重大理论成果。2014年4月,习近平总书记在中央国家安全委员会第一次会议上首次指出,要准确把握国家安全形势变化新特点新趋势,坚持总体国家安全观,走出一条中国特色国家安全道路。由此,"总体国家安全观"正式提出,并被确立为我国国家安全工作的指导思想。以此为新起点,国家安全工作得到全面加强,其在党和国家事业全局中的重要性也日益凸显。随着新时代"五位一体"总体布局的统筹推进和"四个全面"战略布局的协调推进,总体国家安全观在内涵保持基本稳定的情况下,其外延和具体内容得到了不断的丰富和拓展。

一、总体国家安全观的基本内涵

当中国特色社会主义进入新时代,我国比历史上任何时期都更接近、更有信心和能力实现中华民族伟大复兴的目标。为了实现这一伟大梦想,就必须敢于斗争、敢于胜利,必须准备付出更为艰巨、更为艰苦的努力。在这个过程中,我国国家安全的内涵和外延比历史上任何时候都丰富,时空领域比历史上任何时候都宽广,内外因素比历史上任何时候都要复杂,各种可以预见和难以预见的安全风险挑战前所未有。[①] 在这种情况下,准确把握国家安全形势,认真贯彻总体国家安全观,把安全发展贯穿于国家发展的各领域和全过程,成为新时代国家安全工作的必由之路。

总体国家安全观的内涵,自首次提出之时便已经基本确定,但是具体表述则随着国家安全工作的不断深入而有所调整和完善。2014年4月15日,在中央国家安全委员会第一次会议上,习近平总书记发表重要讲话指出:要

---

① 《改革开放简史》,人民出版社2021年版,第372页。

准确把握国家安全形势变化新特点新趋势,坚持总体国家安全观,走出一条中国特色国家安全道路。同时,他对总体国家安全观的内涵进行了概括:"必须坚持总体国家安全观,以人民安全为宗旨,以政治安全为根本,以经济安全为基础,以军事、文化、社会安全为保障,以促进国际安全为依托,走出一条中国特色国家安全道路。"[①]同时,就如何贯彻落实总体国家安全观,习近平总书记还提出具体的要求,即"五个既重视又重视":既重视外部安全,又重视内部安全;既重视国土安全,又重视国民安全;既重视传统安全,又重视非传统安全;既重视发展问题,又重视安全问题;既重视自身安全,又重视共同安全。

2017年10月,党的十九大报告在论述"坚持总体国家安全观"时对其基本内涵进行了进一步的概括和阐述:"必须坚持国家利益至上,以人民安全为宗旨,以政治安全为根本,统筹外部安全和内部安全、国土安全和国民安全、传统安全和非传统安全、自身安全和共同安全,完善国家安全制度体系,加强国家安全能力建设,坚决维护国家主权、安全、发展利益。"[②]在党的十九大上,"坚持总体国家安全观"不仅成为新时代坚持和发展中国特色社会主义基本方略之一,同时也被写入新修订的党章。

2021年11月,党的十九届六中全会在总结党的百年奋斗重大成就和历史经验时,对于我国的国家安全形势进行了深刻总结:进入新时代,我国面临更为严峻的国家安全形势,外部压力前所未有,传统安全威胁和非传统安全威胁相互交织,"黑天鹅""灰犀牛"事件时有发生。同形势任务要求相比,我国维护国家安全能力不足,应对各种重大风险能力不强,维护国家安全的统筹协调机制不健全。面对这种形势,全会对总体国家安全观的基本内涵进行了新的概括:"必须坚持底线思维、居安思危、未雨绸缪,坚持国家利益至上,以人民安全为宗旨,以政治安全为根本,以经济安全为基础,以军事、科技、文化、社会安全为保障,以促进国际安全为依托,统筹发展和安全,统筹开放和安全,统筹传统安全和非传统安全,统筹自身安全和共同安全,统筹维护国家安全和塑造国家安全。"[③]

从上述党中央关于总体国家安全观的权威论述来看,总体国家安全观的

---

① 习近平:《习近平谈治国理政》第1卷,外文出版社2018年版,第200—201页。
② 资料来源:https://news.12371.cn/2017/11/14/ARTI1510623959169870.shtml,2020年11月25日访问。
③ 资料来源:http://www.gov.cn/xinwen/2021-11/16/content_5651269.htm,2022年3月1日访问。

基本内涵主要包括三个方面的内容,可以用"两项准则""五大要素"和"五个统筹"来进行概括(见表1.1):

表 1.1　总体国家安全观的基本内涵

总体国家安全观	
两项准则	坚持底线思维、居安思危、未雨绸缪
	坚持国家利益至上
五大要素	以人民安全为宗旨
	以政治安全为根本
	以经济安全为基础
	以军事、科技、文化、社会安全为保障
	以促进国际安全为依托
五个统筹	统筹发展和安全
	统筹开放和安全
	统筹传统安全和非传统安全
	统筹自身安全和共同安全
	统筹维护国家安全和塑造国家安全

第一,两项准则。一是坚持底线思维、居安思危、未雨绸缪。"底线思维"即是居安思危、未雨绸缪,体现了增强忧患意识、做到居安思危的治国理政重大原则。底线思维是习近平总书记反复强调的应对威胁和挑战的基本战略思维和方法,即凡事从坏处准备,努力争取最好的结果,这样才能有备无患、遇事不慌,增强自信,牢牢把握主动权。在国家安全问题上,他也曾指出:"坚持底线思维……把维护国家安全的主动权牢牢掌握在自己手中。"[①]二是坚持国家利益至上。如前所述,维护国家重大利益是国家安全的应有之义,维护国家的长治久安就是国家最大的利益。同时,对个体而言,坚持国家利益至上,就是要求我们牢固树立和增强危机意识和防范意识,对于危害国家利益、威胁国家安全的行为保持高度警惕。

第二,五大要素。即"以人民安全为宗旨,以政治安全为根本,以经济安全为基础,以军事、科技、文化、社会安全为保障,以促进国际安全为依托"。这五大要素也被认为构成了"五位一体"的国家安全体系,是总体国家安全观的基本内核。"以人民安全为宗旨"体现了中国共产党全心全意为人民服务

[①] 习近平:《习近平谈治国理政》第 2 卷,外文出版社 2018 年版,第 382 页。

的根本宗旨,也体现了以人民为中心的发展思想。不断实现人民对美好生活的向往,必然需要确保人民安全,因此,人民安全虽然不属于具体的国家安全领域,却是一切维护国家安全工作的宗旨。"以政治安全为根本"体现了国家安全中的传统安全因素和根本所在,一个国家的政治安全如果无法得到保证,那么其他方面的安全稳定与发展也就无从谈起。"以经济安全为基础"体现了经济基础决定上层建筑的历史唯物主义观点,而经济安全也是所谓非传统安全中最具基础性的要素,具有决定性的影响。"以军事、科技、文化、社会安全为保障"体现了国家安全的内部要素,既包括军事安全、科技安全等关乎"硬实力"的领域,也包括文化安全、社会安全等关于"软实力"的领域。"以国际安全为依托"则体现了国家安全的外部要素,克服外部威胁要通过树立正确的国际安全观,通过不断促进共同安全来增强自身安全。这五大要素清晰地揭示了国家安全的整体性和内在逻辑关系,同时也清晰地勾勒了中国特色国家安全道路的基本要求。①

第三,五个统筹。即"统筹发展和安全,统筹开放和安全,统筹传统安全和非传统安全,统筹自身安全和共同安全,统筹维护国家安全和塑造国家安全"。这五组相互统筹的关系性安全因素,是对习近平总书记首次提出总体国家安全观时强调的"五个既重视又重视"的发展和完善,体现了总体国家安全观的系统思维和方法,同时也为国家安全工作提供了工作指引。

"统筹发展和安全"强调了安全与发展的极端重要性及其深刻的内在关系;发展是安全的基础,安全是发展的条件。发展是党执政兴国的第一要务,国家安全同样也是头等大事。习近平总书记多次强调:"全面贯彻落实总体国家安全观,必须坚持统筹发展和安全两件大事,既要善于运用发展成果夯实国家安全的实力基础,又要善于塑造有利于经济社会发展的安全环境。"② 2020 年 7 月,中央政治局在高质量发展的目标定位"更高质量、更有效率、更加公平、更可持续"后面增加了"更为安全"。党的十九届五中全会进一步提出要统筹国内国际两个大局,办好发展和安全两件大事,注重防范和化解重大风险挑战,实现发展质量、结构、规模、速度、效益、安全相统一。因此,贯彻总体国家安全观,就是要把安全发展贯穿国家发展各领域和全过程,防范和

---

① 侯娜、池志培:《总体国家安全观研究新探》,中国商务出版社 2020 年版,第 19 页。
② 资料来源:http://www.gov.cn/xinwen/2018-04/17/content_5283445.htm,2022 年 3 月 1 日访问。

化解影响我国现代化进程的各种风险。

"统筹开放和安全"强调要在更高水平的开放中不断增强国家安全能力。对外开放是我国的基本国策,也是推动繁荣发展的必由之路,"越是开放越要重视安全,统筹好发展和安全两件大事,增强自身竞争能力、开放监管能力、风险防控能力"[①]。尽管当前国际形势复杂,不稳定性、不确定性因素不断增多,但正如习近平总书记多次强调的,"中国开放的大门不会关闭,只会越开越大"。更好地统筹对外开放和国家安全,就是要在推进开放的过程中创造有利于我国发展的安全环境。

"统筹传统安全和非传统安全"强调要在统筹传统安全与非传统安全领域的基础上构建大安全格局,打好国家安全的"总体战"。国家安全的具体和重点领域,均可以涵括在这两个密切相关的安全领域中。例如,政治、国土、军事等安全一般属于传统安全,而经济、文化、社会、科技、网络、生态、资源、核、海外利益、太空、深海、极地、生物等安全则属于非传统安全。统筹好传统安全和非传统安全,在很大程度上就是指构建统筹各领域安全的大安全格局,从而综合应对各种传统安全威胁与非传统安全威胁,更好地构筑国家安全屏障。

"统筹自身安全与共同安全"强调的是国家安全与国际安全、国内安全与海外安全、内部安全与外部安全之间的关系。各国的安全并不是孤立的,而是相互关联、相互依赖的。2014年5月,在上海举行的亚信(ATCA)第四次峰会上,习近平主席提出了共同、综合、合作和可持续的亚洲安全观。[②] 自此之后,中国积极践行共同、综合、合作、可持续的新安全观,推动构建新型国际关系,在积极维护我国利益的同时,促进世界各国共同繁荣。实现各国的共同安全,既是维护自身安全的外部保证,同时也是建设持久和平、普遍安全、共同繁荣、开放包容、清洁美丽世界的应有之义。

"统筹维护国家安全和塑造国家安全"强调的是要从更高层次促进国家安全能力的提升。塑造是更高层次、更具前瞻性的维护,维护和塑造是国家安全能力的两个方面。应当在具体的内外实践中,更好地运用维护国家安全

---

① 资料来源:http://www.gov.cn/xinwen/2020-10/14/content_5551299.htm,2022年3月1日访问。
② 共同,就是要尊重和保障每一个国家安全。综合,就是要统筹维护传统安全与非传统安全。合作,就是要通过合作与对话来促进本国和本地区的安全。可持续,就是要发展与安全来并重以实现持久安全。参见习近平:《习近平谈治国理政》第1卷,外文出版社2018年版,第354—356页。

和塑造国家安全的策略手段,不断增强塑造国家安全态势的能力。当前,我国正处于由大国向强国迈进的关键阶段,需要直面世界百年未有之大变局所带来的挑战和机遇。在这种情况下做好国家安全工作,不仅要着力维护好国家安全,还要主动塑造好内外安全环境,牢牢掌握国家安全工作的主动权。这就要求我国发挥负责任大国作用,同世界各国一道推动构建人类命运共同体。

二、总体国家安全观的外延拓展

如前所述,国家安全内涵和外延比历史上任何时候都要丰富,这并不是对国家安全概念的泛化,而是在准确把握国家安全发展规律基础上的战略判断。随着国家安全外延的不断拓展,总体国家安全观所涵盖的领域和范围也在不断增加。从这个角度来看,总体国家安全观是一种具有包容性、开放性和动态性的安全观。换言之,总体国家安全观的关键在于"总体",突出的是"大安全"理念,可以涵盖所有国家安全领域。而这些具体的领域就可以被理解为是总体国家安全观的外延,同时它们也共同构成了我国的国家安全体系。

2014年4月,习近平总书记在首次提出总体国家安全观时,明确指出了国家安全所涉及的具体领域,强调"构建集政治安全、国土安全、军事安全、经济安全、文化安全、社会安全、科技安全、信息安全、生态安全、资源安全、核安全等于一体的国家安全体系"①。这些安全领域既包括传统安全,也包括非传统安全,是我国在总体国家安全观指导下建构国家安全体系的基本内容,指明了国家安全的主阵地、主战场。

随着党和国家对国家安全工作的不断推进,总体国家安全观逐渐涵盖了更多具体的领域和任务。2015年通过的新《国家安全法》在第二章"维护国家安全的任务"中对上述11个领域的国家安全任务进行了明确的法律界定,同时增加了关于维护人民安全、金融安全、粮食安全、海外利益安全、外层空间安全、极地安全等方面的内容,并将其纳入总体国家安全观的范围。在具体表述中,信息安全被调整为网络与信息安全,并且在此后的实践中逐渐被网络安全所替代。此后,外层空间安全也被调整为太空安全。2020年2月,随

---

① 习近平:《习近平谈治国理政》第1卷,外文出版社2018年版,第201—356页。

着新冠肺炎疫情的暴发,习近平总书记在中央全面深化改革委员会第十二次会议上提出,把生物安全纳入国家安全体系。

党的十九届六中全会明确指出,总体国家安全观"涵盖政治、军事、国土、经济、文化、社会、科技、网络、生态、资源、核、海外利益、太空、深海、极地、生物等诸多领域"[①]。实际上,除了这16项主要领域之外,一些具体的安全领域也被反复强调,特别是经济安全中的金融安全和粮食安全,科技安全中的人工智能安全等。由此观之,总体国家安全观所涵盖的具体的领域是多样化的,并且会随着社会发展而不断拓展。

三、总体国家安全观的重大意义

总体国家安全观是以习近平同志为核心的党中央对国家安全理论的重大创新,是顺应新时代新形势新要求的国家安全战略思想,同时也是新时代坚持和发展中国特色社会主义的基本方略之一。总体国家安全观丰富了国家安全的内涵与外延,继承和发展了马克思主义国家安全观,是新时代维护国家安全的根本遵循,同时也是中国特色国家安全道路的指针。只有坚持总体国家安全观,才能够准确把握国家安全发展规律和要求,才能够对国家安全工作进行全面系统科学的布局,才能够有效应对当前日益复杂和严峻的国家安全形势。具体而言,我们可以从以下四个方面把握总体国家安全观的重大意义。

第一,总体国家安全观是顺应新时代新形势新要求的重大安全战略创新。从时代背景来看,随着中国特色社会主义进入新时代,我国面临的国内外形势日益复杂,必须时刻准备应对各种风险考验和重大挑战。就国内而言,新时代中国社会主要矛盾已经转变为人民日益增长的美好生活需要和不平衡不充分的发展之间的矛盾,全面深化改革进入攻坚期和深水区,社会矛盾多发,各类风险挑战层出不穷。因此,为了实现中华民族伟大复兴的伟大梦想,必须进行具有新历史特点的伟大斗争。同时,当今世界正面临百年未有之大变局,和平与发展仍然是时代主题,但世界面临的不稳定性、不确定性因素日益凸显,挑战层出不穷、风险日益增多,国

---

① 资料来源:http://www.gov.cn/xinwen/2021-11/16/content_5651269.htm,2022年3月1日访问。

际经济、科技、文化、安全、政治等格局都在发生深刻调整,世界进入动荡变革期。在这种情况下,习近平总书记深刻把握国内国际局势变化特点和趋势,科学地作出了统筹中华民族伟大复兴战略全局和世界百年未有之大变局的重要论断。总体国家安全观就是顺应这种新时代新形势新要求而提出并不断发展完善的重大安全战略创新。总体国家安全观涵盖了我国发展所面临的诸多安全领域,并且从战略层面系统回应了如何应对各类安全威胁和挑战的问题,为统筹国内国际两个大局、推动发展和安全协同发展提供了根本战略指引。

第二,总体国家安全观是中国特色社会主义国家安全理论的最新成果。从理论渊源来看,总体国家安全观科学运用马克思主义基本原理,全面总结我国维护国家安全的理论和实践,充分吸收中国传统安全思想和国际安全理论,创造性地形成了新时代中国特色社会主义的国家安全理论。党和国家历来高度重视国家安全问题,并且在不同的历史时期进行了有益的探索。中华人民共和国成立后,为了维护新生政权的建设和发展,党和国家更加重视政治安全和军事安全,将巩固国防与捍卫主权和领土完整摆在了突出的位置,体现了浓厚的传统安全观色彩。改革开放后,邓小平提出了"发展是硬道理"的重要论断,在国家安全上强调以发展求安全。随着党和国家对国家安全的认知不断深化,江泽民提出了以互信、互利、平等、合作为核心的新安全观。胡锦涛则进一步强调,要正确认识和把握国家安全形势发展变化,牢固树立综合安全观念。[①] 由此可见,我国的国家安全理论实现了由传统安全到非传统安全、从单一安全到综合安全的历史性发展,总体国家安全观就是在继承和发展我国国家安全理论和实践的基础上形成的最新成果。

第三,总体国家安全观是指导新时代国家安全工作实践的纲领性思想。从实践路径来看,总体国家安全观明确提出了国家安全工作的战略目标、基本原则和工作思路,强调走中国特色国家安全道路,对维护国家安全的工作实践提供了科学指引。其中最为重要的一个方面,就是坚持党对国家安全工作的领导。党的十八大以来,在党的坚强领导下,我国国家安全工作在制度建设、战略设计、法治保障和安全教育等方面均取得了重要实践进展。一是

[①] 张琳、赵佳伟:《中国共产党国家安全观的百年演进与现实启示》,载《学习与探索》2021年第12期。

设立中央国家安全委员会作为党领导国家安全的顶层设计机构,由此建立起集中统一、高效权威的国家安全领导体制。二是通过出台《中共中央关于国家安全工作的意见》、制定《国家安全战略纲要》等,明确国家安全工作的总体部署,不断完善国家安全保障体制机制。三是推动以《国家安全法》为中心的系列国家安全法律立法,逐步构建起中国特色国家安全法律体系,推动国家安全法治化发展。四是加强国家安全教育和学科化研究,一方面将每年的4月15日设立为法定的"全民国家安全教育日",大力提升全社会的国家安全意识;另一方面推动设立"国家安全学"学科,大力加强对国家安全的总体研究。

第四,总体国家安全观是实现中华民族伟大复兴的坚强保障。从国内目标来看,实现中华民族伟大复兴,是中华民族的根本利益所在,而坚持总体国家安全观,维护和塑造国家安全,可以为实现这一伟大梦想提供坚强的保障。近代以来,我国遭遇了前所未有的挑战,几乎完全丧失了自主维护国家安全的能力。主权丧失、国土沦陷、百姓流离、民族遭难的殷鉴并不遥远,这段苦难的历史表明,民族的富强必然需要国家安全的保障。当前,我国已经完成全面建成小康社会的第一个百年目标,迈向了全面建设社会主义现代化国家的新征程。正如习近平总书记多次强调的,我们比历史上任何时期都更接近、更有信心和能力实现中华民族伟大复兴的目标。随着"五位一体"总体布局和"四个全面"战略全局的不断推进,国家和人民对于安全的需求会愈加广泛,越接近奋斗目标,前进阻力和风险压力就越大。在这种情况下,全面践行总体国家安全观,不断提高维护国家安全的意识,增强维护国家安全的能力,就成为实现中华民族伟大复兴的必然要求。

第五,总体国家安全观是推动构建人类命运共同体的应有之义。从国际目标来看,安全问题事关全人类的前途命运,建设普遍安全的世界是构建人类命运共同体的基本内涵,同时也是总体国家安全观的重要目标所在。当今世界正面临百年未有之大变局,各国既面临新的发展机遇,同时也需要应对各种风险和挑战。在这种情况下,人类社会迫切需要建立新的发展观,构建更加公正合理的国际体系和国际秩序。我国提出构建人类命运共同体,就是为了实现人类社会和平永续发展,开辟出合作共赢、共建共享的新道路,为人类发展提供新的选择。人类命运共同体思想内涵丰富,其中一个重要方面就是"在安全上,倡导坚持以对话解决争端、以协商化解分歧,统筹应对传统和非传统安全威胁,反对一切形式的恐怖主义"①。中国与世界的关系越紧密,维护国家安全就越需要营造安全稳定的国际环境。总体国家安全观坚持和平发展、合作共赢、共建共享,为建设一个普遍安全的世界提供了中国方案。当然,无论是维护国家安全还是构建人类命运共同体,都是充满艰辛和曲折的事业,需要全面践行总体国家安全观,通过切实的国际合作和安全实践,不断推进各国的国家安全向着更加积极的方向发展。

---

① 中华人民共和国国务院新闻办公室编:《新时代的中国与世界》,人民出版社2019年版,第43页。

第二章 国家利益

党的十八大以来,党和国家事业发生了历史性变革,我国的发展站到了新的历史起点上,中国特色社会主义进入了新的发展阶段。近代以来,久经磨难的中华民族实现了从站起来、富起来到强起来的历史性飞跃。在新阶段新时代,我国的国家安全面临着复杂多变的新形势,维护国家安全面临新任务新目标。党的十八大以来,习近平总书记结合新时代内外安全新形势、我国社会矛盾的新变化,以及世界发展的大变局和大趋势,在继承和发展我国传统安全战略文化思想的基础上,创造性地提出了总体国家安全观。总体国家安全观是以习近平同志为核心的党中央治国理政新理念新思想新战略的重要组成部分,是一个随着国家安全实践持续推进、不断发展的开放的战略思想体系。其中,国家利益是国家安全战略的基石,是制定和实施安全战略的出发点。这要求我们必须对国家利益有更清晰准确的认识与理解。

第一节 国家利益与国家安全

一、国家利益的界定与本质特性

利益是一个十分广泛的社会概念,基本的词义就是"好处"。一般而言,凡是满足人的物质或精神需要的好处都可以称之为利益。利益的实现就是人的需要得到了满足。利益的重要的要素是需要和满足,既包括物质需要,如优越的衣食住行条件;也包括精神需要,如民族的尊严等。"国家利益"概念是在近代民族国家的形成过程中出现并发展起来的,是对国家的各种需求的高度概括,是一个主权国家在国际社会中生存需求和发展需求的总和,是一切满足国家全体人民物质与精神需要的最高体现。我国国际关系学者阎学通将"国家利益"定义为"一切满足民族国家全体人民物质与精神需要的东西"。具体而言,"在物质上,国家需要安全与发展;在精神上,国家需要国际社会尊重与承认"①。王逸舟则认为"国家利益是指民族国家追求的主要好处、权利或受益点,反映这个国家全体国民及各种利益集团的需求与兴趣"②。

从国家利益的外延来看,任何国家都存在三种基本需求:第一,确保国家生存,包括维护领土完整和保护本国公民的生命安全;第二,促进人民的经济福利与幸福;第三,保持社会制度和政府体系的自决与自主。这些要素在国家利益中居于最重要的地位,任何国家都必须加以维护,否则就会失去其合法性。此外,国家利益中还存在重要、次要以及不重要的要素。凡是涉及国家的需求,不论大小,都可以说是国家利益。

在现实中,国家利益不是单一的,而是由国家不同领域和不同主体的多重利益构成的,是一个不可分割的整体。国家利益按照不同标准可以有多种分类方法。从时效上看,国家利益可以分为长远利益、当前利益和潜在利益。从横向上看,国家利益在宏观上涉及国内与国际、传统威胁与非传统威胁,还涉及政治、国土、军事、经济、文化、社会等领域。从纵向上看,国家利益关系到全球层面、地区层面,也关系到国家内部的不同层面。

国家利益是近代民族国家发展的产物,并发展出多元的理论阐述和总结。其中影响最大的是现实主义和自由主义两种国家利益观。古典现实主义国家利益观的代表人物汉斯·摩根索用"权力"或"实力"(power)界定国家利益。因为,在国际体系中不存在可以实施法律和建立秩序的世界政府,所以国家要维持生存就必须追求自己的利益,其中最基本的利益就是争夺权力,保证本国的生存和安全。现实主义国家利益观强调了国家利益的排他性和冲突性。③ 新自由主义国家利益观兴起于20世纪70年代,随着全球范围内经济交往和联系越发紧密,不断加深的相互依赖使得保持稳定的国际秩序、进行互利合作符合各国的经济和安全利益。自由主义国家利益观凸显了国家利益的共同性和合作性。

现实主义和自由主义这两种竞争性的国家利益观体现出,国家利益的特性既有排他的一面,也有共同的一面;既有竞争的一面,也有合作的一面。一

---

① 阎学通:《中国国家利益分析》,天津人民出版社1996年版,第10—11页。
② 王逸舟:《国家利益再思考》,载《中国社会科学》2002年第2期。
③ Hans Morgenthau, *Politics Among Nations: The Struggle for Peace and Power* (6th ed.), Alfred Knopf, 1985, p.31.

方面,国家主权对内具有最高性,对外具有平等性,国家之上没有更高的权威,自然会有一些不容侵犯的特殊利益。例如,主权独立、领土完整是国家利益的根本体现和可靠保证。国家的主权和领土不容侵犯,是国家间应彼此尊重的核心和重大关切。这些国家利益是明确区分的,如果受到威胁或者侵犯,必须通过斗争加以维护。另一方面,很多国家利益也是共享的,即共同利益。随着全球化进程的加深,国家利益之间的重叠性日益显现出来。鉴于相互依赖的各方会产生共同利益,合作便成了维护国家利益的一种必要方式。这种合作不仅有益于经济利益,也有利于国家安全。在军控、生态、反恐、打击跨国犯罪等诸多领域,国家间合作都有成功实践。实践证明,国家可以通过合作的方式实现自身安全,这种合作甚至是必不可少的。

国家利益还具有客观性和可变性双重特性。美国国际关系学界一直存在着关于国家利益的"客观主义"与"主观主义"之争。前者认为国家利益是由一定历史条件和国内政治环境所决定的客观存在,可以客观和理性地予以确定,并将其视为一门科学。后者则认为,国家利益的确定是各种不同的主观观念及偏爱之间相互斗争的政治结果,由政治家进行解释,并为其政策和行为提供支持和辩护,该派将其视为一门艺术。事实上,国家利益中既有一部分给定的、不会改变的内容,也有部分随着时空不断变化的内涵。国家利益的基本要素是国家安全、领土完整、社会制度稳定和经济繁荣,这是国家核心利益所在,具有客观的性质,但是客观性本身并不排斥可变性。

王逸舟特别探讨了那些不断变化的界定国家利益的因素,他把这些因素分为内生变量与外生变量两大类。内生变量主要指广义上的社会生产方式和国家政体形态。"社会生产方式"既包括国家的科学技术水平和创新能力、经济增长率和民众生活的改善情况、对外开放度和贸易及投资的规模、人均产值和国民经济总收入等器物层面的要素,也包含诸如各族群在社会发展中的受益方式和水平、各阶级或阶层经济地位的相对变动、财富的分配方式和社会对此的评价、经济效率与社会公平的平衡程度等"软指标"。它们合在一起即马克思所说的"社会关系之总和"。所谓"国家政体形态"不仅指狭义的宪法条文和准则、执政党与其他参政党之间的关系、立法和司法机构与执法部门的关系等内容,而且指政治的开明程度与和谐程度、执政者的执政水平及接受批评监督的方式、社会的总体气氛等方面。它们共同反映一个国家的政治体制、政治文化和政治形象,规定着国家利益的伸缩程度及其在外交政策上体现出来的性质。①

界定国家利益的外生变量主要指一个国家的外部环境所包含的各种相关成分,如国际和平与冲突的现状、大国关系和国际组织内的合作氛围、邻国和相近区域的经济基础及其繁荣程度、世界经济成长的总体状况、信息的数量和质量及传送速度、特定时期国际社会的关注焦点、各种非政府机构和民间组织的活跃程度及作用方式,等等。包括了国家在决定其主要利益时所要考虑的一切外部因素。外生变量的变动性极大,在不同的历史时期,甚至在同一历史时期中,它们都可能呈现完全不同的形态,对各民族国家产生完全不同的影响,导致后者重新确立国家议程和定义国家利益。王逸舟指出,在全球化时代,虽然国家利益在形式上仍由国家(政府)决定,但其内涵早已不再纯粹是一个国家的决定,国家利益的定义和范围大大超出传统的认知框架。②

国家利益往往还具有至高无上的特点。国家利益反映了一国人民的共同和总体需求,是国际关系中作用最持久、影响力最大的因素。在当今世界,国家利益仍是一个国家制定和实施对外政策的主要依据,是调整国家对外关系的基本着眼点。新形势下做好国家安全工作,必须牢牢坚持国家利益至上原则。第一,国家利益是一切政策的出发点,任何不符合国家利益的政策、战略都需要进行调整。第二,对国家利益的认识要有明确的分层和重要性的排序,没有对利益的主次之分,就不可能真正维护好国家利益。第三,国家利益决定国家的具体目标,没有国家利益的指导,国家目标的制定就没有方向。③

国家利益至上并不是说把国家利益的所有组成部分都放在首位,而是必须对国家利益的内容进行区分,明确认识。国家利益可以分为核心利益、重大利益和一般利益,也可以分为整体利益、局部利益等。在界定本国利益和评估别国利益的过程中,最重要的是判定什么是必须坚持到底的生死攸关的核心利益。此外,在判断利益排序的基础上,还必须把利益具体化为国家的战略目标。在实践中,应对国家利益和国家战略目标加以区分:第一,虽然国家利益可以分层,但它总体具有宏观性。而国家目标既有宏观的,也有微观的。第二,国家利益是指导原则,通常不涉及操作层面,总的来看比较笼统概

---

① 王逸舟:《国家利益再思考》,载《中国社会科学》2002年第2期。
② 同上。
③ 《总体国家安全观干部读本》,人民出版社2016年版,第49—50页。

括。而国家目标既有指导性,又有操作性,既有总体方向,又有具体的实施指标。

在坚持国家利益至上时,应认识到国家利益高于地方利益,整体利益高于局部利益,但是国家利益和地方利益、整体利益和局部利益之间是矛盾统一、相辅相成的关系。强调前者,并不意味着否定后者。此外,维护本国利益要兼顾他国合理关切。从国际政治层面来看,各国维护自身的国家利益时总会与其他国家乃至整个国际社会产生密切联系。随着各国相互依存程度日益加深,各国人民的命运更加密切地联系在一起,国家安全既要着眼于本国利益,也要尊重他国利益,谋求各国共同发展。①

二、捍卫国家利益是国家安全工作的根本使命

国家安全工作的根本使命就是捍卫国家利益。国家利益是制定国家安全战略的出发点,决定国家安全目标及其实现手段和途径。做好国家安全工作,必须有清晰的国家利益观念。国家利益意识不强,国家安全战略就容易迷失方向,国家安全工作就会失去合力。

国家利益是人民利益的集中表现,二者相辅相成。我国是人民民主专政的社会主义国家。国家的一切权力属于人民,维护国家利益,最终受益的是广大人民群众。国家利益与人民利益是高度统一的。实现中华民族伟大复兴的最鲜明的特点,就是将国家、民族和人民视为一个命运共同体,将国家利益、民族利益和人民利益紧密联系在一起。

捍卫国家利益是国家安全工作的职责所在。国家利益的维护与国家安全工作的科学、全面部署息息相关。做好国家安全工作是维护国家利益的重要途径,坚决捍卫国家利益是国家安全工作的根本使命。有效维护国家利益,离不开国家安全工作的坚强保障。国家利益受到侵犯时,必须有效地予以回击,这是国家安全工作的神圣使命。《国家安全法》对国家安全的任务作出明确规定,要求在所有的安全领域捍卫国家利益,为实现国家安全目标提供有力的保障。

捍卫国家利益是国家安全工作的最高目标。在国家安全工作中,捍卫国家利益是最大公约数。将捍卫国家利益作为国家安全工作的最高目标,有利

---

① 《总体国家安全观干部读本》,人民出版社2016年版,第49—52页。

于形成准确定位、科学规划、统筹协调、有序开展的工作局面。坚持集中统一、高效权威的国家安全领导体制,落实全面系统、科学有效的《国家安全法》,秉承以人民安全为宗旨,坚决以捍卫国家利益作为国家安全工作的最高目标,是中国特色国家安全道路的必然选择。①

改革开放后,我国的国内国际形势面临着深刻的变化。特别是党的十八大以来,我国发展进入新时代,中华民族伟大复兴从"第一个百年"征程转向"第二个百年"目标。同时,我们也生活在一个巨变的时代,世界正经历百年未有之大变局。在此背景下,我国对如何理解定位与排序自身国家利益,以及在此基础上如何维护安全和促进利益实现等问题的认识也与时俱进。党的十八届三中全会提出:"当前,我国面临对外维护国家主权、安全、发展利益,对内维护政治安全和社会稳定的双重压力,各种可以预见和难以预见的风险因素明显增多。"②2014年4月15日,习近平总书记在中央国家安全委员会第一次会议上的讲话首次正式提出"总体国家安全观",他指出:

> 当前我国国家安全内涵和外延比历史上任何时候都要丰富,时空领域比历史上任何时候都要宽广,内外因素比历史上任何时候都要复杂,必须坚持总体国家安全观,以人民安全为宗旨,以政治安全为根本,以经济安全为基础,以军事、文化、社会安全为保障,以促进国际安全为依托,走出一条中国特色国家安全道路。

> 贯彻落实总体国家安全观,必须既重视外部安全,又重视内部安全,对内求发展、求变革、求稳定、建设平安中国,对外求和平、求合作、求共赢、建设和谐世界;既重视国土安全,又重视国民安全,坚持以民为本、以人为本,坚持国家安全一切为了人民、一切依靠人民,真正夯实国家安全的群众基础;既重视传统安全,又重视非传统安全,构建集政治安全、国土安全、军事安全、经济安全、文化安全、社会安全、科技安全、信息安全、生态安全、资源安全、核安全等于一体的国家安全体系;既重视发展问题,又重视安全问题,发展是安全的基础,安全是发展的条件,富国才能强兵,强兵才能卫国;既重视自身安全,又重视共同安全,打造命运共同体,推动各方朝着互利互惠、共同安全的目标相向而行。

---

① 《总体国家安全观干部读本》,人民出版社2016年版,第53页。
② 中共中央文献研究室编:《十八大以来重要文献选编》(上),中央文献出版社2014年版,第506页。

总体国家安全观的提出,深度拓展了国家安全利益的内涵,一系列新理念、新思想和新战略体现出党和国家致力于维护和塑造实现国家利益的环境,明确和实现国家利益的目标。

第二节 国家核心利益和重大利益

国家利益包含了各种重要性不一的要素,需要对其进行层次划分。中国社科院李少军认为,不同的层次划分体现了利益的不同内容以及利益的不同的重要性,国家对于不同层次的利益通常会做出不同性质的反应,从而表现出战略选择的轻重缓急。① 一般来说,国家采取维护自身利益的行为前,往往会根据客观情况和主观判断,确定自己的战略目标的先后顺序,并确定反应的程度。国家利益可以分为核心利益、重大利益和一般利益。核心利益主要是指关乎国家生存的利益。重大利益是对国家的经济利益、政治稳定以及人民福祉产生影响的利益。而一般利益是指不涉及国家福祉,对国家的安全和经济战略没有大影响的那些利益,如一国的公司在国外的经济利益等。这里主要分析的是国家安全战略指向的国家核心利益和重大利益。

一、核心利益

核心利益(core interests)有时也称为生死攸关的利益(vital interests)或战略利益(strategic interests),涉及的是国家的基本的和长期的目标,诸如国家安全。在这种利益上,国家是不能妥协的。进入 21 世纪,我国政府以不同形式、在不同场合阐明我国的核心利益,其中 2011 年由国务院新闻办公室发布的《中国的和平发展》白皮书首次以官方文件的形式明确界定了中国国家核心利益的具体内涵,即"国家主权,国家安全,领土完整,国家统一,中国宪法确立的国家政治制度和社会大局稳定,经济社会可持续发展的基本保障"。也就是习近平总书记总结的,"我国面临对外维护国家主权、安全、发展利益,对内维护政治安全和社会稳定的双重压力"。

核心利益具有客观性和普遍性,涉及国家的生存、独立和发展这三个方面主权国家的基本利益需求。西方学者皮尔逊(Frederic Pearson)和罗切斯

---

① 李少军:《论国家利益》,载《世界经济与政治》2003 年第 1 期。

特(Martin Rochester)也认为,主权国家的国家利益有着三项基本内容:第一,确保自身的生存,包括保护其公民的生命和维护领土完整;第二,促进其人民的经济福利与幸福;第三,保持其政府体系的自决与自主。这些内容构成了国家的核心价值和最基本的对外政策目标。①

中国人民解放军国防大学张英利总结了国家核心利益有四方面的特征:第一,相对性。国家的核心利益是在构成国家利益的各要素及其相互关系对比中产生的。对比的参照标准可能因时空、形势或战略需求有所改变。比如一个领土完整的国家不会把统一列为核心利益。第二,系统性。国家核心利益不可能单独聚焦某个方面,而是由若干相互联系的具有核心价值的事物组成的系统。第三,不可逆性。国家实现与维护国家核心利益的决心和意志不可逆转,其优先地位也不可动摇。国家核心利益不容干涉、侵犯和破坏。国家总是把维护核心利益放在优先位置。第四,选择性。构成国家核心利益的各事物各要素不可分割、不容偏废,但是可以排序。在国家核心利益诸要素中进行选择,是国家最高层面的战略决策,直接关系国家工作重心的转移与工作指导思想的改变。②

中华人民共和国成立以来,面对国际安全环境的变化,随着国家利益的拓展,基于维护国家安全的能力,我国的国家安全观念因势而变,与时俱进,体现了我国对国家利益特别是核心国家利益理解和定位的不断演变。

中华人民共和国成立初期,我国身处于以"战争与革命"为重要特征的国际形势中,长期面对不利的国际安全环境,捍卫政权安全、保卫国土安全、预防外敌入侵是维护国家利益的核心任务。因此,我国以维护政治安全、主权安全为根本,将军事手段作为维护国家安全的重要保障,经济社会发展在相当长的时期内服务于维护国家安全的需要。

改革开放进程启动后,国际形势也发生了重大变化,我国对安全环境的判断也随之调整,以经济建设为中心成为国家发展的基本思路,发展利益在国家核心利益中的地位逐渐提升。我国国家安全观转向发展安全,既重视安全,也重视发展。同时发展利益的内涵和外延也不断拓展,发展安全的关切变得多元化,维护发展安全的手段变得多样化,形成了"综合性"的安全观。

---

① Frederic Pearson & Martin Rochester, *International Relations* (4th ed.), McGraw-Hill, 1998, p. 177.
② 参见张英利:《新时期中国国家安全战略》,国防大学出版社2013年版,第19—21页。

党的十八大以来，面对愈加复杂的国际安全环境和深度拓展的国家安全利益，习近平总书记高屋建瓴，提出了总体国家安全观，认为安全是国家生存与发展的必要条件。党的十九大报告强调，统筹发展与安全，增强忧患意识，做到居安思危，是我们党治国理政的一个重大原则。在新的时期，我国的发展利益和安全利益地位并重，且相互关系愈发紧密，因此确立了"统筹发展和安全""维护与塑造国家安全并重""把安全发展贯穿国家发展各领域和全过程"等重要理念。①

在国家利益复杂化、安全威胁多样化、安全挑战联动化、安全目标多元化的新形势下，我国必须强化维护国家利益的底线意识，保持清醒的头脑，有效防范、管理、处理国家安全风险，有力应对、处置、化解社会安定挑战。维护国家利益要坚持底线思维，关键是维护好国家核心利益。我国核心利益的多重性、广泛性对做好国家安全工作提出了较高的要求。习近平总书记在不同场合反复阐明我国维护国家安全的决心和意志：要坚定不移地维护国家主权和领土完整，不惹事，但也不怕事，坚决捍卫正当合法权益；走和平发展道路，但绝不放弃正当权益，绝不牺牲国家核心利益；不回避矛盾和问题，国家主权和领土完整问题不容妥协，必须针锋相对，寸土必争；在一穷二白的时候敢于维护国家利益，不向外来压力弯腰、低头，现在发展强大了，更不会屈从于任何外来压力。这些重要论述体现了我们党勇于决断、敢于担当的战略胆识和坚强信念，向世界清晰表达了涉及我国核心利益的红线，亮明了我国维护核心利益的底线。

二、重大利益

所谓重大利益是指在重要程度上次于核心利益而又高于一般利益的那部分利益。这部分利益一般与国家的生存无关，但关乎国家的发展，涵盖政治、经济、安全、文化等诸多领域或层面，其存在形态既有物化形态的"显性利益"，如经济利益等，也包含观念形态的"隐性利益"，如国家尊严或国家形象等。由于重要利益无关国家的生死存亡，因而，政府在这些利益上是可以进行谈判或做出妥协的。

王逸舟提出了三个处于首要位置的国家利益：第一，完成民族国家的建

---

① 参见凌胜利、杨帆：《新中国 70 年国家安全观的演变：认知、内涵与应对》，载《国际安全研究》2019 年第 6 期。

设尤其是完成"四个现代化"建设,包括国家富强、经济发展、社会稳定、广大民众安居乐业,在此基础上积极稳妥地推进政治民主化和法治化建设,铲除腐败的根基,在减少地区经济差别和不断改进生活质量的前提下,保证各民族的和睦相处。第二,争取在不造成大的震荡和外部冲突的条件下,保障我国领土领海的完整和不受侵犯,加快推进祖国统一大业的实现,使中国在各个领域全面崛起的过程同时是一个彻底革除历史遗留的分裂分治格局的进程。第三,不仅要发挥亚太地区重要大国的主导作用,更要争取成为国际社会"指导委员会"(如联合国)和各种国际机制的重要成员,在"有理、有利、有节"和"斗而不破"的策略指导下,渐进地和有效地推动现有的国际政治经济秩序的改造,使之更加符合多数国家的利益和人类进步的方向。①

这三大利益之下,可以划分出相对次要的各种利益层次。比如,在"发展利益"的层次下面可区分出经济发展、政治发展、社会发展、文化发展等利益;在"主权利益"层次里,可区分出增强国防实力、锻造若干"撒手锏"、遏止内部分裂势力与减小地区差别、维护领土完整和收回某些争议区域、解决台湾与祖国大陆的统一问题、在公海和极地开发以及太空探索方面保障应有权益、争取国际组织的充分代表权等利益;在"责任利益"层次里可区分出维护朝鲜半岛的和平与稳定、减少南亚次大陆的冲突可能、在中亚能源和天然气开发中保持国际合作气氛、支持东南亚地区各国为地区一体化推出的某些倡议、主导大中华圈以至东亚经济圈的有序推进、进而使亚洲真正成为亚洲人的亚洲、推动国际体系稳定的多极化进程、逐步改造西方国家主宰的国际机制和国际法规则等利益。这些次一级的利益还可做进一步的分解,主要取决于具体的需要和条件。②

总体国家安全观论述了政治安全、国土安全、军事安全、经济安全、文化安全、社会安全、科技安全、信息安全、生态安全、资源安全、核安全、海外利益安全等12个重点领域,还涉及太空、深海和极地等安全问题。这些领域是涉及中国当前核心利益和重大利益的安全利益。

其中科技安全必须受到特别的重视。科技安全和其他安全要素间的关系最为密切,它强烈地渗透于各个要素,甚至决定着其他要素,尤其对军事安全、经济安全的影响更为显著,这是由科学技术在当今国家政治、经济、社会

---

① 王逸舟:《国家利益再思考》,载《中国社会科学》2002年第2期。
② 同上。

发展中的作用所决定的。在未来的知识经济中,知识,特别是科学技术知识将是最宝贵的资源和生产要素。一个国家创造知识和应用知识的能力已经成为影响其综合国力和国际竞争力的决定性因素。科学技术直接成为国际关系中的重要武器与筹码,成为维系国家安全和发展的最重要的战略资源。世界各主要国家更是将知识及其各种载体,如知识产权、关键技术、专利许可、科技人才等,当作参与国际竞争的重要武器。知识的这些形态和载体常常还没有与武器、军备、经济增长发生直接的联系,就被拿来当作政治斗争与国际竞争的工具。在知识经济条件下,科学发明和技术创新及产生这些发明的实力和潜力本身都成为国际政治斗争的工具,成为国家获取政治利益、经济利益和军事利益的重要武器,因此,科技安全在国家利益和安全中的地位与作用日益突出。

第三节 国家安全面临的风险挑战

一、日益复杂的内外安全形势

2019年1月,习近平总书记在省部级主要领导干部坚持底线思维着力防范化解重大风险专题研讨班上指出,面对波谲云诡的国际形势、复杂敏感的周边环境、艰巨繁重的改革发展稳定任务,我们必须始终保持高度警惕,既要高度警惕"黑天鹅"事件,也要防范"灰犀牛"事件。2020年11月,习近平总书记在关于"十四五"规划建议的说明中指出,当前和今后一个时期是我国各类矛盾和风险的易发期,各种可以预见和难以预见的风险因素明显增多。这些论断体现出习近平总书记与时俱进、总揽全局的风险意识。他深刻地揭示了我国从富起来坚定走向强起来的道路上,面临的内部和外部的风险考验的艰巨性和复杂性。内外风险的联动不断增强,成为我国面临的安全挑战的新特征和长期趋势。我国改革开放进程继续深入推进,内外因素的联动对安全的威胁有着显著的叠加放大效应,冲击着我国主权、政治、经济、社会等领域的国家利益。

从外部看,国际安全环境发生深刻变化,百年未有之大变局带来国际政治和大国关系的深刻调整。当前我国面临的主要国际安全风险之一,就是大国博弈全面激化,愈演愈烈。中美关系的竞争性甚至是冲突性越发突出。自奥巴马时期开始,美国的国际战略重心特别是对华政策就在逐步调整。特朗普上台之后,美国政府悍然发动对华贸易战,随后又在科技、地缘、人文、意识形态等领域对华遏制打压。这一举动严重威胁了我国的主权、领土、政治、发展、文化等利益,深刻损害了我国国家和人民的合法权益。拜登政府并未调整对华政策,中美陷入"新冷战"的风险持续增大,世界和平与发展的前景也面临巨大的挑战。

中美博弈还深刻影响着我国的周边安全。一些域外大国试图将涉及我国领土主权、国土安全的议题国际化,通过外交、军事、情报等方式加以介入,直接威胁我国的安全利益。例如,美、日、澳、印等国建立"四方会谈"机制,利用新冠大流行和亚太地区争端,大力渲染和攻击其与我国的意识形态差异以及安全矛盾。此外,随着国际局势的日趋复杂和我国国际参与的日益增多,我国的海外利益面临的风险因素显著增多,成为他国单边主义、民粹主义以及恐怖主义的冲击对象,我国企业和公民面临着他国政局动荡、歧视性执法和社会骚乱等多重风险。

从国内来看,我国发展进入转型关键期,更需确保安全和发展的动态平衡。党的十九大报告明确指出,我国社会的主要矛盾已经转化为人民日益增长的美好生活需要和不平衡不充分的发展之间的矛盾。这标志着我国进入了新的发展阶段,中国特色社会主义进入新时代,我国维护国家安全的时代课题也随之发生变化。党的十九届五中全会指出,我国在农业、城乡、生态环保、民生保障、社会治理等领域仍存在风险或短板。农业方面,我国粮食进口不断增加,对外依存度提升。生态领域,我国生态平衡脆弱,生态资源仍然匮乏,人均水资源量只有2048立方米,约为世界平均水平的1/4。我国教育、医疗、养老发展相对滞后,资源分布不均,给全社会带来的负担日益突出。我国人口面临老龄化、就业难和社会流动增加三重压力,我国依然是世界上最大的发展中国家,结构性、体制性、周期性问题相互交织,这给我国满足广大人民群众日益增长的美好生活需要和维护人民安全带来了持续压力。

二、重点领域的国家安全面临的风险挑战

总体国家安全观是开放性的安全观,具有包容性、开放性和动态性。国家安全体系不仅涉及政治安全、国土安全等12个重点领域,还涉及太空、深海和极地等安全问题,各重点领域都面临着复杂多变的安全威胁与挑战。

在政治安全领域,随着我国的综合国力和国际影响力持续快速增强,国内外的敌对势力也加强了对我国的渗透,严重威胁着我国的政治安全。同时,国内经济改革发展,社会阶层分化,一些腐朽落后的社会现象也侵蚀着我国的政治安全。我国不仅要面对国际新形势带来的主权、制度和意识形态安全的压力,还要面对国内改革开放所带来的新变化和新情况。首先,西方敌对势力的威胁是不容忽视的重要因素。这些势力不愿看到一个强大的社会主义国家,千方百计煽动和利用我国转型期的人民内部矛盾,企图发动和平演变和颜色革命推翻中国共产党的领导,颠覆社会主义制度。其次,腐败问题仍然是我国一项任重道远的持久战。一些党员干部官本位思想难以破除,忘记初心,脱离群众,为人民服务流于口号,长此以往,将逐渐腐蚀党的执政地位。必须从党内建设开始,严肃处理党内腐败问题,积极联系群众,巩固执政基础。再次,分裂势力对多民族国家的国家认同构成严峻挑战。边疆和境外的民族分裂势力制造恐怖主义活动和社会动乱,一些国家诋毁我国的"一国两制"体制,妄图干涉我国内政,严重威胁着我国的政权稳定和国家统一。最后,网络信息技术发展也为政治安全带来挑战。网络的普及极大促进了信息传播,但网络生态纷繁复杂,难以规范,同时发达国家仍掌握着技术和话语的主导权,对我国的政治安全具有现实和潜在的威胁。

在国土安全领域,我国幅员辽阔,边境线长,领土、领海主权依然面临着诸多的挑战,内部分裂势力也影响着我国的安全与稳定。首先,陆地边境、海洋权益存在严峻挑战。我国与印度等国仍存在少数领土争端,与8个海上邻国存在领海争议。习近平总书记在十八届中央政治局第八次集体学习时指出:"二十一世纪,人类进入了大规模开发利用海洋的时期。海洋在国家经济发展格局和对外开放中的作用更加重要,在维护国家主权、安全、发展利益中的地位更加突出,在国家生态文明建设中的角色更加显著,在国际政治、经济、军事、科技竞争中的战略地位也明显上升。"[①]域外势力也介入了中国南海等海洋事务,使得安全威胁更加突出。其次,民族分裂势力构成了长期威胁。"藏独""东突独"等民族分裂势力,打着"民主""宗教自由"的旗号,勾结境外敌对势力,企图用暴力恐怖手段破坏民族团结,严重影响边疆秩序和国家稳定。最后,国际安全舆情有待改善。在我国的领土海洋争议中,一些域外大国利用其在国际社会的话语权制造不利于我国的国际舆论,诋毁抹黑我国的

---

① 习近平:《进一步关心海洋认识海洋经略海洋 推动海洋强国建设不断取得新成就》,载《人民日报》2013年8月1日第1版。

国际形象,不利于国际社会理解和支持我国的正当权益和立场,不利于营造友善的国际舆论环境。

我国的军事安全也面临着种种威胁与挑战。首先,随着国际格局的变化,我国地缘战略环境越发复杂,我国与众多邻国既有老矛盾,也有新摩擦,国家周边存在着诸多地区热点问题,此外,国际恐怖主义等跨国威胁与之相交织。其次,"台独"等内部分裂主义势力是我国军事威胁的重要来源。台湾问题在大国的操纵下,不仅可能成为和平时期遏制我国发展、破坏我国稳定的楔子,还存在着突破红线、冲突激化,引发军事对抗的风险。最后,军事科技和军队管理体制的竞争越发激烈,我国在军事科技时代掌握主动权,革除军队建设的体制性障碍、结构性矛盾、政策性问题,建立先进高效的组织管理体制等方面面临着巨大的挑战。

新常态下,我国经济安全面临着众多突出威胁与挑战。第一,经济全球化风险上升。随着全球化程度不断加深,国际贸易扩张、国际资本流动和汇率波动加剧,给一国经济安全带来更多风险。经济全球化和本国的生产供应、社会就业安全也存在一定矛盾,发达国家利用国际规则标准维护自身优势特权,这些因素都对我国经济安全形成了严峻的挑战。第二,国际金融形势复杂,他国政策外溢效应和金融危机的深层影响长期存在。我国经济处于转型关键期,金融领域还存在短板和隐患,信息技术的广泛应用也带来了全新的挑战。第三,粮食安全形势严峻。我国农业全产业链面临被进一步挤压和控制的风险,农业生态环境和农产品治理安全风险突出,农业在国际化发展过程中面临的安全风险也在持续加大。第四,产业安全问题日益突出。新一轮科技革命和产业变革正处于主要交汇期,但我国经济发展模式亟待改进,产业结构尚待调整优化;缺乏处于全球价值链引领位置的产业,产业集群、商业品牌和核心技术存在短板;核心创新能力有待进一步提升。第五,贸易安全问题突出。全球主要经济体增速下降对我国维护贸易安全产生显著压力,国际经济贸易格局的重大调整及其规则的变化深刻影响着我国的贸易安全,我国在国际分工体系中的中低端位置是影响贸易安全的不利因素。此外,财政安全和社会保险、网络、人口、就业、资源、生态、房地产等领域也存在着需要重视的安全风险。

我国文化领域也面临着国内外的种种威胁。第一,国外政府或组织披着普世价值的外衣进行有组织有预谋的舆论宣传,企图削弱社会主义制度的吸引力,攻击党的合法性和历史基础。第二,全球化与信息化交汇,虚假信息能够快速实现跨国传播,严重冲击了我国原有保障文化安全的途径。第三,传统文化的糟粕在社会主义市场经济的今天以各种形式沉渣泛起,与社会主义核心价值观倡导的现代科学理性的价值相背离,侵蚀着人们对马克思主义科学世界观和社会主义核心价值观的信仰。第四,低俗文化低级趣味带来异化的精神产品,腐蚀人民精神健康。

新形势下我国社会安定面临的威胁和挑战增多。第一,环境质量、自然灾害、生态失衡等自然风险破坏社会安全与稳定。第二,城镇化进程中问题繁多,城市和农村大量土地被破坏并引发生态危机,同时大量农村人口涌入城市,失业率和生存压力提升。第三,公共卫生事件频发,可能对社会公众健康造成严重损害,冲击社会安全和秩序,对我国医疗保障体系和应急能力提出巨大挑战。第四,经济快速发展带来了经济扰动、金融市场波动、产业结构变化、就业收入差距等众多风险挑战。第五,信息化带来新发展的同时产生新问题,网络犯罪、个人隐私、信息安全等构成严峻的网络安全形势。第六,国际恐怖主义猖獗,严重扰乱社会秩序,严重威胁人民生命财产和社会安全。

我国科技安全面临的压力挑战日益突出。第一,科技综合实力不高,自主创新能力不足,与西方发达国家相比存在着较大差距,许多领域的技术依赖严重。第二,部分发达国家大力遏制我国的科技发展,限制我国以技术手段提高国家综合实力和国际竞争力,如中兴制裁、华为禁令、留学和科研合作限制等。第三,科技情报保护工作存在不足,科技情报国际窃取与反窃取斗争越发复杂,科技机密泄露造成巨大损失。第四,科技人才资源面临诸多挑战,科技人才国际争夺战越来越激烈,我国科技人才结构存在不足,还存在着人才浪费现象。第五,科技体制不完善不健全,机构重叠,多头交叉,重微轻宏,结构功能不够完善等。

我国网络信息安全形势日益严峻。第一,多头管理,分工不明,体制权责不清、效率不高。第二,网络攻击日益泛化,个人、团体或国家通过互联网对相关重要基础设施发动攻击活动,对国家安全和利益构成重大威胁。第三,网络空间的观念或意识形态博弈更加分散和隐蔽,互联网中的观念冲突成为国家安全的一个重大威胁来源。第四,国家主权、制度、规范面临互联网的冲击,亟须对我国的法律、法规、制度进行调整优化。

我国复杂的生态安全挑战长期存在。荒漠化、水土流失、生态多样性减少、湿地面积萎缩、生物入侵、气候变化等都是非常突出的问题,需要综合系统长效的治理。同时,我国经济持续快速增长,给自然资源和生态环境带来了日益沉重的压力,资源供给压力持续增大。资源利用率低,对外依存度偏高。持续增长的人口与经济加剧了资源压力,错综复杂的国际形势也增加了能源、原材料等资源供应的风险。

我国核安全面临着以下几方面的威胁。第一,世界核战略稳定出现变数,美俄之间的核军备竞赛并未完全结束,军备控制的协议存续和执行面临巨大挑战。第二,"伊核""朝核"等问题突出,国际核不扩散体系受到冲击,地区紧张局势不容乐观。第三,中国南部边境上的印巴冲突难以彻底解决。第四,核恐怖主义威胁上升,这是核安全问题的核心,一些国家和地区关于核原料的地下走私网络活跃,恐怖组织把网络攻击瞄向了一些重要的核基础设施。同时核设施保护状况欠佳,缺乏完善的监管和保护标准体系。此外,核设施在生产过程中也存在着很大的安全隐患。

随着我国国际交往的增多和国际活动的拓展,我国的海外利益也面临着诸多风险。第一,在海外政治利益方面,我国海洋领土争端不断,驻外使馆屡受攻击。第二,在海外经济利益上,贸易保护主义和海外投资壁垒等风险日益加大。第三,海外安全利益面临复杂多变的国际环境,传统安全和非传统安全威胁层出不穷,而海外利益保护的相关法律制度却非常薄弱。第四,海外文化利益面临文化传播受阻和文化入侵泛滥等现象。第五,海上资源利益受到海上通道受阻以及资源争夺加剧等威胁挑战。

习近平总书记在二十大报告中指出:"世纪疫情影响深远,逆全球化思潮抬头,单边主义、保护主义明显上升,世界经济复苏乏力,局部冲突和动荡频发,全球性问题加剧,世界进入新的动荡变革期。""我国发展进入战略机遇和风险挑战并存、不确定难预料因素增多的时期,各种'黑天鹅''灰犀牛'事件随时可能发生。"因此,国家安全需求和安全能力的矛盾更加突出,需要进一步推进和完善国家安全体系和安全能力的现代化。同时,我国与世界的联系越来越紧密,相互依存、相互影响的程度不断加深,人类组成了一个命运共同体,对和平、发展、合作、共赢有着共同的强烈需求,人类共同面对的威胁与挑战也日益凸显和严峻。总体国家安全观是我国为应对人类威胁而提出的中国方案,不仅服务于中国的国家利益,也指向人类的共同利益和总体利益。

第三章　国家安全战略

坚持总体国家安全观,确立新时期的国家安全战略,是全面建成小康社会、实现中国梦的重要保障。2012年中国共产党第十八次全国代表大会首次提出了"国家发展战略和安全战略"问题。2015年1月23日,中共中央政治局召开会议,审议通过了《国家安全战略纲要》。2017年习近平总书记在党的十九大报告中明确指出:"要完善国家安全战略和国家安全政策,坚决维护国家政治安全,统筹推进各项安全工作。"在中国特色社会主义建设的新阶段,中华民族伟大复兴事业的新时期,党和国家正不断探索我国的国家安全战略。2022年10月,习近平总书记在党的二十大报告中以战略思维布局国家安全,将国家安全置于报告的显要位置,充分体现出"推进国家安全体系和能力现代化,坚决维护国家安全和社会稳定"是拓展和实现"中国式现代化"的题中之义和重中之重。

第一节　国家安全战略的定义、要素和特征

一、国家安全战略的定义和要素

国家安全战略从字面来看就是保障国家安全的战略。"战略"一词源于古希腊语,与军事和战争紧密相关。北京大学牛可教授认为,随着近代西方民族国家的发展,特别是一战后,"战略"的含义不断扩张,早已超出了军事领域,成为更大范围内统御政策思考、寻求整全框架的认识论工具,成为"治国术"的组成部分或等价物,也成为政府业务和政府组织的名号和标签。同时,"国家安全"这个词也具有综合性特征。"安全"既有相对于外部威胁的成分,又有指向国内状况的内容,具有比传统的"外交""对外政策""国防"等概念更为广泛、也更具综合性的含义。"国家安全"在使用中也体现出丰富的内涵,它首先意味着融通外交和内政,其次还意味着以往的政策理念和政府体制中的多种功能划分的界限都要被打破,并加以综合统揽,如外交和军事,平时和

战时,军队和文职部门,政治、经济和军事,政府/公共部门和社会/民间。①

国家安全问题伴随着民族国家的诞生即已出现,但是国家安全战略的形成,特别是真正以国家安全战略冠名的文本的出现,却是相当晚近的事情。国际关系学院刘跃进教授考证,在 1900 年英国国会文件中、1930 年苏联国家安全机构设置中、20 世纪 30 年代中国出版的《世界知识》杂志中,都曾出现过"国家安全"一词;"冷战"时期,世界各国特别是大国,开始形成各不相同的国家安全战略谋划,出台成文的国家安全战略文本。例如,1947 年,美国总统杜鲁门提出对苏联的"遏制战略",1950 年美国国家安全委员会 68 号文件《美国国家安全的目标和计划》进一步强化了"遏制战略",成为冷战期间美国安全战略的核心内容。但直到冷战后期,美国总统里根才正式使用了"国家安全战略"一词,1987 年其向国会递交了《国家安全战略报告》,是人类历史上第一份名副其实的国家安全战略文本。

那么究竟什么是国家安全战略,国家安全战略由哪些要素构成?上海社科院研究员周建明、王海良把国家安全战略定义为:在一定的地缘政治、地缘经济和社会文化的背景下,根据自己对国家利益的定义、对现存和潜在威胁的判断以及可动用的资源,决定用什么方式或怎样分配和使用资源来对付威胁,最有效地保障自己的安全。一个有效的国家安全战略,必须包括对国家利益的界定、对威胁的界定、对可动用资源的界定和如何分配资源三个要素。其中,对国家利益的界定是基石。只有对国家利益作出明确的界定,并对不同的利益作出优先排序,才能对各种威胁的危害程度作出准确的判断,并有效地分配可动用的资源,最大限度地保卫自己的国家利益。因此,考虑国家的安全战略要以明确什么是国家利益为前提。②

刘跃进教授则认为,国家安全战略主要由两方面要素或部分构成,国家安全战略是关于国家安全目标及实现这些目标的途径和手段的全局性、持久性方案。构成国家安全战略的基本内容有两个:一是国家安全战略目标,实质上包含了对需要维护的国家利益,以及对这些利益所面临的安全威胁的界定;二是实现国家安全战略目标的途径和手段,即包括了对实现目标可以调动的资源,以及资源使用方式的界定。国家安全的战略目标是具有核心性、

---

① 牛可:《冷战与美国的大战略、国家安全理念和国家构建》,载《国际政治研究》2021 年第 1 期。
② 周建明、王海良:《国家大战略、国家安全战略与国家利益》,载《世界经济与政治》2002 年第 4 期。

根本性、全局性、持久性的国家安全目标,实现国家安全的战略目标,可以选择各种途径和手段,但国家安全战略确定的途径和手段,不是战术性途径和手段,而是着眼于全局、持久的战略性途径和手段。①

二、国家安全战略的特点

国家安全战略是国家安全的顶层战略,居于全局性、指导性、支配性地位,对外宣示国家核心利益不可侵犯,对内则是制定子战略、政策和举措的重要依据。如美国历届政府的国家安全战略报告,其主要内容包括界定国家核心利益、明确国家安全挑战或威胁和应对挑战的措施等。战略具有扩张性、综合性和高层政治属性。战略的层级越高,作为认知和处理的对象而纳入的因素越多,其综合性、政治性就越强,其扩张性、复杂性和不确定性程度就越高。②

国家安全战略作为一国的顶层战略,其背后蕴涵的是该国用以研究和处理战略问题的思维方式,也即在思考安全、利益、目标、力量、手段、途径等问题时的习惯性判断、逻辑推理方式及基本的态度与信念。南京大学石斌教授认为,战略思维方式是以若干基本观念为基础的,这些观念是一国历史文化的积淀,是长期起作用的,只要它们不变,该国战略思考的方式、战略缔造的思路、战略实践的方向就不大可能在短期内发生变化。由于地理环境、民族历史、社会制度、文化特质等方面的差异,不同国家的战略思维观念和战略思维方式也就呈现出不同的特点。美国战略安全观念与战略思维方式有几个近乎一以贯之的显著特点:立足"最坏假设",强调实力地位,保持技术优势,偏重军事手段,追求绝对安全,维持全球霸权,秉持道德普遍主义和意识形态优越论。其中,物质与精神并重,权力尤其武力手段与道德、意识形态旗帜并举,是最具美国特色的战略思想。换言之,美国国家安全战略的根本目标主要包括维护实力优势和霸权地位,以及民主人权等价值和制度。为此其偏好的战略手段包括以实力特别是军事和技术优势追求绝对安全,以及推行所谓的"普世价值"。美国在二战后始终把军事实力放在其安全战略的首位,把武力作为重要政策工具。任何一份美国国家安全基本政策文件中都体现出,武

---

① 参见刘跃进:《以总体国家安全观构建国家安全总体布局》,载《人民论坛》2017年第34期。
② 参见牛可:《冷战与美国的大战略、国家安全理念和国家构建》,载《国际政治研究》2021年第1期。

力是美国硬实力的核心,始终居于首要地位,是美国国家安全战略的基石。①

石斌教授研究指出,美国的这些战略思维特点表现出美国的战略文化具有浓厚的社会达尔文主义色彩和突出的冲突型特征,反映了"西方战略文化中的冲突与暴力传统"。美国的安全战略与对外行为,常常力图把激进的外交和军事政策与传统的犹太—基督教价值结合起来,塑造一个没有对等竞争对手的世界。无论是打击所谓的"无赖国家",扩展民主,还是遏制竞争对手,都不排除采取战争行动。美国的这种"好战特征"被人们称为"黩武主义"或"新军国主义"。表现在国家安全政策上,它有内外两层含义:对内把军事准备放在治国方略和安全战略的首要地位,对外把武力作为解决国际政治与外交问题的一种重要工具。②

与美国不同,我国的国家安全战略从目标和手段两方面而言都是指向和平与合作的。我国的国家安全战略主要包括维护国家主权、政权和领土完整;维护社会主义国家的政体、国体和核心价值体系;维护国家发展的重要战略机遇期;维护地区和世界和平。立足互信、平等、协作、互利原则,我国的国家安全战略途径主要包括:维护安全与确保发展相统一;对外维权与内部维稳相协调;应对传统安全威胁与非传统安全威胁相统筹;维护国家安全与维护全球安全相结合;战略目标与战略能力相适应,做到预防为首、合作为主、后发为要、综合为本。

随着我国综合国力的快速增长,以美国为首的西方国家把我国看作是国际秩序的破坏者和制度价值的挑战者,但是我国坚定主张中国是世界秩序的维护者、参与者与建设者,支持和维护世界的和平与发展。香港中文大学郑永年教授指出,中国的善意和平崛起是建立在深厚的文化根基之上的,中国人认为中国是一个和平的国家。在数千年历史上,我国在处理和其他国家的关系上总体是比较和平的。历史上,我国对越南和朝鲜有过一些干预政策,但大多数所谓的"干预"是因为越南和朝鲜内部发生纷争,被邀请"干预"的。中国民族主义是近代的产物,是对西方入侵的反应。今天中国人的民族主义很大程度上是一种合理合度的自觉的爱国主义,是积极的民族主义。

---

① 参见石斌:《美国国家安全战略的思想根源》,载《国际政治研究》2021年第1期。
② 同上。

第二节 国家安全战略的历史演进和总体布局

一、中国国家安全战略的演进

中华人民共和国成立后的相当长一段时间里,我国既没有使用"国家安全战略"一词,也没有成体系的国家安全战略文本,但在中央文件和毛泽东等党政军领导的批示指示中,蕴含着重要的国家安全战略思想和国家安全战略谋划。2004年9月,党的十六届四中全会通过的《关于加强党的执政能力建设的决定》,首次提出抓紧构建维护国家安全的科学、协调、高效的工作机制,并首次提出了"完善国家安全战略"的任务。其后,任何对国家安全问题有集中论述的官方文件,都会在提出"健全"或"完善"国家安全"体制"或"机制"的同时,也强调要"完善国家安全战略"。

党的十八大之后,我国面临的安全环境和形势日趋复杂。中国现代国际关系研究院陈向阳研究员将之总结为三个总体特征:一是"内忧"与"外患"并存。在全方位对外开放条件下与全球化、信息化、网络化时代,影响国家安全的内部因素与外部因素互动频繁,乃至产生联动效应。对我国而言,作为快速崛起的社会主义发展中大国,一方面"外患"有增无减、复杂嬗变、层出不穷;另一方面,影响国内改革发展稳定大局的"内忧"仍然存在,国家安全工作的重心仍在国内。二是国家安全的"内涵"更加复杂,"外延"更加宽广。内涵更复杂是指国家安全的主体虽基本维持不变,即作为整体的主权国家及其中央政府,但其面对的客体却越来越多,既包括作为个体的位于中国境内的中外法人与个人,也包括位于境外的中国法人与个人。随着我国企业与公民大踏步地"走出去",我国国家安全的边界日益向外延伸,维护与拓展"海外利益"日趋成为我国国家安全的一项重大工作;外延更宽广则是指国家安全所涵盖的领域越来越多、越来越广。三是传统与非传统安全并存,传统安全仍然重要,非传统安全更加复杂。维护政治与社会稳定、巩固政权安全、捍卫国家统一与领土完整等传统安全压力不减,恐怖主义、网络安全、气候变化等非传统安全压力增大。

在这样的安全环境下,我国国家安全面临五大挑战:一是国内转型期社会矛盾累积,各类群体性事件多发易发,外部敌对势力趁机插手利用,维护社会和谐稳定与统筹推进改革难度增大。二是"台独""藏独""东突独"等分裂势力蠢蠢欲动,国际反华势力对其加以扶持利用,反分裂、反恐、反宗教极端主义任务艰巨。三是我国加速崛起改变了国际与地区格局,引发西方大国不安不满与周边个别国家反弹对抗。战略重心"东移"亚太的美国竭力维持世界霸权与亚太主导权,中美博弈更加敏感复杂激烈。日本不甘被我国全面赶超,企图摆脱和平宪法掣肘、实现军事大国野心。美日同盟加深、彼此相互利用,导致周边环境的"安全系数"下降,海洋争端加剧。四是我国经济持续中高速增长严重依赖于境外能源资源进口与国际市场需求,经济安全存在很大的脆弱性,容易受制于人。五是全球气候变化与我国生态环境恶化叠加,重大自然灾害趋于频繁、危害加大。

尽管面对种种挑战,但我国自身的综合实力在不断增强,以习近平同志为核心的党中央统筹内外、励精图治、放眼全球、更加主动有为。2013年11月,党的十八届三中全会提出设立的"国家安全委员会"是具有中国特色的国家安全工作体制机制创新,标志着国家安全工作进入了"中央强有力统筹、跨部门整合、从战略上主动运筹"的历史新阶段,抓紧谋划国家安全战略,通过积极主动的顶层设计与战略运筹,助推国家安全工作与民族复兴伟业。习近平总书记明确了"国安委"的主要职责,即"制定和实施国家安全战略,推进国家安全法治建设,制定国家安全工作方针政策,研究解决国家安全工作中的重大问题"。其中,制定"国家安全战略"是首要职责。国家安全战略是一项庞大的系统工程,对我国而言更是一种新生事物,需要集思广益、群策群力、超前谋划。

2015年1月23日,我国第一个完整的国家安全战略文本——《国家安全战略纲要》由中共中央政治局会议审议通过。这一纲要虽未公开发布,但作为我国第一个国家安全战略文本,其在我国国家安全理论与实践方面具有非常重要的开拓意义。

《国家安全战略纲要》的推出,使我国国家安全战略由无名义、不系统、不成文的国家安全战略谋划升级为名副其实、系统成文的"国家安全战略文本",从而迈出了"完善国家安全战略"的重要一步。在审议通过《国家安全战略纲要》时,中共中央政治局会议认为,在新形势下维护国家安全,必须坚持以总体国家安全观为指导,坚决维护国家核心和重大利益,以人民安全为宗旨,在发展和改革开放中促安全,走中国特色国家安全道路。做好各领域国家安全工作,大力推进国家安全各种保障能力建设,把法治贯穿于维护国家安全的全过程。会议强调,必须毫不动摇坚持中国共产党对国家安全工作的绝对领导,坚持集中统一高效权威的国家安全工作领导体制。这说明,《国家安全战略纲要》是在总体国家安全观指导下制定和实施的国家安全战略,是一部"以人民安全为宗旨",统领传统与非传统各方面安全问题的总体国家安全战略文本。由此,总体国家安全观确立的"以人民安全为宗旨"的核心价值观落实到国家安全战略文本中,成为我国国家安全战略的根本目标。

审议通过《国家安全战略纲要》时,中共中央政治局会议还提出了实现国家安全战略目标、保障国家安全的重要战略措施和手段:(1)坚持以总体国家安全观为指导;(2)增强忧患意识,做到居安思危,加强国家安全意识教育;(3)在发展和改革开放中促安全,走中国特色国家安全道路;(4)做好各个领域的国家安全工作;(5)将法治贯穿于维护国家安全的全过程;(6)坚持中国共产党对国家安全工作的领导,建立集中统一、高效权威的国家安全领导体制和工作机制等。

2016年12月9日,中共中央政治局会议审议通过了《关于加强国家安全工作的意见》,是对《国家安全战略纲要》的具体化和进一步完善。会议认为:"党的十八大以来,党中央高度重视国家安全工作,推动国家安全工作在制度、法治、方略、工作举措上取得了新的明显进展。""国家安全方略"较之战略的提法,体现了我国由传统安全观向非传统安全观、由传统安全思维向非传统安全思维的转变,有利于更好应对传统安全问题与非传统安全问题相互交织的复杂国家安全形势。如今的国家安全不仅仅是军事和战争问题,甚至不再主要是军事与战争问题。"方略"一词既容纳了许多非军事非战争的国家安全谋略,如经济安全、文化安全、科技安全、信息安全、网络安全等方面的谋略,同时也包括了军事战争方面的国家安全谋略,因而是一个能够把传统与非传统国家安全谋划都包括进去的恰当用词。

会议还指出,中国社会政治大局总体稳定,但国家安全环境仍然复杂,对做好新形势下国家安全工作提出了更高要求。要准确把握中国国家安全所处的历史方位和面临的形势任务,认清加强国家安全工作的极端重要性,强化责任担当,加强国家安全能力建设,切实做好国家安全各项工作,切实维护国家主权、安全、发展利益,不断开创国家安全工作新局面。会议强调,必须坚持总体国家安全观,以人民安全为宗旨,统筹国内国际两个大局,统筹发展安全两件大事，有效整合各方面力量，综合运用各种手段，维护各领域国家安全，构建国家安全体系，走中国特色国家安全道路；必须坚持集中统一、高效权威的国家安全领导体制；必须坚持国家安全一切为了人民，一切依靠人民；必须坚持社会主义法治原则；必须开展国家安全宣传教育，增强全社会的国家安全意识。

《关于加强国家安全工作的意见》虽然没有"国家安全战略"一词，但它指出了当前我国国家安全工作的具体任务，因而是一份从方针政策层面规划国家安全战略的更加具体的文本，当然也可以说其是更加具体的"国家安全方略文本"。这份文件是对总体国家安全观，特别是对《国家安全战略纲要》的具体化，是《国家安全战略纲要》的贯彻落实，是比国家安全战略更为具体的国家安全工作方针政策，因而是《国家安全战略纲要》的进一步完善。

习近平总书记在党的二十大报告中将"国家安全"提升至事关"民族复兴的根基"的高度予以阐述，体现出中国共产党对未来五年乃至更长时期发展局势的战略判断以及解决复杂安全问题的统筹考量，体现出我国的国家安全战略思想和实践在推进"中国式现代化"过程当中的持续完善，与时俱进。

二、中国国家安全战略的整体布局

中国国家安全战略以总体国家安全观为指导，坚决维护国家核心和重大利益，以人民安全为宗旨，在发展和改革开放中促安全，走中国特色国家安全道路。首先，中国人民的利益和安全是国家安全战略的根本目标，既是贯彻落实总体国家安全观的必然要求，也是《中华人民共和国宪法》"一切权力属于人民"和《中国共产党党章》"全心全意为人民服务"精神实质的体现。在我国，人民的利益和安全，也只有人民的利益和安全，才是最核心最重大的国家利益和国家安全，才是国家安全战略恒久不变的根本目标。[①]

其次，国家安全战略要统筹发展和安全两件大事。我国社会整体利益的核心仍然是发展，发展的目的是增强综合国力，提高人民生活水平。我们必须认识到，发展是以和平的安全环境为前提条件的，同时经济发展不一定必然带来和平与安全的环境。随着综合国力的增强，一些传统和非传统安全问题也不断累积。如我国更有可能被美国及其盟国视为潜在的威胁和对手，生

[①] 《总体国家安全观干部读本》，人民出版社2016年版，第56—62页。

态环境问题、网络信息安全等都是发展过程中出现的新挑战。因此必须深刻认识我们国家的两个大局,即国家发展和国家安全,使发展与安全能相互兼顾。同时,也能从这两个战略出发,制定和实行国家统一战略。因此,发展对一个国家是重要的,安全也同样重要。所谓总揽全局,就是要站在大战略的高度,全面地把握发展与安全两个大局,做到安全的发展。中国社科院李少军研究员认为,近年来我们国家在战略上的偏向,并不是对发展的认识不足。我们始终强调发展是硬道理和以经济建设为中心,因而对发展重要性的认识是充分的。我们的问题是在强调发展的同时,往往用发展战略来代替安全战略,强调公共利益而忽视安全上的国家利益,因此出现了对国家利益不明晰、国家安全战略不明确、出了问题只能被动应付的局面。这种对国家战略认识上的片面性,与我们所面临的严峻环境和追求的目标是不相称的。①

国家安全体系和能力现代化是中国式现代化之路的突出关切,不仅是中国式现代化的题中之义,更是推动中国式现代化行稳致远的重要保障。党的二十大从统筹发展和安全的战略高度对国家安全作出新的部署,鲜明提出"以新安全格局保障新发展格局",体现出要实现中国式现代化,实现中华民族伟大复兴、构建新发展格局,越来越需要新安全格局的保障作用。换言之,更高质量的发展需要更高水平的安全来托底。

国家安全战略布局坚持"内外兼修、内主外辅、全面推进、重点突出"的原则,统筹兼顾传统与非传统安全,综合运用常态化管理、事先预警与应急处置、危机管控。中国现代国际关系研究院陈向阳研究员认为,从空间布局看,我国国家安全战略总体目标是兼顾内部与外部、本国与他国、人与物、传统与非传统以及经济社会发展的"全面安全""共同安全"。从时间布局看,我国国家安全战略总体目标是兼顾当下与长远的"可持续安全"。"全面安全""共同安全"和"可持续安全"是当前我国国家安全战略的总体目标。在根本目标和总体目标之外,《国家安全战略纲要》必然还会给出一些具体目标,如政治安全的目标、经济安全的目标、军事安全的目标、信息网络的安全目标、生态环境的安全目标等。②

中国国家安全战略是政府有关部门制定本领域战略规划时的总体指南。

---

① 《总体国家安全观干部读本》,人民出版社 2016 年版,第 56—62 页。
② 资料来源:http://theory.people.com.cn/n/2013/1202/c40531-23718303.html,2021 年 12 月 30 日。

国家安全战略既需要通过更加具体的国家安全方针政策加以贯彻,也需要通过更有针对性的国家安全不同领域的战略规划加以落实。国家安全战略作为顶层设计的战略规划,传统安全领域和非传统安全领域的工作必须与之步调一致、协同配合,才能有效实现顶层战略的规划目标和任务。例如,网络安全是信息时代国家安全的战略基石,是促进国家发展的前提和条件。2016年,中央网络安全和信息化领导小组批准了《国家网络空间安全战略》,这一战略是总体国家安全观和《国家安全战略纲要》在网络安全领域的贯彻落实。

《国家网络空间安全战略》提出:"信息技术广泛应用和网络空间兴起发展,极大促进了经济社会繁荣进步,同时也带来了新的安全风险和挑战。网络空间安全事关人类共同利益,事关世界和平与发展,事关各国国家安全。维护中国网络安全是协调推进全面建成小康社会、全面深化改革、全面依法治国、全面从严治党战略布局的重要举措,是实现'两个一百年'奋斗目标、实现中华民族伟大复兴中国梦的重要保障。为贯彻落实习近平主席关于推进全球互联网治理体系变革的'四项原则'和构建网络空间命运共同体的'五点主张',阐明中国关于网络空间发展和安全的重大立场,指导中国网络安全工作,维护国家在网络空间的主权、安全、发展利益,制定本战略。"

这里的"四项原则"和"五点主张"由习近平主席在第二届世界互联网大会发表主旨演讲提出,其中"四项原则"具体指:(1)尊重网络主权;(2)维护和平安全;(3)促进开放合作;(4)构建良好秩序。"五点主张"分别是:(1)加快全球网络基础设施建设,促进互联互通,让更多发展中国家和人民共享互联网带来的发展机遇;(2)打造网上文化交流共享平台,促进交流互鉴,推动世界优秀文化交流互鉴,推动各国人民情感交流、心灵沟通;(3)推动网络经济创新发展,促进共同繁荣,促进世界范围内投资和贸易发展,推动全球数字经济发展;(4)保障网络安全,促进有序发展,推动制定各方普遍接受的网络空间国际规则,共同维护网络空间和平安全;(5)构建互联网治理体系,促进公平正义,应该坚持多边参与、多方参与,更加平衡地反映大多数国家意愿和利益。

《国家网络空间安全战略》从战略上阐明了我国关于网络空间发展和网络空间安全的重大立场和主张,明确了我国网络安全的战略方针和主要任务,是指导当前和今后一段时间内我国网络安全工作的纲领性文件。当前,我国不仅需要进一步完善总体性国家安全战略,甚至要考虑在适当时机向社会公开发布国家安全战略文本,并进一步出台国家安全不同领域特别是重点安全领域的安全战略文本,如军事安全、政治安全、国土安全、经济安全等传统安全领域的专门性安全战略文本,以及文化安全、科技安全、生态安全、信息安全等非传统安全领域的专门性安全战略文本。

第三节 走中国特色的国家安全道路

明确了国家安全战略的利益与目标界定,还必须进一步规划国家安全战略途径和手段。中国人民解放军国防大学张英利教授认为,途径泛指方法和道路,形容主观认知的角度,解决某种问题所经由的路径和渠道。国家安全工作能不能掌握主动权,迈上新高度,道路选择是关键。我国是一个发展中的社会主义大国,其所处的内外环境、历史发展阶段和未来国家发展的战略目标,决定了我国必须走具有中国特色的国家安全道路。这是一条开创性的、独树一帜的、凝聚智慧的新型国家安全道路,必将越走越宽广。为此,要坚持党对国家安全工作的绝对领导,坚持国家利益至上原则,兼顾内部安全与外部安全,以及对内重发展、对外重合作。走中国特色国家安全道路,明确国家安全战略途径路径,彰显在国家安全上的道路自信,是维护国家利益和实现战略目标的重要保障。

坚持走中国特色国家安全道路,就是要坚持党对国家安全工作的绝对领导。中国共产党是中国社会主义事业的领导核心。国家安全工作既是中国特色社会主义事业的重要组成部分,也是中国特色社会主义事业的坚强安全保障,坚持党对国家安全工作的绝对领导是国家安全工作必须遵循的根本政治原则。《国家安全法》通过并实施后,这一原则以法律形式进一步得到确认。《国家安全法》第4条规定:"坚持中国共产党对国家安全工作的领导,建立集中统一、高效权威的国家安全领导体制。"坚持党的绝对领导是国家安全工作的根本政治原则,是中国特色社会主义制度的最大优势。坚持党对国家安全工作的绝对领导关系社会主义的前途命运,是国之根本。坚持党对国家安全工作的绝对领导关系国家的长治久安,是对外防范围堵颠覆破坏,对内保持政治稳定的根本保证。坚持党对国家安全工作的绝对领导关系"两个一百年"奋斗目标的顺利实现,是总揽国家发展和安全大局,驶向奋斗目标的可靠安全保障。①

国家安全形势变化对国家安全工作提出了新的更高要求,必须从提高党的执政能力建设的战略高度,切实加强党对国家安全工作的绝对领导,全面提升维护国家安全的能力和水平。要充分认识坚持党的绝对领导的重要性;切实加强党对国家安全工作集中统一领导;不断提升党对国家安全工作的领导能力。制定《国家安全战略纲要》,为明确新形势下国家安全工作的重大问题,更好维护国家安全提供战略指导,这是党在新形势下不断提升国家安全工作领导能力的重要体现。当然,面对新的安全形势,一些地方和党员干部还存在着一些问题,因此迫切需要加紧推出和落实相关举措,提升安全综合决策能力和水平,打造高素质专业化的国家安全队伍。②

坚持走中国特色国家安全道路,要坚持国家利益至上。国家利益反映的是作为整体的国家的需求,因而往往具有至高无上的特点。国家利益是一个国家制定和实施对外政策的主要依据,是调整国家对外关系的基本着眼点。国家利益高于地方利益,整体利益高于局部利益,同时维护本国利益要兼顾他国合理关切。③

坚决捍卫国家利益是国家安全工作的根本使命。国家利益是人民利益的集中体现。在当代中国,国家利益与人民利益是高度统一的。实现中华民族伟大复兴最鲜明的特点,就是将国家、民族和人民视为一个命运共同体,将国家利益、民族利益和人民利益紧密联系在一起。捍卫国家利益是国家安全工作的职责所在,《国家安全法》对国家安全的任务作出明确规定,要求在所有的安全领域捍卫国家利益,为实现国家安全目标提供有力保障。捍卫国家利益也是国家安全工作的最高目标,有利于形成准确定位、科学规划、统筹协调、有序开展的工作局面。

国家利益的发展变化对创新国家安全工作提出了新要求。除了坚持原有的维护国家利益的方式方法,还需要不断创新。着眼国家间共同的安全利益,从低敏感领域入手,积极培育合作安全意识,不断扩大合作领域、创新合作方式。倡导人类命运共同体意识,在追求本国利益时兼顾他国合理关切,努力扩大各方共同利益的汇合点。合作共赢的理念不仅适用于经济领域,也

---

① 《总体国家安全观干部读本》,人民出版社 2016 年版,第 39—46 页。
② 同上。
③ 同上书,第 49—52 页。

适用于政治、安全、文化等广泛领域。

坚持走中国特色国家安全道路,要坚持以人民安全为宗旨。这继承和发扬了中国共产党全心全意为人民服务的立党宗旨和优良传统,彰显了深厚的人民情怀,既符合历史规律,也体现了时代与发展的新要求、新方向,对走出一条中国特色国家安全道路具有重要的现实指导意义。人民是国家安全工作的力量支撑,人民安全是国家安全的根本保证,保障人民安全是国家安全工作的根本任务。维护国家安全要保障人民的生命和财产安全;要保障人民生存发展的基本条件;要保障人民安全稳定的社会环境。①

做好国家安全工作要坚决贯彻党的群众路线。密切联系群众是国家安全工作的根本路线,要坚持从群众中来、到群众中去,亲近群众,联系群众,服务群众,以维护最广大人民安全幸福为根本目标,从人民最关心、最直接、最现实的安全问题入手,始终把人民安危置于最重要的位置。国家安全工作还要坚持以民为本、以人为本。要把人民安全贯穿于国家安全工作各个领域,为人民提供好的安全保障。既要着眼于全体人民的安全,又要保障每个人的安全。要努力建设强大的国家,促进经济社会持续健康发展,不断创造和积累社会财富,是国家向人民提供有效安全保障的物质前提。

坚持走中国特色国家安全道路,还要坚持共同安全。在全球化的时代,没有一个国家能够单独解决发展、贫困、气候变化、生物安全等问题,需要世界各国的共同合作和努力。在全球化的背景下,任何一个问题都不能单独孤立地解决,安全成为一个多维度的概念,安全问题之间有着复杂的联系。以习近平同志为核心的党中央与时俱进地提出"共同安全"的理念,是顺应国际安全形势发展潮流的必然选择,是对当今世界主要安全问题和共同安全利益的准确把握,是维护自身安全与国际安全的重要举措。②

所谓共同,就是尊重和保障每一个国家的安全。共同意味着安全是双向的,既要保证自身安全也要保证其他国家的安全。在国际社会中,国家间实力强弱不同、意识形态和政治制度各异、利益诉求存在差别,但都是平等的成员,在安全互动中都是利益攸关方,是相互依赖休戚与共的关系。安全应当是普遍的、平等的、包容的。

长期以来,国际社会零和博弈的竞争性安全观占据主导地位。一些大国

---

① 《总体国家安全观干部读本》,人民出版社2016年版,第56—60页。
② 参见释清仁:《中国共产党国家安全战略思想研究》,人民出版社2020年版,第24—30页。

强国为增加自身安全,往往以邻为壑,忽视、排斥他国的生存权与发展权,由此往往令一些小国弱国陷入安全困境。多年来,美国一直被认为是世界上最安全的国家。但是,以"9·11"为代表的暴恐事件,以次贷危机为代表的治理失败事件,在美国频繁发生,国际反恐越反越恐,国内治理越治越乱。其他一些大国强国也陷入类似的安全困境。全球化使得世界各国的相互依赖程度不断加深,一荣俱荣、一损俱损的趋势有增无减。全球化增进了获利机会,同时也放大了风险,给大小强弱不等的国家带来了程度不同的新安全困境。鉴于竞争性安全观的最终结局总是趋于"零和",西方大国对国际事务的"管理"越来越力不从心,只有更新安全观念,抛弃利益共同体,打造命运共同体,增进平等合作互利共赢理念,才能营造出共同安全的新生态。①

坚持走中国特色国家安全道路,要坚持促进中华民族的伟大复兴。实现中华民族伟大复兴的中国梦,就是要实现国家富强、民族振兴、人民幸福。坚持促进中华民族的伟大复兴,既要重视发展问题,又要重视安全问题,发展是安全的基础,安全是发展的条件,富国才能强兵,强兵才能卫国。安全与发展彼此制约而又相辅相成:促发展,就要深化改革扩大开放,从而会带来相应风险;增安全,需要投入资源提高门槛,可能会影响发展速度与质量。然而,只有经济社会发展了,才更有实力保障国家安全;国家安全维护有力,才可以更好地促进经济社会发展,是谓"发展是安全的基础,安全是发展的条件"。"一心一意谋发展"而忽视安全,或者为了"绝对的安全"而无视发展,都是削足适履,得不偿失。国家治理现代化要求在发展与安全之间保持适度平衡。②

党的十八届三中全会提出,我国正处于并将长期处于社会主义初级阶段,坚持发展仍是解决我国所有问题的关键。习近平总书记强调,国家安全和社会稳定是改革发展的前提,只有国家安全和社会稳定,改革发展才能不断推进。总之,发展是硬道理,安全也是硬道理,发展与安全是现代化国家建设的一体两面,"总体安全观"与"科学发展观"是辩证统一的。

维护国家安全是中华民族伟大复兴的重要保障。对内重发展、对外重合作,构成了国家实现安全的两条战略主线。对内,总体国家安全观强调发展

---

① 参见中国现代国际关系研究院:《百年变局与国家安全》,时事出版社 2021 年版,第 3—5 页;江涌:《国家安全体系建构的困境、挑战与忧思》,载《人民论坛·学术前沿》2014 年第 11 期。
② 参见江涌:《国家安全体系建构的困境、挑战与忧思》,载《人民论坛·学术前沿》2014 年第 11 期。

是安全的基础,富国才能强兵。对外,总体国家安全观倡导实现共同、综合、合作、可持续的安全。一方面,对内求发展、求变革、求稳定。当前我国经济正步入发展新常态,经济增长进入可控并相对平衡的运行区间,但也面临着不少困难挑战,下行压力大,内生动力弱,产能过剩、金融风险等问题突出,世界经济不确定性也不断增强。化解各种矛盾和风险,切实抓好发展这个执政兴国的第一要务,必须坚持不懈地进行改革,加快转变经济发展方式,实现有质量有效益可持续的发展。全面深化改革,落脚点在保民生、促和谐。当前和今后一段时期内,还要始终坚持稳扎稳打、稳中求进,实现社会稳定和改革发展之间的良性互动和相互促进。另一方面,对外求和平、求合作、求共赢、建设和谐世界。中国有追求和平的梦,作为屡受战祸之苦的中国,不会以牺牲别国利益的方式来实现自己的发展。中国梦的实现始终与世界和平发展紧密联系在一起。中国有追求合作的梦,中国与外部世界相互依存度不断提升,越来越离不开国际大环境,合作共赢越来越成为共识。习近平指出,只有合作共赢才能办大事、办好事、办长久之事。要摒弃零和游戏、你输我赢的旧思维,树立双赢、共赢的新理念,在追求自身利益时兼顾他方利益,在寻求自身发展时促进共同发展。合作共赢理念不仅适用于经济领域,也适用于政治、安全、文化等广泛领域;不仅适用于地缘国家之间,也适用于更广泛的域外国家之间。这充分表明了我国致力于追求与其他国家展开务实合作的真诚意愿。

第四章　国家安全体系

党的十八大以来,以总体国家安全观为指导,我国初步构建了国家安全体系主体框架。从狭义上看,我国的国家安全体系是由国家安全的主要领域共同构成的一个整体。习近平总书记在首次提出总体国家安全观时就指出:"统筹传统安全和非传统安全,构建集政治安全、国土安全、军事安全、经济安全、文化安全、社会安全、科技安全、信息安全、生态安全、资源安全、核安全等于一体的国家安全体系。"[①]如前所述,这些具体的国家安全领域在此后有所拓展,涵盖了太空安全、深海安全、极地安全、海外利益安全和生物安全等安全领域。同时,从广义上看,我国的国家安全体系还包括国家安全制度体系和国家安全能力建设的各个要素。党的十九大报告将"完善国家安全制度体系,加强国家安全能力建设"作为总体国家安全观的基本内容。因此,国家安全体系属于国家治理体系的重要部分,而国家安全能力也是国家治理能力的构成要素。本章试图从广义视角对国家安全体系的重要领域和具体的制度建设进行整体分析,从而揭示我国国家安全体系构建的主要脉络。

第一节　国家安全体系的重要领域

根据总体国家安全观的实践要求,我国国家安全体系逐步涵盖了关乎国家安全的所有关键性领域。由于总体国家安全观本身具有包容性、开放性和动态性等特征,这些重要领域也必将随着社会发展得到不断拓展。由此,国家安全体系在初步框架搭建完成后,仍然会得到持续的完善和发展。截至目前,国家安全体系主要包括政治、国土、军事、经济、文化、社会、科技、网络、生态、资源、核、海外利益、太空、深海极地、生物等16项重要的安全领域。2015年颁布的《国家安全法》对主要领域的国家安全任务进行了详细规定,并且特别强调了金融安全、粮食安全、民族和宗教安全等内容。[②] 有学者认为,总体

[①] 习近平:《习近平谈治国理政》第1卷,外文出版社2018年版,第201页。
[②] 《中华人民共和国国家安全法》,中国法制出版社2015年版,第5—9页。

国家安全观强调的人民安全或国民安全同样也是国家安全体系的重要组成部分。需要指出的是，这些重要领域共同构成了国家安全的初步框架，虽然大部分领域之间相对独立，但部分领域之间存在一定的兼容性或从属性，只是由于其侧重点和重要性不同而在某种情况下得以单列。以下分别从传统安全、非传统安全和新型安全的角度进行分类介绍。

第一，传统安全领域。主要包括政治安全、国土安全和军事安全，这些属于传统国家安全的范畴，至今在国家安全中仍占据根本性和决定性的地位。

（1）政治安全。政治安全主要是指一个国家由政权、政治制度和意识形态等要素组成的政治体系，相对处于没有危险和不受威胁的状态，以及面对风险和挑战时能够及时有效防范、应对，从而确保国家良好政治秩序的能力。① 习近平总书记指出，政治安全涉及国家主权、政权、制度和意识形态的稳固，是一个国家最根本的需求，是一切国家生存和发展的基础条件。因此，总体国家安全观将政治安全作为国家安全的根本。我国是中国共产党领导的社会主义国家，维护政治安全最根本的就是维护中国共产党的领导和执政地位、维护中国特色社会主义制度，只有坚定不移地维护政治安全，才能更好地保障国家利益，实现党长期执政、国家长治久安和人民安居乐业。②

（2）国土安全。国土安全涵盖领土、自然资源、基础设施等要素，是指领土完整、国家统一、海洋权益及边疆边境不受侵犯或免受威胁的状态。国土安全是国家主权赖以存在的物质空间，国土安全是立国之基，是传统安全中备受关注的主要方面。③ 主权国家是国家安全的基本主体，也是最重要的国际行为体，对于主权国家而言，维护国家主权和领土完整是保障国家生存和发展安全的基础，领土主权一旦遭到破坏，其他国家利益也就无从谈起。《国家安全法》规定，在国土安全上，国家加强边防、海防和空防建设，采取一切必要的防卫和管控措施，保卫领陆、内水、领海和领空安全，维护国家领土主权和海洋权益。目前，我国的领土主权还没有完全实现完整、统一和安全，国土安全依然面临严峻的形势：一是我国的部分陆地海洋领土依然与周边国家存在争议，如与印度、不丹的领土纠纷、与日本的钓鱼岛之争、与南海周边国家

---

① 《全面践行总体国家安全观》，人民出版社2019年版，第70页。
② 中共中央宣传部编：《习近平新时代中国特色社会主义思想学习答问》，学习出版社2021年版，第373页。
③ 严华、朱建纲主编：《新时代中国方略·坚持总体国家安全观》，湖南教育出版社2018年版，第37—38页。

的海洋争端等;二是台湾问题尚未完全解决,祖国统一的进程仍未完成;三是包括新疆、西藏、香港等在内的边疆领土面临各种外部因素的干涉和挑衅,依然存在着较大的安全隐患。

(3) 军事安全。军事安全是指国家不受外部军事入侵和战争威胁的状态,以及保障这一持续安全状态的能力。① 军事安全属于传统安全中的基础内容,维护国家安全的能力归根结底是军事能力,因此,军事安全是国家安全中其他子安全的根本保障。虽然当前各种安全威胁和挑战无法单纯用军事手段加以维护,但军事手段依然是维护国家安全的保底手段。根据《国家安全法》的规定,我国在军事安全上致力于加强武装力量革命化、现代化、正规化建设,建设与保卫国家安全和发展利益需要相适应的武装力量;实施积极防御军事战略方针,防备和抵御侵略,制止武装颠覆和分裂;开展国际军事安全合作,实施联合国维和、国际救援、海上护航和维护国家海外利益的军事行动,维护国家主权、安全、领土完整、发展利益和世界和平。②

第二,非传统安全领域。主要包括经济安全、文化安全、社会安全、科技安全、网络安全、生态安全、资源安全、核安全、海外利益安全、生物安全等新兴安全领域,这些领域极大地拓展了国家安全的内容,构成了国家安全体系的重要内容。

(1) 经济安全。经济安全是最具基础性的非传统安全领域,这决定了其内涵极为丰富,涉及的领域也较为广泛和复杂。国际上并没有关于经济安全的统一定义,国内学者对经济安全的界定,主要着眼于在经济全球化和开放条件下保持国家经济运行、发展和重大经济利益不受根本威胁和恶意侵害的状态和能力。根据《国家安全法》的规定,我国的经济安全意味着国家要维护国家基本经济制度和社会主义经济秩序,健全预防和化解经济安全风险的制度机制,保障关系国民经济命脉的重要行业和关键领域、重点产业、重大基础设施和重大建设项目以及其他重大经济利益安全。从广义上看,经济安全涵盖金融安全、产业安全、贸易安全、粮食安全等诸多领域。其中,金融安全和粮食安全具有非常重要的作用,常常被单列成为与经济安全并列的国家安全领域。

---

① 严华、朱建纲主编:《新时代中国方略·坚持总体国家安全观》,湖南教育出版社 2018 年版,第 39 页。

② 参见《国家安全法》第 18 条。

金融安全是经济安全的核心,也是国民经济平稳健康发展的重要基础。维护金融安全事关我国经济社会发展的全局。习近平总书记曾经指出,"金融是国家重要的核心竞争力,金融安全是国家安全的重要组成部分"。《国家安全法》第20条规定:"国家健全金融宏观审慎管理和金融风险防范、处置机制,加强金融基础设施和基础能力建设,防范和化解系统性、区域性金融风险,防范和抵御外部金融风险的冲击。"鉴于金融安全的重要性,党的十九大报告将防控金融风险列为防范化解重大风险的三大攻坚战之首。

粮食安全是事关国计民生的重要安全基础,"民以食为天",确保粮食安全既是经济安全的重要内容,同时也是维护社会稳定与国家安全的重要战略基础。《国家安全法》第22条规定:"国家健全粮食安全保障体系,保护和提高粮食综合生产能力,完善粮食储备制度、流通体系和市场调控机制,健全粮食安全预警制度,保障粮食供给和质量安全。"在粮食安全上,我国提出了"以我为主、立足国内、确保产能、适度进口、科技支撑"的国家粮食安全新战略。

(2)文化安全。文化是一个国家、一个民族的灵魂。文化安全主要是指作为一国的观念形态的文化(如民族精神、政治价值理念、信仰追求等)生存和发展不受威胁的客观状态,以及保障文化处于持续安全状态的能力。一个国家的文化主权和尊严不应受到侵犯,文化的传统和文化选择应当得到尊重。习近平总书记曾指出,我国正处于大发展大变革大调整时期,国际国内形势的深刻变化使我国意识形态领域面临着空前复杂的情况,各种思想文化相互激荡,不同文明交流交融更加频繁。在这种情况下,维护我国的文化安全就需要妥善应对国内外的各种风险挑战。《国家安全法》第23条规定:"国家坚持社会主义先进文化前进方向,继承和弘扬中华民族优秀传统文化,培育和践行社会主义核心价值观,防范和抵制不良文化的影响,掌握意识形态领域主导权,增强文化整体实力和竞争力。"

(3)社会安全。社会安全一般是指整个社会处于稳定有序的状态之中,并且公民的各项权利均能够得到安全保障。广义的社会安全涉及人类社会秩序的各个方面,而狭义的社会安全则是指与政治、经济、军事、科技等相对应的社会空间的安全状态。社会安全是国内安全和自身安全的重要范畴,包括防范、消除、控制直接威胁社会公共秩序和人民生命财产安全的治安、刑事、暴力恐怖事件,以及规模较大的群体性事件等。社会安全与人民群众的切身利益密切相关,从根本上看,影响社会安全的主要因素是各种社会矛盾,特别是社会主要矛盾的变化会深刻影响社会安全面临的问题和挑战。根据《国家安全法》的规定,我国维护社会安全的主要任务包括健全有效预防和化解社会矛盾的体制机制,健全公共安全体系,积极预防、减少和化解社会矛盾,妥善处置公共卫生、社会安全等影响国家安全和社会稳定的突发事件,促进社会和谐,维护公共安全和社会安定。①

(4)科技安全。科技安全是指一个国家科技体系完整有效,国家重点领域核心技术安全可控,国家核心利益和安全不受外部科技优势危害,以保障持续安全状态的能力。② 放眼当今世界,新一轮科技革命和产业变革深入发展,新一代信息技术广泛应用,催生出大量的新技术新产业新业态新模式。在这种情况下,科技安全愈发成为保障国家安全能力、维护其他各领域安全的重要手段和实力要素。一些新的安全领域,如人工智能安全,就建立在新科技革命及其社会应用的基础之上。在很大程度上,科技实力和科技竞争日益决定了国家的国际竞争力和国家民族的前途命运。根据《国家安全法》的规定,我国在科技安全上致力于加强自主创新能力建设,加快发展自主可控的战略高新技术和重要领域核心关键技术,加强知识产权的运用、保护和科技保密能力建设,保障重大技术和工程的安全。③

(5)网络安全。网络安全最初被称作信息安全或网络与信息安全。就国家安全而言,网络安全并不仅仅指技术上的计算机和互联网系统运行的安全,而是与网络和信息技术的社会应用和综合安全效应密切相关。随着网络的普及和深度应用,网络安全与科技、社会、经济、政治、军事等安全联系紧密。网络空间其至被人称作新的国家领土,就此而言,网络安全甚至涉及国土安全。根据《国家安全法》的规定,我国的网络安全主要指国家建设网络和信息保障体系,提升网络与信息保障能力,加强网络和信息技术的创新研究和开发应用,实现网络和信息核心技术、关键基础设施和重要领域信息系统及数据的安全可控;加强网络管理,防范、制止和依法惩治网络攻击、网络入侵、网络窃密、散布违法有害信息等网络犯罪行为,维护国家网络空间主权、安全和发展利益。④ 鉴于网络在现代社会的广泛应用和网络安全的至关重要

---

① 参见《国家安全法》第29条。
② 严华、朱建纲主编:《新时代中国方略·坚持总体国家安全观》,湖南教育出版社2018年版,第44页。
③ 参见《国家安全法》第24条。
④ 参见《国家安全法》第25条。

性，我国于2016年专门制定和颁布了《中华人民共和国网络安全法》（以下简称《网络安全法》），对维护网络安全提供了更为坚实的法治保障。

（6）生态安全。生态安全最初是一个环境学概念，强调生态系统自身结构功能的安全状态。就国家安全而言，生态安全则是指生态系统对于国家和人类社会的安全意义，即一个国家赖以生存和发展的生态环境处于不受或少受破坏与威胁的状态，而国家也具备应对各种生态环境问题的能力。生态安全是国家生存和发展的重要基础，生态环境的破坏意味着其他国家安全领域也难以得到有效保障。习近平总书记高度重视生态安全，提出了"绿水青山就是金山银山"的重要理念，而生态文明建设也被列为"五位一体"总体布局的重要内容。根据《国家安全法》的规定，我国生态安全的主要任务是国家完善生态环境保护制度体系，加大生态建设和环境保护力度，划定生态保护红线，强化生态风险的预警和防控，妥善处置突发环境事件，保障人民赖以生存发展的大气、水、土壤等自然环境和条件不受威胁和破坏，促进人与自然和谐发展。[1]

（7）资源安全。资源安全是一个国家或地区可以持续、经济、稳定、及时、充足地获取所需自然资源和能源的状态。广义的资源安全包括能源安全，具体内容主要可以分为水资源、土地资源、矿产资源、生物资源、环境资源和海洋资源等。[2] 资源安全是国家安全的重要基础，当代国际社会的许多争端和冲突，都是由于争夺战略资源能源而引发的。我国资源安全面临着储存量不足、消耗量大、利用率低等诸多问题，因此必须确保资源能源供给的协调和可持续。《国家安全法》第21条规定，"国家合理利用和保护资源能源，有效管控战略资源能源的开发，加强战略资源能源储备，完善资源能源运输战略通道建设和安全保护措施，加强国际资源能源合作，全面提升应急保障能力，保障经济社会发展所需的资源能源持续、可靠和有效供给"。

（8）核安全。核能最初应用于军事领域，但随着时代的发展，核能已经大量用于非军事用途。近年来，我国正在努力发展核能产业，安全稳步发展核电，而在这个过程中，核安全问题逐步受到社会公众和国际社会的广泛关注。发展核事业的首要条件便是保障安全，确保核安全也是世界各国应尽之责。根据《国家安全法》的规定，我国的核安全任务主要是指：国家坚持和平利用

---

[1] 参见《国家安全法》第30条。
[2] 李竹、肖君拥主编：《国家安全法学》，法律出版社2019年版，第169页。

核能和核技术,加强国际合作,防止核扩散,完善防扩散机制,加强对核设施、核材料、核活动和核废料处置的安全管理、监管和保护,加强核事故应急体系和应急能力建设,防止、控制和消除核事故对公民生命健康和生态环境的危害,不断增强有效应对和防范核威慑、核攻击的能力。① 近年来,我国就核安全问题制定了以《中华人民共和国核安全法》(以下简称《核安全法》)为中心的一系列法律法规,为维护核安全提供了法律制度保障。

(9) 海外利益安全。尽管学术界对于海外利益的界定尚未形成共识,但一般而言,海外利益是指国家利益在海外的延伸,主要包括海外公民侨民人身财产安全、国家在海外的政治经济和军事利益、企业和驻外机构的安全以及外部交通线安全等。② 随着全球化的发展和我国对外开放水平的不断提升,我国在海外的利益不断扩大。但与此同时,海外利益安全风险同步增加,我国海外利益的敏感性和脆弱性日渐显现,对其维护和拓展面临着巨大挑战。③ 我国《国家安全法》第33条规定:"国家依法采取必要措施,保护海外中国公民、组织和机构的安全和正当权益,保护国家的海外利益不受威胁和侵害"。在实践中,我国加入了涉及海外利益安全的多项国际公约,并且通过外交保护、执法合作和特别军事行动等手段,开展了一系列维护海外利益安全的行动,进一步提升了我国维护海外利益安全的能力。

(10) 生物安全。随着现代生物技术的发展,各类生物安全问题越来越多地受到世界各国的重视。2020年新冠肺炎疫情暴发后,我国将生物安全纳入国家安全体系,并且推动制定了《中华人民共和国生物安全法》(下文简称《生物安全法》)等相关法律法规。根据该法的规定,生物安全是指国家有效防范和应对危险生物因子及相关因素威胁,生物技术能够稳定健康发展,人民生命健康和生态系统相对处于没有危险和不受威胁的状态,生物领域具备维护国家安全和持续发展的能力。生物安全是国家安全的重要组成部分,所涉及的活动主要包括:防控重大新发突发传染病、动植物疫情;生物技术研究、开发与应用;病原微生物实验室生物安全管理;人类遗传资源与生物资源安全管理;防范外来物种入侵与保护生物多样性;应对微生物耐药;防范生物恐怖

---

① 参见《国家安全法》第31条。
② 毕玉蓉:《中国海外利益的维护与实现》,载《国防》2007年第3期。
③ 门洪华、钟飞腾:《中国海外利益研究的历程、现状与前瞻》,载《外交评论(外交学院学报)》2009年第5期。

袭击与防御生物武器威胁;其他与生物安全相关的活动。①

第三,新型安全领域。所谓新型安全并没有严格的规定,可以被理解为是比非传统安全更为新兴的安全领域,由于它们具有更加鲜明的时代性和前瞻性,代表着人类社会发展和活动范围的最新进展,因此在很大程度上引领着国家安全的前进方向。近年来,网络安全、人工智能安全和生物安全等有时也被归为新型安全领域。但一般而言,新型国际安全主要包括太空安全、深海安全和极地安全等领域。我国《国家安全法》第32条规定:"国家坚持和平探索和利用外层空间、国际海底区域和极地,增强安全进出、科学考察、开发利用的能力,加强国际合作,维护我国在外层空间、国际海底区域和极地的活动、资产和其他利益的安全。"

(1) 太空安全。太空即外层空间,和深海与极地一样都属于"全球公域",所有国家都可以按照《外层空间条约》等国际公约的规则加以开发和利用。然而,随着太空技术的发展和安全问题的增多,太空安全日益受到世界各国的重视,逐渐成为国际战略竞争的制高点。长期以来,我国致力于和平利用太空,在卫星、火箭和空间站等太空技术上取得了重大进展,我国在太空领域的国家利益不断增多。因此,维护我国的太空安全,成为国家安全的重要内容。维护我国的太空安全,一方面需要不断提升自身的太空安全能力,通过加强太空科技研发和法治建设来提升自主性和竞争力,另一方面也需要加强国际合作,积极参与全球太空治理和国际机制的构建,推动国际社会共同就太空安全加强合作。

(2) 深海安全。深海即国际海底区域,根据《联合国海洋法公约》,国际海底区域是指国家管辖海域范围(领海、专属经济区和大陆架)以外的海床、洋底及其底土。联合国将国际海底区域作为人类的共同继承财产,国际海底区域内的一切权利属于全人类。深海是人类远未探明的重要战略空间,其广阔的空间及蕴藏的丰富资源,决定了它能够为人类提供巨大的战略利益。近年来,我国致力于提升深海开发和利用技术,已经成为在国际海底区域拥有实际利益的少数国家之一。为维护我国的深海安全,应当持续开展深海地质调查和矿产资源勘查工作,加强深海矿产资源勘探与开发利用,加强深海基础能力建设和相关技术装备研发,发展深海生物海洋技术,增强参与国际海洋

---

① 参见《生物安全法》第2条。

事务的能力并加强国际合作。①

（3）极地安全。极地区域包括南极和北极，那里蕴藏着丰富的自然资源，拥有极高的航运价值和重要的地缘战略地位，关乎人类生存和可持续发展的未来。随着全球变暖和技术进步，极地的开发利用已经成为各国重要的战略课题。国际社会在南极地区的治理中达成了以《南极公约》为中心的国际法体系，明确规定南极的领土主权处于冻结状态，各国出于和平目的开展科学考察和国际合作。相较之下，北极事务没有统一适用的单一国际条约，它由《联合国宪章》《联合国海洋法公约》《斯匹次卑尔根群岛条约》等国际条约和一般国际法予以规范。我国既是《南极条约》协商国及其体系的维护者，也是北极理事会正式观察员，在南北两极均开展了一系列科学考察工作，长期致力于积极参与极地区域的全球治理合作，推进完善现有极地全球治理的规则体系。② 建设一个和平稳定、环境友好、治理公正的南极，共同认识北极、保护北极、利用北极和共同参与治理北极，符合包括我国在内的世界各国的安全利益。

第二节 国家安全体系和能力建设

从广义的角度来理解，国家安全体系还应当纳入国家安全制度和治理能力。在很大程度上，前者是国家安全体系的客观方面，构成了国家安全工作的治理对象，后者则是国家安全体系的主观方面，构成了国家安全工作的治理主体。习近平总书记指出："国家安全涵盖领域十分广泛，在党和国家工作全局中的重要性日益凸显。"③面对各种可以预见和难以预见的风险因素，国家安全体系的建设，一方面要持续推进对具体安全领域的探索，另一方面也要将国家安全工作有机融入党和国家工作的全局之中，完善国家安全制度体系和加强国家安全能力建设。党的十九届五中全会就加强国家安全体系和能力建设作出了专门部署，提出了更高的要求。党的十九届六中全会在总结新时代维护国家安全的成就时指出："党着力推进国家安全体系和能力建设，设立中央国家安全委员会，完善集中统一、高效权威的国家安全领导体制，完

---

① 李竹、肖君拥主编：《国家安全法学》，法律出版社2019年版，第200页。
② 杨华：《中国参与极地全球治理的法治构建》，载《中国法学》2020年第6期。
③ 习近平：《习近平谈治国理政》第2卷，外文出版社2018年版，第381页。

善国家安全法治体系、战略体系和政策体系,建立国家安全工作协调机制和应急管理机制。"①以下分别对其中较为关键的制度体系建设情况进行重点分析。

一、中央国家安全委员会与国家安全领导体制

党的十八大以来,党和国家高度重视对国家安全工作的统筹部署,将保证国家安全作为巩固党的执政地位、坚持和发展中国特色社会主义的头等大事。面对国家安全形势变化的新趋势新特点,党中央认识到,既有的国家安全体制已经不能适应这些新发展,因此迫切需要搭建更加强有力的平台来统筹国家安全工作,加强党对国家安全工作的集中统一领导。2013年10月,党的十八届三中全会对于全面深化改革作出了重大战略部署,将全面深化改革的总目标定为完善和发展中国特色社会主义制度,推进国家治理体系和治理能力现代化。同时,全会作出一项重要决定:"设立中央国家安全委员会,完善国家安全体制和国家安全战略,确保国家安全。"②

中央国家安全委员会作为中共中央关于国家安全工作的决策和议事协调机构,对中央政治局、中央政治局常务委员会负责。2014年1月24日,中央政治局会议确定了中央国家安全委员会的设置,标志着委员会的正式成立。中央国家安全委员会是中央国家安全领导机构,遵循"集中统一、科学谋划、统分结合、协调行动、精干高效"的原则开展国家安全工作。2015年颁布的《国家安全法》明确规定:"坚持中国共产党对国家安全工作的领导,建立集中统一、高效权威的国家安全领导体制"③。"中央国家安全领导机构负责国家安全工作的决策和议事协调,研究制定、指导实施国家安全战略和有关重大方针政策,统筹协调国家安全重大事项和重要工作,推动国家安全法治建设。"④

中央国家安全委员会的设立,是党和国家在国家安全制度建设上的顶层设计和重大创新,对于完善国家安全体系和提升国家安全能力具有重要的作用。2014年4月,在中央国家安全委员会第一次会议上,习近平总书记指出:

---

① 资料来源:http://www.gov.cn/xinwen/2021-11/16/content_5651269.html,2022年3月1日访问。
② 《中共中央关于全面深化改革若干重大问题的决议》,人民出版社2013年版,第52页。
③ 参见《国家安全法》第4条。
④ 参见《国家安全法》第5条。

"党的十八届三中全会决定设立国家安全委员会,是推进国家治理体系和治理能力现代化、实现国家长治久安的迫切要求,是全面建成小康社会、实现中华民族伟大复兴中国梦的重要保障,目的就是更好适应我国国家安全面临的新形势新任务,建立集中统一、高效权威的国家安全体制,加强对国家安全工作的领导。"[①]

中央国家安全委员会由中共中央总书记、国家主席、中央军委主席习近平担任主席,国务院总理、全国人大常委会委员长担任副主席,充分体现了党和国家对于国家安全工作的高度重视。由此,在中国共产党的领导下,党和国家的重要机构均被纳入中央国家安全委员会的治理体系之内,在中央领导机构层面实现了对党和国家各项工作的总体覆盖。《国家安全法》明确规定了全国人民代表大会及其常务委员会、国家主席、国务院、中央军事委员会以及中央与地方各部门各机关在维护国家安全上的职责。随着中央领导机构的国家安全职责更加明确,集中统一、高效权威的国家安全领导体制得到了完善。

中央国家安全委员会成立以来,按照总体国家安全观要求,统筹做好国家安全工作,初步构建了国家安全体系主体框架,形成国家安全理论体系,完善国家安全战略体系,建立国家安全工作协调机制和应急管理机制,国家安全工作得到全面加强,牢牢掌握了维护国家安全的全局性主动权,为实现更高质量、更有效率、更加公平、更可持续、更为安全的发展提供了保障。[②]

二、国家安全法治体系

党和国家高度重视依法维护国家安全工作,把法治贯穿于维护国家安全的全过程。随着国家安全领域的拓展和国家安全工作的深入,我国的国家安全法治体系建设也在不断推进。从历史上看,我国围绕国家安全的立法工作是随着国家安全观念的发展而不断深入的。早在1993年,我国就颁布了专门的国家安全法,但其主要是围绕国家安全机关履职特别是反间谍工作方面的职责而制定的,随着国家安全形势的不断发展,该法已经不再适应时代所需。因此,2014年11月,全国人大常委会审议通过了《中华人民共和国反间谍法》,相应废止了旧的国家安全法。同时,这也为制定新的国家安全法提供了前提和基础。

---

① 习近平:《习近平谈治国理政》,外文出版社2014年版,第200页。
② 《改革开放简史》,人民出版社2021年版,第375页。

2015年7月1日,第十二届全国人民代表大会常务委员会第十五次会议审议通过了新的《国家安全法》。新《国家安全法》是按照总体国家安全观的要求,为适应我国国家安全面临的新形势、新任务而制定的一部具有综合性、全局性、基础性的国家安全专门法律,在国家安全法律制度体系中起统领、支撑作用。以《国家安全法》为中心,我国针对国家安全的重要细分领域,相继制定和颁布了一系列法律法规,逐步形成了我国的国家安全法律体系。"从功能和地位分析,纳入国家安全法律体系的各部法律在性质与地位上各有不同。依据各法体现国家安全相关问题的程度不同,可以将国家安全法律体系的类别划分为国家安全综合性法律、专门国家安全法律、关涉国家安全法律三种。"[1]

1. 国家安全综合性法律

即《国家安全法》,该法对于国家安全的领导体制和工作机制、维护国家安全的任务、职责、制度、保障以及公民、组织的权利和义务作出了全面规定,为开展国家安全工作和制定其他国家安全相关法律法规提供了依据和遵循。这部国家安全领域的综合性法律,是我国国家安全体系建设制度化、法治化的集中体现和重要保障。

2. 专门国家安全法律

根据总体国家安全观的要求,我国的国家安全体系涵盖了诸多具体的领域,因此在细分领域开展立法工作、填补法律空白是当前一段时期的重要任务。此前,我国在政治、军事、经济和社会安全等领域制定了一系列法律法规,其中较为重要的包括《中华人民共和国国防法》(以下简称《国防法》)、《中华人民共和国反分裂国家法》(以下简称《反分裂国家法》)、《中华人民共和国保守国家秘密法》(以下简称《保守国家秘密法》)、《中华人民共和国戒严法》(以下简称《戒严法》)、《中华人民共和国反垄断法》(以下简称《反垄断法》)、《中华人民共和国突发事件应对法》(以下简称《突发事件应对法》)等。近年来,我国统筹传统安全和非传统安全,在具体领域中的专门立法工作取得了长足进展,相继出台的重要法律包括:2014年《中华人民共和国反间谍法》(以下简称《反间谍法》)、2015年《中华人民共和国反恐怖主义法》(以下简称《反恐怖主义法》)、2016年《中华人民共和国境外非政府组织境内活动管理法》

---

[1] 李竹、肖君拥主编:《国家安全法学》,法律出版社2019年版,第33页。

(以下简称《境外非政府组织境内活动管理法》)、2016年《中华人民共和国网络安全法》(以下简称《网络安全法》)、2016年《中华人民共和国国防交通法》(以下简称《国防交通法》)、2017年《中华人民共和国国家情报法》(以下简称《国家情报法》)、2017年《中华人民共和国核安全法》(以下简称《核安全法》)、2020年《中华人民共和国生物安全法》(以下简称《生物安全法》)、2020年《中华人民共和国香港特别行政区维护国家安全法》(以下简称《香港特别行政区维护国家安全法》)、2021年《中华人民共和国数据安全法》(以下简称《数据安全法》)、2021年《中华人民共和国反外国制裁法》(以下简称《反外国制裁法》)等。这些专门领域的国家安全立法,是落实总体国家安全观、推进国家安全各项工作不断深入的重要法律保障。

3. 关涉国家安全的法律

国家安全的涉及领域广泛,而同一个领域所涉及的法律规范往往不止一种。因此,我国多部法律都涉及国家安全的内容,这些法律虽然没有专门针对国家安全,但有部分或少量条款涉及国家安全的内容。它们本身各自属于其他法律部门体系,与国家安全关涉程度相对有限。在总体国家安全观提出之后,我国陆续对一些涉及国家安全具体领域的法律法规进行了修订和完善,使其更好地体现国家安全的重要性。例如,2015年的《中华人民共和国刑法修正案(九)》,就将五种恐怖相关活动纳入了刑事追责范围。据统计,我国有两百多部法律法规涉及国家安全问题,其中绝大部分属于关涉国家安全的法律。这些法律及其条款同样属于国家安全法律体系的重要组成部分,体现了国家安全法律部门与其他法律部门的衔接和联系,生动体现了总体国家安全观在国家安全法治体系建设中的贯彻落实。

除此之外,我国还有一些地方性法规涉及国家安全的保障,对具体的国家安全工作进行了规范。同时,在国际安全领域,我国也在推进国内法与国际法的协调发展,为我国国家安全的涉外事务提供法律依据。当然,立法工作在国家安全法治体系建设的初期无疑是至关重要的,但是做到国家安全法治的"有法可依"仅仅是第一步。在国家安全法治建设中,还要深入推进"有法必依、执法必严、违法必究"。因此,在未来一段时期内,应当进一步贯彻落实总体国家安全观和依法治国方略,在加强国家安全立法的同时强化法律实施,建立和完善执行监督机制和各项配套制度,全面提升各重要方向、重点领域国家安全法治化水平。

三、国家安全战略体系和政策体系

总体国家安全观指导下的国家安全体系和能力建设,一方面需要从统筹国际国内两个大局的战略高度,对我国国家安全工作进行整体规划和全方位部署;另一方面,也需要根据我国国家安全的现状和发展趋势,制定一定时期内的国家安全战略的政策实施体系。随着我国国家安全领域的不断拓展,整体性的国家安全战略制定和阶段性的国家安全政策实施,已经成为贯彻落实总体国家安全观的重要制度载体。

一般而言,战略是一种从全局考虑谋划实现全局目标的规划。自现代国家安全的概念提出以来,越来越多的国家开始重视国家安全战略的制定和实施,并将其作为维护国家安全重要决策的根本依据。我国的国家安全战略虽然起步较晚,但却取得了快速的发展和长足的进步。党的十八大以来,习近平总书记反复强调:"不论国际风云如何变幻,我们要保持战略定力、战略自信、战略耐心,坚持以全球思维谋篇布局,坚持统筹发展和安全,坚持底线思维,坚持原则性和策略性相统一,把维护国家安全的战略主动权牢牢掌握在自己手中。"[1] 为此,我国先后制定了国家安全战略的纲领性文件,推动具体国家安全领域的政策实践,逐步建立起了我国的国家安全战略体系和政策体系。

第一,落实总体国家安全观,制定国家安全战略纲领文件。2015年1月,中共中央政治局会议审议通过了我国首部国家安全战略文本《国家安全战略纲要》,对我国的国家安全战略进行了整体规划。该纲要是根据总体国家安全观基本精神和主要内容制定的,是一部以人民安全为宗旨,统领传统安全问题和非传统安全问题,着眼于全面保障我国国家安全的总体性国家安全战略。[2] 我国国家安全战略的基本内容是:在新形势下维护国家安全,必须坚持以总体国家安全观为指导,坚决维护国家核心和重大利益,以人民安全为宗旨,在发展和改革开放中促安全,走中国特色国家安全道路。在维护国内安全方面,要做好各领域国家安全工作,大力推进国家安全各种保障能力建设,把法治贯穿于维护国家安全的全过程;在维护国际安全方面,则要坚持正确的义利观,实现全面、共同、合作、可持续安全,在积极维护我国利益的同时,促进世界各国共同繁荣。

国家安全战略的贯彻落实,需要在国家安全的各个领域谋划战略布局和

---

[1] 习近平:《习近平谈治国理政》第2卷,外文出版社2018年版,第382页。
[2] 刘跃进:《以总体国家安全观构建国家安全总布局》,载《人民论坛》2017年第34期。

具体的方针政策,推动国家安全战略落到实处。例如,2016年12月,经中央网络安全和信息化领导小组批准,国家互联网信息办公室发布《国家网络空间安全战略》,阐明了我国关于网络空间发展和安全的重大立场,在维护我国的网络空间主权、安全、发展利益等方面具有重要指导性意义。①

第二,着眼构建新安全格局,全面部署国家安全政策任务。随着维护国家安全工作的不断深化,我国逐步推动出台国家安全战略的阶段性规划,更加及时、具体和有针对性地对国家安全工作进行战略部署,推动了国家安全政策体系的不断完善。2021年11月,中共中央政治局审议通过了《国家安全战略(2021—2025年)》,全面部署未来5年的国家安全工作。会议作出了牢固树立总体国家安全观,加快构建新安全布局的重大战略部署。

统筹发展和安全两件大事是维护国家安全的重要战略方针,而"新安全格局"既是对"新发展格局"的借鉴,也是对此前强调的"大安全格局"的发展,对于更好地统筹发展和安全具有重要的指导作用。党中央指出,构建新安全格局必须坚持"五条原则":一是坚持党的绝对领导,完善国家安全领导体制,实现政治安全、人民安全、国家利益至上相统一;二是坚持捍卫国家主权和领土完整,维护"边疆、边境、周边"安定有序;三是坚持"安全发展",推动高质量发展和高水平安全动态平衡;四是坚持"总体战",统筹传统安全和非传统安全;五是坚持走和平发展道路,促进自身安全和共同安全相协调。为了推进建构新安全格局、落实国家安全战略的各项政策,党中央明确提出了未来一段时期维护国家安全的具体工作任务。这些任务在很大程度上构成了我国目前国家安全政策的重点内容,体现了我国国家安全政策体系的基本面貌。②

---

① 资料来源:http://www.cac.gov.cn/2016-12/27/c_1120195926.htm,2021年12月30日访问。
② 党中央强调,必须坚持把政治安全放在首要位置,统筹做好重点领域、重点地区、重点方向国家安全工作,明确了九个方面的工作任务:一是要坚决维护国家政权安全、制度安全、意识形态安全,严密防范和坚决打击各种渗透颠覆破坏活动;二要增强产业韧性和抗冲击能力,筑牢防范系统性金融风险安全底线,确保粮食安全、能源矿产安全、重要基础设施安全,加强海外利益安全保护;三是要强化科技自立自强作为国家安全和发展的战略支撑作用;四是要积极维护社会安全稳定,从源头上预防和减少社会矛盾,防范遏制重特大安全生产事故,提高食品药品等关系人民健康产品和服务的安全保障水平;五是要持续做好新冠肺炎疫情防控,加快提升生物安全、网络安全、数据安全、人工智能安全等领域的治理能力;六是要积极营造良好外部环境,坚持独立自主,在国家核心利益、民族尊严问题上决不退让,坚决维护国家主权、安全、发展利益,同时树立共同、综合、合作、可持续的全球安全观,加强安全领域合作,维护全球战略稳定,携手应对全球性挑战,推动构建人类命运共同体;七是要全面提升国家安全能力,更加注重协同高效,更加注重法治思维,更加注重科技赋能,更加注重基层基础;八是要坚持以政治建设为统领,打造坚强的国家安全干部队伍;九是要加强国家安全意识教育,自觉推进发展和安全深度融合。资料来源:https://baijiahao.baidu.com/s?id=1716766633198050921&-wfr=spider&for=pc,2022年9月25日访问。

四、加强国家安全宣传教育

国家安全体系和能力建设,不仅需要在顶层设计、制度建构、战略制定和政策实施等方面进行,同时也需要将维护国家安全的工作落实到基层和民众之中。为此,必须加强国家安全宣传教育,强化全民国家安全意识,提升国家安全教育水平,为维护国家安全工作奠定坚实的社会基础。近年来,随着总体国家安全观的提出,我国的国家安全教育也从分散的、各种具体领域的安全宣传教育,逐步整合为综合性、总体性的国家安全宣传教育。宣传教育的组织主体也由原来的国防、公安、国安等部门扩展到党和国家的各个重要部门和机构。全民国家安全意识的提升和国家安全科研教育水平的进步,对于完善我国国家安全体系和能力建设具有重要的基础性作用。

第一,设立全民国家安全教育日,加强公共宣传教育。国家安全不仅关乎国家核心利益,而且关乎每个公民的切身利益。"天下兴亡,匹夫有责",维护国家安全是每个公民应尽的责任和义务。2015年《国家安全法》将每年的4月15日定为"全民国家安全教育日",并且规定:国家加强国家安全新闻宣传和舆论引导,通过多种形式开展国家安全宣传教育活动,将国家安全教育纳入国民教育体系和公务员教育培训体系,增强全民国家安全意识。[①] 近年来,通过全民国家安全教育日等活动的持续开展,全社会的国家安全知识逐渐丰富、国家安全意识日益提升、国家安全参与愈加主动。只有在全社会形成维护国家安全的强大合力,才能够真正确保国家安全工作行稳致远。

第二,推进国家安全学科建设,提升科研和教学水平。我国学术界很早就提出了建设"国家安全学"的呼吁,随着总体国家安全观的提出和国家安全工作的深入,我国关于国家安全的学术研究和教学活动也在逐步推进,开展国家安全学的学科建设的条件日益成熟。在这种情况下,2018年出台的《教育部关于加强大中小学国家安全教育的实施意见》明确提出要推动国家安全

---

① 参见《国家安全法》第76条。

学学科建设和设立国家安全学一级学科。① 2020年12月,国务院学位委员会和教育部共同发布通知,"国家安全学"成为新设置的"交叉学科"门类下的一级学科。② 国家安全学的设立和学科建设的逐步开展,既符合国家安全研究亟待多学科交叉融合的客观需求,也响应了国家急需高层次国家安全人才的迫切需要,是贯彻落实总体国家安全观、夯实国家安全能力建设的重要战略举措。

---

① 资料来源:http://www.moe.gov.cn/srcsite/A12/s7060/201804/t20180412_332965.html,2022年3月1日访问。
② 资料来源:http://www.moe.gov.cn/srcsite/A22/yjss_xwgl/xwgl_xwsy/202101/t20210113_509633.html,2022年3月1日访问。

第五章 国家安全法治

在当代中国,依法治国是治国理政的基本方式,是党领导人民治理国家的基本方略。特别是自党的十八大以来,建设社会主义法治国家,坚定不移地走中国特色社会主义法治道路,在法治轨道上推进国家治理体系和治理能力现代化,已成为我们全面建设社会主义现代化国家、实现中华民族伟大复兴的中国梦的有力保障。目前,法治已然成为社会主义核心价值之一,是国家、政府和社会治理运行的主要轨道,全面依法治国实践不断取得重大进展。作为推进全面依法治国的重要领域,国家安全法治无疑也是社会主义法治体系的应有内容和组成部分。国家安全问题关系到民族的盛衰和人民的安危,国家安全是实现国家繁荣昌盛的基本前提,而法治是维护国家安全的重要保证和最佳途径。坚持全面依法治国,建设社会主义法治国家,必须把国家安全法治作为法治中国建设的题中应有之义。国家安全法治具有鲜明的目标指向和价值诉求,它以法治的精神为主线,倡导在维护和实现国家安全的活动中遵循现代法治的原则。

第一节 全面依法治国与国家安全法治

一、全面依法治国背景下的国家安全法治

自改革开放以来,特别是伴随着从计划经济到市场经济的深入变革,中国社会经历了深刻的转型发展。我国的社会转型是近代中国社会现代化发展道路的延续,其总体上表现为一种社会在结构和功能上不断分化的过程,从社会治理形态和社会秩序形成的角度看,就是改变原来国家一统的社会治理模式和社会秩序结构,在内部不断拓展社会自治空间,不断扩大个体自主的范围,在外部不断参与国际经济政治新秩序的建立和全球化进程,不断创

新和践行区域性治理的观念。① 就社会转型对我国发展的改变和影响而言，以国家治理为线索解读，可以认为，社会利益分化和社会结构的变革给国家的治理模式带来了剧烈而深刻的冲击，传统的治理方式需要随之进行新的转化，国家治理形态也相应发生了调整。

观察我国四十多年来的社会变化和国家治理转型，可以总结出以下规律：（1）相较于计划经济时代过多地依靠政策推行和行政指令，国家和政府的管控已逐渐转变为依靠法律的权威；（2）相较于以前国家对社会的高度统合，社会已形成了多元的利益格局，从经济利益的分化演变为社会主体关系的复杂化，也使得国家管理转为更多地仰仗以厘定和分配权利义务为内容的法律；（3）相较于以前对非制度因素的依赖，国家层面自觉地转向对制度建设的重视，社会治理模式也转向了依法而治。对此，可以说，在传统治理方式面临挑战的情况下，我国的国家和社会生活在调控方略上最具影响力同时也最有标识性意义的变化就是向法治的转变。

从历程上看，1997年召开的党的十五大将"依法治国"确立为治国基本方略，并将"建设社会主义法治国家"确定为社会主义现代化的重要目标，1999年的九届全国人大二次会议把"依法治国，建设社会主义法治国家"载入宪法。党的十六大进一步提出将"依法治国基本方略得到全面落实"作为全面建设小康社会的重要目标，随后"国家尊重和保障人权"成为宪法修正案的重要内容。2007年，党的十七大进一步明确提出全面落实依法治国，加快建设社会主义法治国家的任务。2011年，全国人大的工作报告宣告中国特色社会主义法律体系已经基本形成。2012年，党的十八大进一步作出了推进依法治国的战略部署。2014年10月，党的十八届四中全会专门通过了《中共中央关于全面推进依法治国若干重大问题的决定》，提出了"建设中国特色社会主义法治体系，建设社会主义法治国家"的总目标和根本任务，同时确立了多项重大法治改革的具体举措。2017年，党的十九大报告再次肯定了全面依法治国的总目标，并提出了全面深化依法治国的要求。2019年10月，党的十九届四中全会通过决定，进一步把坚定不移地走中国特色社会主义法治道路、全面推进依法治国作为坚持和完善中国特色社会主义制度、推进国家治理体系和治理能力现代化的重要内容。应该看到，随着法治国家建设的话语发展和实

---

① 参见张志铭：《转型中国的法律体系建构》，载《中国法学》2009年第2期。

践开展,建设全方位的法治中国已经成为我国国家和社会生活的基本任务和行动逻辑。

国家安全问题始终是我国社会主义现代化建设过程中的重大问题。"国家安全是人民幸福安康的基本要求,是安邦定国的重要基石。维护国家安全是全国各族人民的根本利益所在。"[①] 国安才能国治,治国必先治安。习近平总书记指出,增强忧患意识,做到居安思危,是我们治党治国必须始终坚持的一个重大原则,我们党要巩固执政地位,要团结带领人民坚持和发展中国特色社会主义,保证国家安全是头等大事。[②] 保证国家安全是完善和发展中国特色社会主义制度、推进国家治理体系和治理能力现代化的有机组成部分。国家安全必须在国家治理的大背景下来思考和筹划,必须将安全治理作为基本路径来维护和保障。由此来说,正是国家治理方式不断走向法治化,国家安全法治的呼声和实践才应运而生。

自依法治国基本方略提出以来,我国的国家安全体制机制逐步从国家安全法制迈向了国家安全法治的发展道路。依法治国方略的确立与实践展开为我国维护和加强国家安全提供了新思路,并且推动了维护国家安全的制度建设向法治化模式的转向。进入新时代以来,全面依法治国的提出更是为我国的国家安全制度及其运行指明了方向和目标,通过推进全面依法治国维护国家安全已成为我们党和国家顺应历史发展的必然选择。就此来说,"法治是现代国家治理体系的基础,全面深化改革要求全面依法治国,重视运用法治思维和法治方式解决包括国家安全在内的各项问题"[③]。所以,国家安全法治是全面依法治国的重要要求,也是全面依法治国的重要构成性内容。我们不仅要把国家安全法治当成全面依法治国、建设社会主义法治国家的应有之义,更要把国家安全法治建设作为推进全面依法治国和加快社会主义现代化国家建设的重点工程和关键领域。

二、总体国家安全观与国家安全法治

党的十八大之后,我国的国家安全法治建设迈入新的发展阶段,进入了

[①] 中共中央宣传部编:《习近平新时代中国特色社会主义理论三十讲》,学习出版社2018年版,第252页。

[②] 同上。

[③] 杨宗科、张永林:《中国特色国家安全法治道路七十年探索:历程与经验》,载《现代法学》2019年第3期。

新时代。2014年是我国国家安全法治进入新时代具有里程碑意义的一年,新成立的中央国家安全委员会召开了第一次会议,中央国家安全委员会主席习近平主持会议并发表重要讲话,首次明确提出了要"坚持总体国家安全观,走出一条中国特色国家安全道路"。"总体国家安全观"成为这次会议的亮点。党的十九大进一步明确将坚持总体国家安全观确定为习近平新时代中国特色社会主义思想的重要组成部分,成为新时代发展中国特色社会主义的基本方略。"总体国家安全观"反映了党中央对国家安全形势变化新特点新趋势的准确把握,既是一种全新的国家安全观,也是具有中国特色的国家安全观。相较于传统的国家安全观,"总体国家安全观"是我国国家安全领域具有历史性意义的重大理论创新,由此推动了国家安全法治建设走向更高的层次。

"总体国家安全观"是建设更高水平的法治中国的根本指导思想。"总体国家安全观"作为习近平总书记提出的重大战略思想,其核心要义是以人民安全为宗旨,以政治安全为根本,以经济安全为基础,以促进国际安全为依托,统筹传统安全和非传统安全,把安全发展贯穿到国家发展的各领域和全过程,构建集政治安全、国土安全、军事安全、经济安全、文化安全、社会安全、科技安全、信息安全、生态安全、资源安全、核安全等于一体的国家安全体系。[①] 总体国家安全观具有重要的法治价值,其不仅是指导新时代国家安全法治建设的整体思想指南,也在宏观上厘定和拓展了国家安全法治建设的基本框架和实际范围。总体国家安全观的法治价值大致可以概括为以下四个方面[②]:

其一,总体国家安全观体现了"法随时移"的法治进步历史价值。总体国家安全观是在中国特色社会主义进入新时代、国家安全形势发生重大变化、出现百年未有之大变局的背景下,对传统国家安全理论的重大创新,是对中国特色社会主义理论体系的丰富和发展。总体国家安全观全面系统地阐述了中国特色国家安全观,明确了当代中国国家安全的内涵、外延、宗旨、目标、手段、路径等,阐明了各重点国家安全领域以及各领域之间的关系。总体国家安全观突破了传统国家安全观的局限,摒弃零和思维,强调共同安全,打造国际安全和地区安全的命运共同体。根据总体国家安全观的思想指导,时代的变化、社会主要矛盾的变化必然导致国家安全的领导体制工作机制的变

---

① 参见张文显:《建设更高水平的平安中国》,载《法制与社会发展》2020年第6期。
② 参见杨宗科:《国家安全法治保障述论》,知识产权出版社2019年版,第49—52页。

化,正所谓"法随时移则治"。因此,必须以科学的顶层设计构建维护国家安全的制度体系,健全国家安全领导体制,完善国家安全工作机制,推进国家安全法治建设,整合国家安全资源,加强国家安全能力建设。

其二,总体国家安全观体现了以人民为中心的社会主义法治核心价值观,体现了社会主义法治人民性的本质特征。"以人民安全为宗旨"的总体国家安全观不是一句口号,必须要落实到实际,落实到国家安全的法律制度之中。坚持"以人民安全为宗旨"的总体国家安全观是中央国家安全委员会制定实施国家安全战略、推进国家安全法治建设、制定国家安全方针政策和研究解决国家安全重大问题时的根本遵循,同时也是制定调整国家安全关系的法律法规的根本价值原则。总体国家安全观要求告诉我们,国家安全的法律制度体系必须坚持以人民为中心的法律价值标准。

其三,总体国家安全观具有重要的法治实践价值。党的十八届四中全会提出了全面推进依法治国的总目标和加快国家安全法治建设的任务,提出"加强重点领域立法",明确要求"贯彻落实总体国家安全观,加快国家安全法治建设,抓紧出台反恐怖等一批急需法律,推进公共安全法治化,构建国家安全法律制度体系"。根据这一部署,我国的国家安全立法工作快速推进,《国家安全法》等一系列法律法规相继出台。习近平总书记在中央全面依法治国工作会议上强调,"要积极推进国家安全、科技创新、公共卫生、生物安全、生态文明、防范风险、涉外法治等重要领域立法,健全国家治理急需的法律制度、满足人民日益增长的美好生活需要必备的法律制度,以良法善治保障新业态新模式健康发展"[1]。这表明,总体国家安全观是(包括国家安全立法、执法、司法、守法、法律监督和法治队伍建设等在内的)国家安全法治建设的指导思想和行动指南。建立健全国家安全法治保障体系,提高国家安全法治保障能力,是总体国家安全观的基本要求。

其四,总体国家安全观体现了习近平法治思想中的"良法善治"法治观。良法善治是新时代中国特色社会主义法治发展的新境界,"良法善治"的法治观是习近平法治思想的构成内容。应该看到的是,在全面推进依法治国的时代背景下,总体国家安全观与法治中国建设有机融为一体,开辟了我国国家安全法治建设新局面,以总体国家安全观为指导大力开展国家安全法治建设

---

[1] 习近平:《论坚持全面依法治国》,中央文献出版社2020年版,第4页。

已经成为大势所趋。① 坚持总体国家安全观,是推进国家安全法治建设和研究解决国家安全重大问题的指导理论。完善国家安全治理体系和提升国家治理能力现代化,必须加快国家安全法治保障体系和能力建设,形成健全完备的国家安全法治体系,并使之成为中国特色的社会主义法治体系的组成部分。"总体国家安全观"的立意、思想内涵以及具体要点等无疑是在国家安全领域实现"良法善治"、构建科学合理的国家安全法治体系的目标性准则和基础性原理。

第二节 国家安全法治的基本要义

一、法治的含义及其构成要素

(一) 法治释义

法治是以法律制度为主导的社会调控方式,是一种以普遍法律规范为基本行为尺度和生活准则的国家—社会治理模式。从法理学上看,完善的法律体系及制度是法治运行的前提条件,但是法治并不等同于法制,有了法制也不一定就能实现法治。概括地说,法治是法律制度具备了一定德性之后的状态,法治是法制的一种目标或深化,法治与法制最根本的联系就在于法治是在法制德性基础上的运作,而现代法治就是一种以发达的法律制度为基础,具有更多德性要求的国家管理方式和社会治理机制。② 为了说明这一点,可以从人类法治演进的逻辑形态和现代法治的本质特征上获得认识。③

一般来看,重视法律的权威和作用,把法律作为国家管理和社会控制的主要手段,通过法律的调整形成国家和社会生活的基本秩序,就是人类社会最原初的法治形态。这种形态的法治强调以法律管理社会,建立依靠法律的社会秩序,只要有法律制度的确立和运行,就可以形成此种意义上的法治,可被称为"作为法秩序的法治"。在中国古代法家的主张中,法律是管理国家和

---

① 魏胜强:《论"总体国家安全观"视域下的国家安全法治建设》,载《上海政法学院学报(法治论丛)》2018年第4期。
② 参见杨知文:《风险社会治理中的法治及其制度建设》,载《法学》2021年第4期。
③ 张志铭教授提出了法治的逻辑形态理论,即从逻辑角度分析,不同时期的法治观念和实践大致呈现为作为法秩序的法治、作为"法的统治"的法治和作为"良法之治"的法治三种形态。参见张志铭:《中国法治实践的法理展开》,人民出版社2018年版,第212—214页。

社会的重要手段和工具,"垂法而治""治民无常,唯以法治"的思想所体现的就是这种形态的法治。作为一种社会规范,法律通过规范人的行为实现调整社会关系的目的,具有一般适用性、国家意志性和强制性等特征,在很长时间内,大部分国家都把法律作为统治和管理的重要工具,这使得作为法秩序的法治形态在人类法治的历史上能够普遍存在。这当然不是现代意义的法治,人类最原初的法治形态并不具备现代法治所蕴含的法律至上、权力制约、权利保障和良法之治等德性内涵。

人类近现代的法治形态正是在作为管理手段的法律制度及其运行获得更多的德性条件后形成的。首先,法律作为治国理政的重要方式获得了至高的权威性地位,尤其是法律要约束权力,一切权力都要被置于法律的控制之下,整个社会形成了"法律的统治"。这是近现代法治的关键,也是近现代法治的基本特征和标志。当法律的权威与作用在国家和社会的生活秩序中被抬到最高或"至上"之位置时,作为"法的统治"的法治形态就脱颖而出,这种形态的法治最大限度地信奉法律的权威和作用,而不是以君王权威、道德教化或神的旨意作为政治统治的圭臬。[①] 作为"法的统治"的法治已体现了现代法治与一般法制之间的重要区别,它肯定了法律在国家管理和社会生活中的至高无上地位,特别强调法律对政府权力的规范与限制,要求一切权力都必须服从法律,而法制却不一定具备这样的要求。

其次,随着人们对"法律的统治"应当具有的价值内涵的不断追求,法律自身及其运行的品质更加受到重视,增进法律自身的良好成为现代法治的一个重要内容。法律自身的良好催发了现代法治对法律品质寻求的进一步展开;更完备的法治就不仅是"法律的统治",而且应该是良好的法律的统治,即良法之治。这是一种更为高级的法治形态,它意味着法律在形式上应当具有良好的品质,且在实质上必须容纳更多的美好价值,在实践中也应当能够良善地运行。在作为"良法之治"的法治形态下,不仅国家和社会生活要依法而治,而且法律制度自身和运行过程获得了更多的德性:体现了公共意志,包含了权力制约与权利保护的精神;法律至上原则得到确认和贯彻;法律规范及制度体系健全完备;规则具有明确性、普遍性、公开性,并符合社会正义标准;法律制定与实施遵循合理的准则和正当程序;执法和司法活动严明、公正而

---

① 参见张志铭:《中国法治实践的法理展开》,人民出版社2018年版,第213页。

有效率；法律救济途径畅通便民等。

所以，现代法治不仅是一种法制完备的状态，还是一种依法办事的原则，同时也是一种包含了对作为"法的统治"前提的法律及其运行之品质要求的社会治理模式。这种系统性的治国方略和社会调整机制，蕴含着对法律制度自身及其运作过程的品质建设和维护，更注重"法的统治"应具有的德性，也正是这些德性因素使现代法治在其内在意义上区别于一般法制、人治等国家和社会管理方式。随着现代价值的广为传播，法治在现代社会已成为一种更具融合观念的治国准则和社会治理方式，虽然受制于政治、经济、历史、文化等不同的条件，但是现代各国已然开启了以"良法善治"为目标的法治化治理道路。

（二）法治的构成要素

在法治跟随人类历史不断发展的过程中，古今中外的思想家对法治的内涵和要求有过大量的阐释和论述，不同时空下国家的法律实践也一直回应着"法治是什么"的问题。回顾和梳理人类法治思想和实践的流变，可以从中归纳和总结出现代法治的一些构成要素，这些构成要素展现了现代法治的基本要求和根本价值追求。

1. 宪法法律至上

宪法法律至上是指宪法和法律地位的最高性。在现代法治下，宪法和法律拥有极大的权威性，并具有超越其他社会因素的至上地位，被视为一项重要的价值理念。任何形态的社会都存在着一个至高无上的权威因素，并以之确立某种权威等级体系。马克思曾说，"法官是法律世界的国王，除了法律就没有别的上司"[1]，这句话体现的就是法律至上的理念。现代法治以宪法和法律为国家和社会生活中的最高权威行为准则，这使得现代法治从根本上区别于其他非法治的社会形态。例如，在神权政治的时代，以神的名义产生的意志具有至上的权威；在君主专制的国家，君主的统治及其个人意志就是最高的权威。从这一点来看，可以说，自近代以来，宪法和法律在国家和社会生活中是否能够获得至高无上的权威认同，是判断一个国家是否为法治国家的重要标志。

为了坚持宪法法律至上，现代法治国家一般都遵循立宪主义的要求和精

---

[1] 《马克思恩格斯全集》第一卷，人民出版社1995年版，第180—181页。

神,把宪法作为最高效力和最高形式的法律,使其成为人民普遍意志的体现和政府合法性的依据,同时把制定合理有效的法律作为国家和社会生活的基础。在这种语境下,建设法治国家在观念和实践上就意味着:宪法和法律是一切国家机关的行为准则,国家机关的一切权力均来源于宪法和法律的规定,并且依法行使;各级行政部门、司法部门也要受到立法机关的监督和制约,它们不能作出与宪法和法律相违背的决定,否则就是无效的;任何政党和社会团体、公民都必须在宪法和法律规定的范围内活动,政党的政策不能违反或替代法律。因此,现代法治把宪法法律至上作为核心理念,要求任何组织和个人不得凌驾于宪法和法律之上,任何组织和个人的行为都要受到宪法和法律的调整和约束。

2. 政府权力制约

在现代社会,限制公权力是法治的基本精神。权力容易导致腐败,绝对的权力导致绝对的腐败。作为与"人治"相对立的国家治理方略,法治强调法律的统治,这本身就是为了通过法律来遏制政府的权力以保障公民的权利。洛克认为,法治的真正含义就是对一切政体下的权力都有所限制。哈耶克也认为,"法治的意思就是政府在一切行动中受到事先规定并宣布的规则的约束"[1]。正是在这个意义上,人们常把制约政府的权力看作是实现法治的核心环节。法治强调对政府权力的制约,以法律的制约为最终手段或归宿。对政府权力的控制与约束有多种途径和方式实现,现代法治意味着基于法律的制约是对政府公权力进行制约的最有效与可靠的形式,其与宪法法律至上的理念是相通的。

在现代法治社会,以法律制约政府权力,首先要强调政府一切权力的存在最终皆要有宪法和法律上的根据,这是政府权力具有正当性的源泉;其次要强调政府权力的行使及其运作程序均要以宪法和法律的规定为依据,这是政府权力具有合法性的准则。不仅如此,还要强调政府行为与法律一致,政府部门制定的法规和特定的行政命令必须符合公开的、明确的和肯定的一般法律规则,特别是政府部门及其公务员在行使自由裁量权的场合,自由裁量权不仅要出自法律的真实赋予,而且要符合依法行政的基本要求。当然,现代法治强调对政府权力的制约并不意味着完全否定政府权力行使的能动性

---

[1] 〔英〕弗里德里希·奥古斯特·冯·哈耶克:《通往奴役之路》,王明毅等译,中国社会科学出版社1997年版,第73页。

和权威性,相反,任何社会里的政府都可以也应当有权威,现代法治也要求政府积极履行职责,只是法治所要求的政府权威是一种被置于法律之下的权威。

3. 公民权利保障

尊重和保障公民权利是现代法治理念的价值实质,是法治国家的基本要义。从法律精神的角度来看,现代法治包含了一整套关于权利和义务等问题的原则与观念体系,而对公民权利的保护应该是其中占主导地位的内容。一方面,保障公民权利是法治的旨归,现代法治要求对政府权力进行限制的目的就是为了维护公民的权利。也可以说,正是为了保障公民权利,才需要约束和控制政府的权力。另一方面,现代法治背景下的法律活动以有关公民权利的保护为基本特色,它要求立法、执法和司法等活动均应尊重和保障权利,在这一点上,虽然法律强调公民权利义务的统一性,但是权利的落实总是最终的目标导向。因此,为保障公民享有充分的权利,现代法治国家不仅通过法律形式积极确立公民的各种权利,使公民的各项合理权利得到法律上的肯定,而且通过对立法和执法的严格要求,限制国家权力的恣意行使或他人权利的滥用,使公民权利的行使免遭国家的非法干预或他人的侵犯。此外,现代法治国家一般都致力于为正当权利遭受非法侵害的公民提供有效的法律救济途径。

4. 维护公平正义

公平正义是每个社会里的人们都期盼实现的美好理念。公平正义是一个古老而又让人常思常新的概念,古今中外的思想家对公平正义有过非常多的定义,正如美国法学家博登海默所言,"正义有着一张普罗透斯似的脸,变幻无常、随时可呈不同形状并具有极不相同的面貌"[①]。尽管公平正义具有很强的主观性和流变性,但是人们关于公平正义的基本认识也具有一定的统一性。我们认为,自人们把公平正义与法律相联系开始,公平正义就成为法律追求的核心价值和根本目的,也是评价法律自身好坏与否的基础性标准。自法治产生以来,公平正义也是法治最普遍的价值表述,现代法治在价值的正当性上也应当以维护公平正义为其依归。

因此,维护公平正义与现代法治的实现有着密切的关系。首先,法治所立基的法律应该是本身良好的法律,而所谓本身良好的法律,在最为一般或

[①] 〔美〕E.博登海默:《法理学:法律哲学与法律方法》,邓正来译,中国政法大学出版社 2017 年版,第 266 页。

普遍的意义上说就是体现公平正义的法律。例如,西方自然法学派所主张的"恶法非法"观念就是从正义角度对法律进行检视。其次,公平正义自身作为普遍的价值对法律生活的运作和法治的落实具有积极的推动作用。例如,公平正义观念推动了法律精神的转化和法律的现代化发展,使人类法治理念在全球得到传播。再次,在法治的价值体系中,维护公平正义就是维护具有根本性的价值目标,虽然效率、自由、秩序等都是法治价值的重要内容和表达形式,但这些不同的价值内容或形式最终都可以归结为某种公平正义的概念。最后,法治作为公平正义的重要载体,对公平正义具有多方面的实现作用,现代法治是维护公平正义的重要机制。例如,法治可以保障社会纠纷的公正解决和司法诉讼的正当进行,维护人与人之间正常的权利义务关系,维护社会正义。

5. 促进自由平等

自由和平等是现代法律区别于古代法律的突出价值,促进自由平等也自然成为现代法治核心理念的重要内容。从学理上看,虽然法律的价值目标在一般意义上可以概括为公平正义,但在关于正义的不同的叙事维度方面,现代法律在促进自由平等上要比古代法律更具特色,尤其是现代意义上的法治对人们自由与平等的促进,要比人治和古代法治等其他社会治理方式更具有标志性意义。现代法治体现了对人的主体地位、尊严、自由和同等对待等方面的重视,它们是人类社会进步的标尺和动力。符合良法标准的法律对人权等公民基本权利的积极保护,正是现代法治对人类平等权和自由权给予保障的最低限度的要求。

就语义而言,法律上的自由并非是指人的行为完全不受任何的干预和限制,正如法国思想家孟德斯鸠所强调的,"自由是做法律许可的一切事情的权利,如果一个公民能够做法律所禁止的事情,他就不再有自由了,因为其他的人同样会有这个权利"[①]。法律上的平等也并非是指完全消灭人的差别以实现绝对均等化,其所表达的是"相同者相同对待"的要求,它体现为人人均能得到国家的平等对待,以及人们在法律主体地位上的相互对等,正如美国法学家德沃金所说,平等就是国家对每个公民的"平等的尊重和关切"[②]。与法

---

① 〔法〕孟德斯鸠:《论法的精神》(上册),张雁深译,商务印书馆1959年版,第154页。
② 参见〔美〕罗纳德·德沃金:《认真对待权利》,信春鹰、吴玉章译,中国大百科全书出版社1998年版,第243页。

律的其他价值相比,自由的价值关注的是社会个体的自尊、自主,重视个性发挥和个体的自我实现对社会生活的意义;平等的价值则更加重视社会生活主体因自然和社会禀赋的不同而产生的各种差距的克服,注重人与人之间的对等和社会关系的和谐。

6. 坚持独立审判

独立审判体现了依靠法律治理的精神,坚持独立审判是法治得以实现的重要制度保障之一,有关独立审判的要求无疑也是现代法治的基本理念。在当今世界,独立审判已成为各国司法原则的一种共识而在许多重要的国际公约中得以体现。例如,1948年联合国《世界人权宣言》第10条规定,"人人完全平等地有权由一个独立而无偏倚的法庭进行公正的和公开的审讯,以确定他的权利和义务并判定对他提出的任何刑事指控"。从近现代法治国家的普遍实践来看,独立审判作为一项基本的法律准则也大都在各国宪法或司法机构组织法中确立下来。我国宪法也规定,"中华人民共和国人民法院是国家的审判机关"[①],"人民法院依照法律规定独立行使审判权,不受行政机关、社会团体和个人的干涉"[②]。

整体而言,坚持独立审判要做到以下两个方面的要求。首先是法院审判权的独立。现代法治所要求的审判权独立是指审判权主体的法定性和排他性,审判权应当从国家权力体系中分化出来交给专门的机构行使。现代国家一般把审判权交由法院专门行使,其他任何国家机构、社会组织和个人均无权以审判的名义处理法律案件。审判权独立也表明了审判作为一种专门的国家职能的独立。其次是法官审判案件的独立。从审判活动的微观方面看,审判权的具体行使是由法官来掌握的,法官审判案件独立,不仅是指法官在具体审理案件、形成司法判决的过程中,只服从法律的要求,严格遵循以事实为根据、以法律为准绳的裁判原则,保持中立和公正的态度,免受任何无关的外在压力,而且是指法官的整个司法行为及其审判活动也应该在法律规定的范围内、依照法定的程序独立自主地进行,并以此排斥其他外在力量的不当干预和影响。

7. 遵循正当程序

法律活动是一种具有程序性的活动,而现代法治所要求的程序是一种具

---

① 参见《中华人民共和国宪法》第128条。
② 参见《中华人民共和国宪法》第131条。

有正当性的程序,即所谓的正当程序。正当程序主要是指法律程序的正当化,它旨在遏制权力的恣意行使和专断,反对法律运作的随意性、恣意性。正当程序发展到今天已然成为法治国家的一个重要特征,它是维护法律权威、有效制约权力、保障公民权利以及公正解决纠纷等的重要保障,为法律活动的正当开展提供了时间、空间、步骤和程式上的合理秩序。当然,正当程序不只是关于法律活动过程的一系列手续性的要求,它还是一种有价值倾向性的程序,其中包含了有关正当性的一些价值要素。有价值倾向表明了现代法治所赖以运作的正当程序具有一定的标准要求。在现代法治语境下,正当程序的最低标准要求应该是:公民的权利和义务将因为某种法律决定而受到影响时,在决定之前必须给予其知情权和申辩的机会;对于决定者而言,必须对相关当事人履行告知与听证的义务。

二、国家安全法治的概念界定

(一) 法治原则与国家安全法治

尽管受历史和文化等诸多方面的特殊性影响,法治在不同国家存在着一定的差异,但是从总体上看,法治的一些构成要素和要求在本质上具有统一性。就此而言,现代法治以宪法法律至上、权力制约、权利保障、自由平等、公平正义、审判独立以及正当程序等为关键要素,以法律的普遍性、一致性、公开性、明确性、可预期性、稳定性等为基本要求,它们都是现代法治的一般原则。因此,在现代社会,建设法治国家意味着一国的政治、经济和社会生活等在制度安排和治理方式上奉行现代法治的一般原则,符合现代法治的基本理念和要求。在一定意义上说,法治的构成要素和基本要求为现代法治的形成提供了必需的德性基础,是现代法律制度建构的基本要件。这些法治的要素或法治原则是法治运行必须依据的基础性准则,只有具备了这些基本要件,才能真正建成现代法治。

对我国而言,建成现代法治具有极为重大的意义,全面依法治国已成为国家和社会治理的基本方略和重要目标。无论是依法治国方略在宪法层面的确立还是法律运行的各个环节对法治的积极寻求,特别是从中国特色社会主义法律体系的基本建成到法治国家建设总体目标的规划与实施,都可以被看作是我国奉行法治原则、重视法治价值的要求和体现。党的十八届四中全会通过的《中共中央关于全面推进依法治国若干重大问题的决定》指出:"平等是社会主义法律的基本属性。任何组织和个人都必须尊重宪法法律权威,都必须在宪法法律范围内活动,都必须依照宪法法律行使权力或权利、履行职责或义务,都不得有超越宪法法律的特权。必须维护国家法制统一、尊严、权威,切实保证宪法法律有效实施,绝不允许任何人以任何借口任何形式以言代法、以权压法、徇私枉法。必须以规范和约束公权力为重点,加大监督力度,做到有权必有责、用权受监督、违法必追究,坚决纠正有法不依、执法不严、违法不究行为。"从中可以看出我国的依法治国理论和社会主义法治实践对现代法治原则的切实追求。

就国家安全领域的法治建设来说,从总体上看,国家安全法治就是我们党和国家在社会持续转型和国内国际形势不断发生变化的背景下,为适应新的治理要求和维护国家安全需求而逐渐发展起来的一种法治形态。国家安全法治是一种具有内在价值规定性的维护国家安全的治理样式,是维护国家安全活动遵循法治价值而形成的运作模式。国家安全法治是国家实现全方位法治化管理的重要领域,如果说法治是现代国家和社会所追求的一种良好而开放的社会治理秩序状态,那么国家安全法治的简单之义就是在维护国家安全的组织和管理过程中贯彻和遵循法治的原则,是作为"良法善治"的法治对国家安全制度建构及其运行过程的支撑和规训。由此,国家安全法治就是我国顺应时势,在维护国家安全层面上奉行和落实法治基准,以寻求国家安全领域的"善政"和"善治"。从某种程度上来说,能否建成合乎目标的国家安全法治,其关键就在于在国家安全问题上"是否首先遵章守法、是否按照法治方式和法治思维来施政"[①]。国家安全法治意味着把现代法治的原则及其价值贯穿于维护国家安全活动的全过程,将法治原则及价值落实于日常的国家安全法治建设之中。

(二) 国家安全法治的内涵及其特征

简言之,国家安全法治就是在国家安全领域实行依法治理,对国家安全事宜通过法律进行建规立制,并把法治原则贯彻于国家安全法制运行的全过程,依法维护和实现全方位的国家安全。国家安全法治是国家安全体制与机制的法制化和法治化,是全面依法治国的具体层面和专门场域,是把现代法治原则落实于国家安全立法与法律实施过程的结果。国家安全法治与全面

---

① 参见俞可平主编:《国家底线:公平正义与依法治国》,中央编译出版社 2014 年版,第 158 页。

依法治国亦是相辅相成的关系。"国家安全法治是一国整体法治的重要组成部分,更是一国法治的重要基础。"①与此同时,全面依法治国又是国家安全法治建设的重要条件和基本保障,只有全面实行法治,国家安全法治才成为可能。对我国目前的国家安全来说,要实现国家安全法治就要把全面依法治国的总目标和要求落实到国家安全制度建设的各个方面,将法治的一般原理和社会主义法治理念运用于国家安全工作的实际过程,在维护国家安全问题上坚持和奉行现代法治的原则,使有关国家安全的立法、执法、司法、守法和法律监督等环节恪守社会主义法治的精神,符合全面依法治国、建设社会主义现代化法治国家的基本要求。

国家安全法治的概念不仅表明了国家安全工作必须有法可依,而且表明了国家安全法制的运行必须符合现代法治的原则和理念,切合社会主义法治国家建设的基本要求和价值诉求。总体来看,国家安全法治的概念主要具有以下方面的特征:

第一,国家安全法治标志着国家安全领域的全面依法治理,实现国家安全工作在法治轨道上运行。国家安全法治的核心在于依法治理国家安全问题。首先,必须有法可依,实现国家安全领域的全面法制化,突出法律在维护国家安全方面的规范作用和实际权威;其次,国家安全法律要获得普遍的服从,同时国家安全法律的实施应符合相应的法律运行的法治化要求,把国家安全工作纳入法治的轨道。从原理上看,当国家的管理发展成熟到一定程度就转化为"治理"形态,而治理作为管理的高级形式,与一般管理之间的最大区别就在于法治思维和法治方式被真正确立,这也是国家治理实现现代化的关键所在。② 从当代中国社会近几十年来的发展历程上看,国家治理切实走上了法治化运作的道路,法治化成为国家治理的基本路径或渠道,包含着法治要义的"治理"趋向明显加强。从国家安全治理的现实出发,积极应对国家安全领域的各种问题,有意识地针对国家安全作出回应,加强国家安全与法治的密切链接和有机勾连,不断把国家安全工作纳入法治化的运行轨道,变单纯的管理为治理并实现国家安全工作机制的现代化转型,是我国国家安全工作要着力完成的时代任务。

---

① 李竹、肖君拥主编:《国家安全法学》,法律出版社2019年版,第3页。
② 参见俞可平主编:《国家底线:公平正义与依法治国》,中央编译出版社2014年版,第180—181页。

第二，国家安全法治蕴含着事关国家安全的各项活动，必须符合现代法治的精神和原则。实现国家安全领域的全面法制化是建设国家安全法治的前提和条件，完备的国家安全法律法规体系在制定和实施过程中也必须遵循现代法治的精神和原则才能使保障国家安全法治成为可能。国家安全法治概念本身就昭示着国家安全领域的依法治理不仅是建规立制，而且要让事关国家安全的各项活动依法而行，国家安全法律的创制和实施均须符合现代法治的构成要素和价值理念。国家安全的治理需要现代法治，现代法治在本质上是以制约政府权力和保障公民权利为核心、以法律的一般性和至上权威性等为准则的一套制度设计及秩序状态。"作为最低标准，法治要求建立一个使政府和人民都平等地受到法律的有效约束的体制。在这种体制中，法律是根据预先确定的制度制定的并且是普遍的和公开的。"①现代法治与国家的民主政治生活和公民的自由权利保障紧密相连，更与社会的福利分配和秩序安全密切相关，正是现代法治所具有的一系列内在规定性要素，为国家安全治理提供了有效的规范基础和正当机制，也为国家安全法治提供了制度及操作上的可能性与可行性。

第三，国家安全法治是特殊领域的法治形态，涉及国家安全的各个具体领域。国家安全法治的对象是国家安全事宜，这就决定了国家安全法治是一种特殊领域的法治形态，具有特殊性。尤其是我国的国家安全具有自己的国情和现实特点，国家安全法治建设必须围绕国家安全工作的特殊性和现实性来展开，既要切合法治国家建设的一般要求和普遍原理，又要有针对性地考量国家安全领域的特殊性问题。同时，国家安全是一个包含了涉及国家安全多个具体领域的范畴，国家安全法治必然也是一个立体性的法治概念，其必须对各个具体领域的国家安全治理事项进行充分和全方位的覆盖，注重不同具体领域的国家安全法治的差异性。就我国当前形势而言，"以防控风险为主线，既要防控本领域主要安全风险，又要防范不同领域安全风险叠加共振""要着重抓好政治安全、国土安全、经济安全、社会安全、网络安全、外部安全等重点领域的国家安全工作"②。由此也能看出，不同领域国家安全的法治化诉求使得国家安全法治在实践中呈现为一套具有结构性内容的概念。

---

① 夏勇等主编：《法治与21世纪》，社会科学文献出版社2004年版，第273页。
② 中共中央宣传部编：《习近平新时代中国特色社会主义理论三十讲》，学习出版社2018年版，第257页。

第四，我国国家安全法治的目标是构建切合社会主义法治体系的国家安全法治体系。国家安全法治不是抽象空洞的概念，而是国家整体法治的重要组成部分。国家安全法治的提出与实践就是要致力于形成和构建有关国家安全领域治理的法治体系。就此来说，法治体系不仅是由法律法规所确立的制度化体系，而且还包括了立法、执法、司法、守法和法律监督等各个环节的法律制度实施体系。过去我们常讲"有法可依、有法必依、执法必严、违法必究"，其所指的也是法律及其制度具有一个静态和动态上的体系性，其中"有法可依"是对法律完备的追求，而"有法必依、执法必严、违法必究"则是对法律在实施层面的品质要求，它们共同构成了一套严整的法制体系。现在我们强调全面依法治国，坚持走中国特色社会主义法治道路，也要建成一套高效严密、统一协调的法治体系，实现科学立法、严格执法、公正司法、全民守法。在国家安全领域，我国国家安全法治的目标就是要构建切合社会主义法治体系的国家安全法治体系。法治体系有其一定的形式标准和内容，中国特色社会主义法治体系包括了完备良善的法律规范体系、公正高效的法治实施体系、科学严密的法治监督体系、充分有力的法治保障体系和完善的党内法规体系。这是符合我国国情的顶层设计。与此相应，国家安全法治建设也有必要构建出专门的法治体系，即完备良善的国家安全法律规范体系、公正高效的国家安全法治实施体系、科学严密的国家安全法治监督体系、充分有力的国家安全法治保障体系和完善的国家安全党内法规体系。

第六章　中国当代国家安全法治的演进与发展

国家安全是安邦定国的重要基石,维护国家安全是国家根本利益所在。2021年11月,中国共产党十九届六中全会通过了《中共中央关于党的百年奋斗重大成就和历史经验的决议》,将党和国家事业取得的历史性成就、发生的历史性变革分为十三个领域加以总结,其中"维护国家安全"作为一个重要领域得到强调。2022年10月,党的二十大报告将"推进国家安全体系和能力现代化,坚决维护国家安全和社会稳定"作为专章进行强调。中华人民共和国成立七十多年来的历史发展表明,国际形势、国内主要矛盾、国家安全观念、国家安全法治建设目标等因素都不同程度地影响着中国特色国家安全法治道路的方向和进程。在不同历史时期,国家安全有着不同的内涵与外延,国家安全法治建设也呈现不同的重点与特点,但是,各阶段之间的联系是紧密的,后一阶段的发展离不开前一阶段的经验积累。[①] 因此,要在新的历史时期及时代条件下推进我国国家安全法治建设的不断完善,对自中华人民共和国成立起至今七十多年以来国家安全法治道路的演进与发展情况进行梳理和分析十分必要。

第一节　中国国家安全法治建设的发展阶段

一、中国国家安全法制的确立与定型

在中华人民共和国成立初期,面对严峻的国际形势,维护"国家安全"主要指的就是保障政权安全和维护国家主权等方面,而要保障政权安全和维护国家主权就必须增强以军事实力为基础的武装力量,国家作为安全的主体和中心,只有武装力量足够强大才可以保证本国的绝对安全,并且同时可以保障国家在军事、政治、经济、文化、个人及其他领域的安全。[②] 在第一次全国公

[①] 参见杨宗科:《国家安全法治保障述论》,知识产权出版社2019年版,第5页。
[②] 参见杨宗科:《论〈国家安全法〉的基本法律属性》,载《比较法研究》2019年第4期。

安会议上,周恩来总理指出:"军队与保卫部门是政权的两个主要支柱。你们是国家安危,系于一半。军队是备而不用的,你们是天天要用的。"这是在当时的"战争与革命"时代背景下,我国对国家安全的基本观念。

1954年召开的第一届全国人民代表大会制定了中华人民共和国的首部宪法,以国家根本大法的形式将"保卫国家安全"固定下来。其中第20条规定,"中华人民共和国的武装力量属于人民,它的任务是保卫人民革命和国家建设的成果,保卫国家的主权、领土完整和安全"。这为我国国家安全法制的形成、确立和发展奠定了基础。1956年,中共八大《关于政治报告的决议》强调:"由于社会主义革命已经基本上完成,国家的主要任务已经由解放生产力变为保护和发展生产力,我们必须进一步加强人民民主的法制,巩固社会主义建设的秩序。国家必须根据需要,逐步地系统地制定完备的法律。一切国家机关和国家工作人员必须严格遵守国家的法律,使人民的民主权利充分地受到国家的保护。"[1]此次会议反映出中国共产党已经认识到健全法制对于治国的重要意义,开始把健全法制作为国家政治生活中的一项重要任务,这对国家安全方面的法制建设也具有重要意义。

1981年党的十一届六中全会通过的《关于建国以来党的若干历史问题的决议》指出,在中华人民共和国成立以来所取得的成就中,我们"战胜了帝国主义、霸权主义的侵略、破坏和武装挑衅,维护了国家的安全和独立,胜利地进行了保卫祖国边疆的斗争"。"毛泽东同志晚年仍然警觉地注意维护我国的安全,顶住了社会帝国主义的压力,执行正确的对外政策,坚决支援各国人民的正义斗争,并且提出了划分三个世界的正确战略和我国永远不称霸的重要思想。"

总之,在改革开放以前,我国的"国家安全"概念在外延上主要体现在国防建设和政权安全方面,而以毛泽东为代表的党中央回答和解决了新生的社会主义新中国如何顶住外部超级大国威胁、有效维护国家安全的重大挑战问题,牢固奠定了中国共产党国家安全战略思想的基石。[2]

二、改革开放后传统国家安全观的法制化发展

如果说从中华人民共和国成立到改革开放之前,更多地依靠政策来对国

---

[1] 参见《中共党史文献选编(社会主义革命和建设时期)》,中共中央党校出版社1992年版,第154页。
[2] 参见王灵桂:《总体国家安全观与中国共产党国家安全思想的传承创新》,载《现代国际关系》2021年第7期。

家安全作出布局,那么自党的十一届三中全会确立了"有法可依、有法必依、执法必严、违法必究"的法制建设方针以来,国家治理就逐步进入了法制的轨道,国家安全也进入了法制化发展阶段。

改革开放后,党和国家认识到我国社会的主要矛盾是人民日益增长的物质文化需要同落后的社会生产之间的矛盾,其他矛盾应当在解决这个主要矛盾的同时加以解决。① 这意味着国内安全形势随着对社会主要矛盾认识的变化也发生了变化。在改革开放初期,我国先后颁布了1979年《中华人民共和国刑法》(以下简称《刑法》)、1979年《中华人民共和国刑事诉讼法》(以下简称《刑事诉讼法》),特别是1982年《中华人民共和国宪法》(以下简称《宪法》)的颁布标志着我国社会主义民主和法制建设进入了新的发展阶段。《宪法》在中国特色社会主义法律体系中的核心地位为国家安全法制提供了根本遵循。② 1985年3月4日,邓小平在会见日本商工会议所访华团时提出了"和平与发展是当代世界的两大主题"的重要论断。由此,我国的国家安全观也转变为以重视经济发展为主的安全观。

20世纪90年代,苏联解体宣告了美苏冷战的终结,世界由此形成了"一超多强"的局面,此时的美国频频以保护"国家安全"的名义侵犯他国主权。由于形势的紧迫性,1993年全国人大常委会通过了《国家安全法》,标志着我国国家安全法制体系初步形成。当然,这部法律没有对"国家安全"这一术语进行任何界定,也没有相应的立法解释予以澄清。有学者认为,这种情形会导致"国家安全"的工作界限和范围模糊化,为从事这类特殊工作的国家机关及其工作人员不当地滥用或误用职权、侵犯公民的权利和自由提供了可能。③ 因此,有学者尝试从法理上对"国家安全"进行定义,并用法律关系分析法对其主体、客体、内容要素进行剖析。④

1999年3月,九届全国人大二次会议通过宪法修正案,明确地将"国家安

---

① 参见中共中央文献研究室编:《新时期党的建设文献选编》,人民出版社1991年版,第200页。
② 参见杨宗科、张永林:《中国特色国家安全法治道路七十年探索:历程与经验》,载《现代法学》2019年第3期。
③ 参见梁忠前:《"国家安全"概念的法理分析》,载《江苏社会科学》1995年第4期。
④ 梁忠前认为"国家安全"概念的法学定义应为:国家安全,是指一国宪法制度和法制秩序的正常状态及其所标示的国家主权、国家利益和国家尊严的有机完整性和统一性,不被国内外各种敌对势力和非法活动所干扰、侵害、妨害和破坏。参见梁忠前:《"国家安全"概念的法理分析》,载《江苏社会科学》1995年第4期。

全"一词写进了《宪法》。① 由此,我国国家安全立法有了宪法依据。以江泽民同志为核心的党中央对国家安全形势作出判断,认为世界的主题是"和平发展",但同时不能忽略霸权主义和强权政治对于世界和平的威胁。② 在这个时期,我国的国家安全观基本实现了向以经济安全为主的转变,同时开始更加注重环境、文化和人民生命安全等非传统安全领域,提出了"互信、互利、平等、合作"的新国家安全观。③ 新国家安全观除了强调原有的国家安全外还强调人的安全和国际的安全,并提出人的安全是重心,国家安全是实现人的安全和世界安全的载体和媒介,世界安全是国家安全的保证。新国家安全观还强调国家安全的平等原则,以及主张建立共同合作安全模式。④ 与此同时,强调传统安全威胁和非传统安全威胁的因素相互交织成为一种新的国家安全形势,该表述一直被沿用至今。

总之,改革开放以来,党中央高度重视正确处理改革发展稳定关系,把维护国家安全和社会安定作为党和国家的一项基础性工作来抓,在传统安全观和新安全观的指导下,我国国家安全法制建设取得了长足的进步,形成了"有法可依"的局面,为改革开放和社会主义现代化建设营造了良好安全环境。

三、总体国家安全观的提出与新时代国家安全法治建设

进入新时代以来,我国面临更为严峻的国家安全形势,同形势任务要求相比,我国维护国家安全能力不足,应对各种重大风险能力不强,维护国家安全的统筹协调机制不健全。⑤

2013年11月9日,习近平在《关于〈中共中央关于全面深化改革若干重大问题的决定〉的说明》中指出:"国家安全和社会稳定是改革发展的前提。

---

① 1999年的宪法修正案将1982年《宪法》第28条修改为,"国家维护社会秩序,镇压叛国和其他危害国家安全的犯罪活动,制裁危害社会治安、破坏社会主义经济和其他犯罪的活动,惩办和改造犯罪分子"。
② 参见江泽民:《加快改革开放和现代化建设步伐夺取有中国特色社会主义事业的更大胜利——在中国共产党第十四次全国代表大会上的报告》,载《求实》1992年第11期。
③ 江泽民:《全面建设小康社会开创中国特色社会主义事业新局面——在中国共产党第十六次全国代表大会上的报告》,载《求是》2002年第22期。
④ 卢静:《国家安全:理论·现实》,载《外交学院学报》2004年第3期。
⑤ 参见《中共中央关于党的百年奋斗重大成就和历史经验的决议》,载《人民日报》2021年11月17日第7版。

只有国家安全和社会稳定,改革发展才能不断推进。当前,我国面临对外维护国家主权、安全、发展利益,对内维护政治安全和社会稳定的双重压力,各种可以预见和难以预见的风险因素明显增多。而我们的安全工作体制机制还不能适应维护国家安全的需要,需要搭建一个强有力的平台统筹国家安全工作。"①因此,党的十八届三中全会提出:设立国家安全委员会,完善国家安全体制和国家安全战略,确保国家安全。

2014年4月15日,在中央国家安全委员会第一次会议上,习近平总书记首次系统地阐释了总体国家安全观,为新时代维护和塑造中国特色大国安全提供了根本遵循。在总体国家安全观的指导下,2015年1月,中央政治局审议通过《国家安全战略纲要》,这是有效维护国家安全的迫切需要,也是完善中国特色社会主义制度、推进国家治理体系和治理能力现代化的必然要求。同年,总体国家安全观被纳入《国家安全法》。

2015年7月,以总体国家安全观为指导的《国家安全法》颁布实施,国家安全法治工作取得重要进展。该法是一部统领国家安全各领域的基础性、全局性、综合性法律。与修改前相比,新通过的《国家安全法》的调整范围更广,涉及的内容更为全面、基础和宏观,它厘清了总体国家安全背景下的国家安全基本关系,规定了总体国家安全的基本制度,形成了国家安全法律制度体系的基本法律关系。② 同时,修改后的《国家安全法》也为制定其他国家安全领域的法律预留了衔接口。这部国家安全领域的基本法坚持党对国家安全工作的绝对领导,明确了维护国家安全工作的重要原则,科学界定了维护国家安全的主要领域和任务,用开放式列举的方法定义了涵盖政治、军事、国土、经济、文化、社会、科技、网络、生态、资源、核、海外利益、太空、深海、极地、生物等诸多领域安全于一体的国家安全领域。

从2016年开始,国家安全立法进入了"快车道"和"黄金期"③,全国人大及其常委会加快了各安全领域的立法,《反恐怖主义法》《境外非政府组织境内活动管理法》《网络安全法》等相继出台。2020年以来,全国人大常委会又陆续颁布实施了《香港特别行政区维护国家安全法》《生物安全法》《数

---

① 中共中央文献研究室编:《十八大以来重要文献选编》(上),中央文献出版社2014年版,第506页。
② 参见杨宗科:《论〈国家安全法〉的基本法律属性》,载《比较法研究》2019年第4期。
③ 参见李竹、肖拥君主编:《国家安全法学》,法律出版社2019年版,第19页。

据安全法》等法律。这一系列国家安全重要领域法律的制定①,为我国国家安全法治奠定了坚实的制度基础,初步形成了以《国家安全法》为统领的国家安全法律制度体系,为有效维护各领域国家安全提供了坚实的法律制度基础。

2017年10月,党的十九大将坚持总体国家安全观确定为新时代中国特色社会主义的基本方略之一。十九大报告指出:"统筹发展和安全,增强忧患意识,做到居安思危,是我们党治国理政的一个重大原则。必须坚持国家利益至上,以人民安全为宗旨,以政治安全为根本,统筹外部安全和内部安全、国土安全和国民安全、传统安全和非传统安全、自身安全和共同安全,完善国家安全制度体系,加强国家安全能力建设,坚决维护国家主权、安全、发展利益。"从中可以总结出国家安全的两个面向,即对外要坚决维护国家主权、安全、发展利益;对内要坚定维护政治安全和社会稳定。② 2022年10月,党的二十大报告将国家安全提升至事关"民族复兴的根基"的高度予以阐述,这体现出党对未来五年乃至更长时期发展局势的战略判断以及解决复杂安全问题的统筹考量。总之,总体国家安全观是集合多种安全要素为一体的总体战略,核心是维护国家重大利益的安全。③

第二节 中国当代国家安全法治演进的特点与经验

一、中国当代国家安全法治演进的特点

(一)立法模式从零星规定到不断趋向专门化和系统化

从我国国家安全法制的演进与发展的历史阶段出发,有学者以1993年《国家安全法》的颁布为界将我国国家安全立法体系分为前后两个阶段,前一阶段采取"零售立法"模式,而后一阶段采取"批发立法"模式。④ 这实际上体

---

① 马宝成教授认为在国家安全观指导下通过的一系列法律都是"基本法律"。这种观点有待商榷,因为其模糊了《宪法》所规定的全国人大与全国人大常委会的立法权限。参见马宝成:《总体国家安全观:一项战略学的分析》,载《公安法研究》2020年第3期。对我国"基本法律"概念的源流的考证,参见李克杰:《中国"基本法律"概念的流变及其规范化》,载《甘肃政法学院学报》2014年第3期。

② 资料来源:https://news.12371.cn/2018/05/04/ARTI1525386982636719.shtml,2021年12月30日访问。

③ 参见马宝成:《总体国家安全观:一项战略学的分析》,载《公安法研究》2020年第3期。

④ 参见杨宗科:《论〈国家安全法〉的基本法律属性》,载《比较法研究》2019年第4期。

现了我国国家安全法制建设实现了从分散立法到不断趋向专门化和系统化立法的发展。

第一阶段从中华人民共和国成立到1993年,这一阶段里的国家安全法律制度散落在宪法、刑法、刑事诉讼法立法中。例如,《宪法》第28条规定:"国家维护社会秩序,镇压叛国和其他危害国家安全的犯罪活动,制裁危害社会治安、破坏社会主义经济和其他犯罪的活动,惩办和改造犯罪分子。"

第二阶段自1993年至今,我国体系化地建立了专门调整国家安全关系的法律体系。1993年,第七届全国人大常委会第三十次会议通过了《国家安全法》,2015年又进行了修改,通过了新的《国家安全法》。这部法律是一部统领国家安全各领域的、具有基础性、全局性和综合性的法律,具有国家安全法体系总则之功能,它以开放式列举的方式列出了国家安全的各领域,为这些领域立法进行整体筹划。与之相随,《反间谍法》等一系列法律不断出台。

(二)指导思想体现了国家安全观念的不断变化和升级

国家安全观是一个国家的执政党或者领导人对于国家安全形势、维护国家安全目标及其策略的认识和判断,它对国家安全法治建设具有指导作用。中华人民共和国成立以来,我国历经传统国家安全观、新国家安全观和总体国家安全观,不同时期的国家安全观各有侧重,它们指引相应时期国家安全法治建设和国家安全工作的具体方向,为维护我国国家安全发挥了重要作用。从传统安全观到非传统安全观再到总体国家安全观的发展,反映了国家安全形势变化的同时,也反映了威胁国家安全因素和国家安全法治建设指导思想的变化。[①]

中华人民共和国成立初期,我们面临的主要威胁来自于军事和政治领域。因此,以毛泽东为核心的党中央形成了以军事安全为核心的安全观,以捍卫新生政权、保卫领土完整和主权独立为首要内容。改革开放后,我国国家安全观的内容发生了重大的变化,国家在高度重视政治安全的同时,经济安全的重要性也日益突出。随着全球化的深入发展,非传统安全威胁层出不穷,因此,传统国家安全观吸纳了对非传统安全威胁的考量,形成了新安全观。新安全观认为,国家安全问题除了以主权概念为核心的政治安全和军事

[①] 参见杨宗科、张永林:《中国特色国家安全法治道路七十年探索:历程与经验》,载《现代法学》2019年第3期。

安全之外,还有经济安全、环境安全、文化安全、社会安全等一系列的新安全问题。

进入新时代,随着各种非传统安全威胁增多,以习近平同志为核心的党中央审时度势,在新安全观基础上提出了总体国家安全观。总体国家安全观既运筹当前又谋划长远,第一次全面科学地回答了我国应该坚持什么样的国家安全观、走什么样的国家安全道路的重大理论和实践问题,是做好新时期国家安全工作的根本遵循。① 总体国家安全观以更加宏观的视野指导着今后的国家安全法治建设方向,习近平同志在十八届四中全会上专门论述了总体国家安全观的重要性。2015年的《国家安全法》完整地体现了总体国家安全观这一重大战略思想,并将其贯穿于国家安全法所确立的各项制度之中,其中第3条明确了总体国家安全观的指导地位,为走出一条中国特色国家安全道路奠定了法律基础。该法第二章"维护国家安全的任务"部分区分了不同国家安全领域的规定,为今后搭建以《国家安全法》为核心的国家安全法律体系预留了充分的空间。党的二十大报告对国家安全观念进行了进一步"升级",提出了"以新安全格局保障新发展格局"。

(三) 价值诉求从形式法治逐渐转为注重实质法治

国家安全法治的发展还体现了一种在价值诉求上从注重形式法治逐渐转为注重实质法治的特点。在改革开放初期,邓小平提出了"有法可依、有法必依、执法必严、违法必究"的"法制建设十六字方针"。在此方针的指导下,我国先后制定了1993年《国家安全法》等一系列国家安全方面的法律。其后,党的十八大提出了"科学立法、严格执法、公正司法、全民守法"的"新法治十六字方针",对法治运行的每个环节提出明确的要求,加入了"科学""严格""公正"这样的蕴含价值的定语。如果把"法制建设十六字方针"看作是形式法治观的表达,那么"新法治十六字方针"就是一种实质法治观的表达。首先,在20世纪90年代,党和国家对国家安全法制的理解还在摸索中,因此主要功能为反间谍的1993年《国家安全法》仅满足了"有法可依"的法制方针,而作为国家安全领域的法律总则的2015年新《国家安全法》的颁布实行则是"科学立法"的实质法治观下的成就。其次,从前后两部《国家安全法》的立法目的比较中也能看出此种差别。相比1993年《国家安全法》,2015年《国家安全

---

① 参见李建国:《全面实施国家安全法共同维护国家安全——在贯彻实施国家安全法座谈会上的讲话》,载《中国人大》2016年第8期。

法》立法目的条款中增加了"保护人民的根本利益"这一实质性内容。① 党的十八届五中全会强调,必须坚持以人民为中心的发展思想,把增进人民福祉、促进人的全面发展作为发展的出发点和落脚点。在 2015 年《国家安全法》以及后续颁行的国家安全领域的法律立法目的条款中都能发现该内容,这也是"根据宪法,制定本法"的应有之义,因为"根据宪法,制定本法"不仅是立法者依宪立法的自我确证和事实陈述,也是立法权法定(包括权源法定和法源法定)原则的规范要求。② 可以说,在制度竞争越来越成为国家之间重要竞争领域的时代背景下,法治成为国家综合实力的重要组成部分,运用法治思维和法治方式更好维护国家安全,更好促进世界和平与发展,成为我们势在必行的战略抉择。③

二、中国当代国家安全法治发展的经验总结

(一)始终坚持中国共产党的领导

中华人民共和国成立七十多年来,国家安全法治建设能取得长足的发展,党的领导是根本原因所在。中国共产党自成立以来,团结带领人民,坚持把马克思主义基本原理同中国具体实际相结合,赢得了中国革命胜利,建立了新中国,并且深刻总结国内外正反两方面经验,不断探索实践,不断改革创新,建立和完善社会主义制度,形成和发展党的领导和经济、政治、文化、社会、生态文明、军事、外事等各方面制度,加强和完善国家治理,取得历史性成就。中华人民共和国成立七十多年来,中国共产党领导人民创造了世界罕见的经济快速发展奇迹和社会长期稳定奇迹,中华民族迎来了从站起来、富起来到强起来的伟大飞跃。④ 十九大报告阐明了中国特色社会主义最本质的特征是中国共产党领导,中国特色社会主义制度的最大优势是中国共产党领导。以习近平同志为核心的党中央旗帜鲜明地提出,"党的领导是党和国家

---

① 1993 年《国家安全法》第 1 条规定:"为了维护国家安全,保卫中华人民共和国人民民主专政的政权和社会主义制度,保障改革开放和社会主义现代化建设的顺利进行,根据宪法,制定本法。"2015 年《国家安全法》第 1 条规定:"为了维护国家安全,保卫人民民主专政的政权和中国特色社会主义制度,保护人民的根本利益,保障改革开放和社会主义现代化建设的顺利进行,实现中华民族伟大复兴,根据宪法,制定本法。"
② 参见叶海波:《"根据宪法,制定本法"的规范内涵》,载《法学家》2013 年第 5 期。
③ 参见张文显:《论中国式法治现代化新道路》,载《中国法学》2022 年第 1 期。
④ 《中共中央关于坚持和完善中国特色社会主义制度推进国家治理体系和治理能力现代化若干重大问题的决定》,载《人民日报》2019 年 11 月 6 日第 1 版。

的根本所在、命脉所在"①。而国家安全事务高度敏感、复杂,既需要运筹帷幄也需要令行禁止,必须通过党的集中统一、高效权威的领导体制实现对国家安全事务的领导。② 因此,党的二十大报告强调:"坚持党中央对国家安全工作的集中统一领导,完善高效权威的国家安全领导体制。"

(二)始终坚持以历史唯物主义眼光看待"国家安全"

历史唯物主义的方法论要求我们用具体的历史的眼光来看待国家安全。国家安全法律关系是国家安全法治的调整对象,核心是维护国家安全。自"国家安全"概念被提出以来,其外延随着时代发展不断扩展,与之对应的国家安全法律体系的核心法律必须及时完善其调整对象以保证跟上时代的需要,最大限度地防范风险,正如德国社会学家贝克所说:"法律体系的价值和意义就在于规范和追寻技术上可以管理的哪怕是可能性很小或影响范围很小的风险和灾难的每一个细节。"③在我国国家安全法治建设过程中,国家安全内涵和外延随着时代发展和变化一直处于拓展过程中。

首先,国家安全观的变化体现了国家安全内涵和外延的丰富与拓展。传统国家安全观以政权安全和社会主义制度安全为核心;新安全观注意到了国家在发展过程中面临的诸多非传统安全威胁,强调通过促进国际安全保障国内安全;而总体国家安全观创新了国家安全战略思想,准确把握新形势下国家安全规律,统筹传统安全与非传统安全,以人民安全为根本追求,要求重视所有领域国家安全问题,目标是构建完整的国家安全体系。④ 其次,国家安全法律体系中的统领性法律对国家安全概念的界定体现了国家安全内涵和外延。1993年《国家安全法》没有明确"国家安全"概念含义,仅以列举方式禁止行为人实施所列举的危害国家安全的行为,这也符合当时维护国家安全的现实需要,而2015年《国家安全法》第2条就明确界定了国家安全的概念。同时,该条中的"其他重大利益"的表述也为将来拓展国家安全内涵与外延预留了解释空间。由此可以看出,国家安全的内涵与外延应当根据历史的变迁加

---

① 《中共中央关于党的百年奋斗重大成就和历史经验的决议》,载《人民日报》2021年11月17日第7版。
② 参见乔晓阳主编:《中华人民共和国国家安全法释义》,法律出版社2016年版,第3页。
③ 〔德〕乌尔里希·贝克:《从工业社会到风险社会——关于人类生存、社会结构和生态启蒙等问题的思考》(上篇),王武龙译,载《马克思主义与现实》2003年第3期。
④ 参见赵红艳:《总体国家安全观与恐怖主义的遏制》,人民出版社2018年版,第27页。

以调整。

（三）始终坚持体现国家利益至上

国家利益是国家制定和实施安全战略的出发点，也是国家判断安全状态的主要标准。所谓国家利益，是指一个主权国家在国际社会中生存需求和发展需求的总和，包括国土、人口和主权等，也包括和平的周边环境、充分的能源供应和平等的贸易关系等①，其本质上是一个逐步实现的过程，是一个在相互作用中才能理解的范畴。② 无论是过去还是现在，在国家安全法治建设过程中，我们始终秉持国家利益至上的原则，总体国家安全观也强调以国家利益至上为准则。

改革开放后，邓小平所阐述的"三个有利于"③，探讨的就是国家利益问题。发展生产力、增强综合国力、提高人民生活水平是我国的国家利益，而为实现这样的利益而制定的分三步走的战略部署则是国家的三个目标，我国当下已经完成了前两个，正朝着第三个目标迈进。国家利益始终处于动态形成与调整过程之中，国家应当能够体现出"有机组合"后的总体利益。④ 进入新时代，国家安全利益不像以往多局限在政治、军事领域，而是多个安全领域利益的有机整体。只要国家利益拓展到哪里，国家安全的边界就要跟进到哪里，国家安全工作就应该覆盖到哪里。⑤ 同时，我们也要辩证地看待国家利益，其既有排他的一面，也有共同的一面。当国家利益受到威胁或侵犯时，需要通过斗争才能维护国家利益；而在生态、反恐等领域，国家间需要通过合作实现自身安全。随着国家间相互联系、依存的程度不断加深，创新国家安全理念，搭建安全合作平台，已成为大势所趋。⑥

国家利益关系民族与国家兴亡，反映了多数人的共同需求，是国际关系中作用最持久、影响力最大的因素，是调整国家对外关系的基本着眼点。国家安全工作的根本使命就是捍卫国家利益。国家利益是人民利益的集中体现。国家利益至上，人民利益高于一切，二者相辅相成。随着我国与外部世

---

① 李竹、肖拥君主编：《国家安全法学》，法律出版社2019年版，第27页。
② 王逸舟：《国家利益再思考》，载《中国社会科学》2002年第2期。
③ 邓小平：《邓小平文选》（第三卷），人民出版社1993年版，第372页。
④ 王逸舟：《国家利益再思考》，载《中国社会科学》2002年第2期。
⑤ 傅小强：《准确把握总体国家安全观方法论》，载《现代国际关系》2021年第7期。
⑥ 李竹、肖拥君主编：《国家安全法学》，法律出版社2019年版，第27页。

界的联系互动的深入,国家利益逐渐超出传统领土范围,向世界特别是海外有关区域扩展,向国际海底外层空间、网络空间、极地等新兴领域拓展。因此,国家安全工作必须树立维护国家利益的基本意识,强化维护国家利益的底线思维,创新维护国家利益的方式方法,提高保护利益边界的能力。①

总之,从中华人民共和国成立至今,我们已经走出了一条中国特色的国家安全法治发展道路。当今世界正经历百年未有之大变局。虽然和平与发展仍然是时代主题,但是这一主题面临许多挑战。党的十九届六中全会对我国进入新时代所面临的国家安全形势作出了判断,我国面临更为严峻的国家安全形势,外部压力前所未有,传统安全威胁和非传统安全威胁相互交织,"黑天鹅""灰犀牛"事件时有发生。接下来,我们需要进一步解决国家安全法治体系的目标定位和完善等问题,尤其是要处理好以《国家安全法》为基础的国家安全法律体系的实施,以及国家安全法律制度与传统法律部门法制建设之间的衔接关系,使得新时代国家安全法治道路能够面对错综复杂的形势。

---

① 李竹、肖拥君主编:《国家安全法学》,法律出版社2019年版,第27页。

第七章 外国国家安全法治

各国在二战后建立现代国家安全法律体系,通过制定相关的国家安全法律以法律形式来维护本国的国家安全。尽管各国有着不同的国情,各国之间的社会经济发展水平、人文传统和意识形态存着差别,但各国都对国家安全领域的立法极为重视。本章分四节对美国、俄罗斯、英国和德国的国家安全法治状况进行介绍。

第一节 美国国家安全法治

一、美国国家安全立法概况

(一)二战以前的国家安全法

美国国家安全法的法律渊源最早可溯源至美国建国初期的1798年《叛乱法案》,该法案由时任美国总统的约翰·亚当斯于7月份签署通过,其中规定"在美国境内撰写、印刷或发表针对美国政府、国会或总统的文章……或者在美国境内煽动叛乱……罪名成立则应处不超过两千美元的罚款和不超过两年的监禁"。由于美国属于普通法国家,其国家安全法的构成不仅包括成文法,也有非成文法的案例,例如,南北战争时期有两个重要判决即"捕获案件"(Prize Cases)和"米利根案"(Ex parte Milligan),"捕获案件"确认了总统应对战争状态的权力边界[1],"米利根案"则确定了美国军事法庭对平民的管辖限制。[2]

一战期间,伴随着1917年《间谍法案》和1918年《叛乱法案》等法律的颁布实施,美国国家安全的法律得到完善。《间谍法案》规定"利用虚假信息情报干扰美国军队作战或协助敌军取胜,可以判处死刑或三十年监禁;干预美国征兵和军队组建的,可以判处不超过二十年监禁或不超过一万美元的罚

---

[1] Prize Cases, 67 U.S. 635 (1862).
[2] Ex parte Milligan, 71 U.S. 2 (1866).

金"。1918年的《叛乱法案》禁止美国公民发表、印刷、书写或者出版任何不忠、亵渎、低俗、谩骂的言论来抨击战时的美国政府、军队或国旗。随着美国战争状态的结束,1918年《叛乱法案》于1920年被美国国会废止。二战期间,美国通过《哈琪法》,禁止美国联邦公务人员参加党派性质的政治活动,后又于1943年颁布《战时劳工纠纷法》,该法允许联邦政府管控那些受到罢工威胁的行业以防止影响战时生产,并禁止工会在联邦选举时捐款。①

(二) 冷战时期的国家安全立法

1947年《国家安全法》是美国现代国家安全体制的基础性法律,该法的主要调整对象是国家的情报系统和军事系统两部分。该法将前战争部和海军部(其中还包括美国海军陆战队)合并为国防部(DoD),并设立国防部长办公室,对美国国家军事机构进行监督。该法注重国家安全与情报界的协调,根据该法创建了中央情报局(CIA),并设立了中央情报局局长一职,负责管理中央情报局并监督整个情报界。并规定了军队与政府其他国家安全部门和机构的协调机制,以及总统和国会对国家情报事务的监督。1947年《国家安全法》还设立了国家安全委员会,以协助协调国家安全资产。国家安全委员会包括总统、副总统、总统的国家安全顾问、国务卿、国防部长和参议院批准的其他总统任命的人选。②

美国自1947年后陆续又颁布了一些与国家安全相关的立法和总统行政命令,但1947年《国家安全法》奠定了这些立法的基本框架,该法不仅是二战后美国政府对军事机构和情报部门重组的法律依据,还成为设立国家安全委员会和中央情报局等情报机构的基础。其中关于情报部门的组织机构规定又成为后来制定《1949年中央情报局法》《1959年国家安全法》《外国援助法》的基础。

冷战期间,美国的国家安全立法体现了较强的情报和反情报任务的特点,制定并颁布了《1949年中央情报局法》《1959年国家安全法》《1964年中央情报局特定员工退休法》《1978年外国情报监视法》《1984年中央情报局信息法》《1982年情报身份保护法》《1996年国家图像和测绘机构法案》。

20世纪80年代起,美国的法学院开始陆续开设国家安全法的相关课程。《1991年国家安全教育法》提出了国家安全教育计划(NSEP),向美国本科生

---

① 参见黄爱武:《战后美国国家安全法律制度研究》,华东政法大学2009年博士学位论文。
② 参见李竹、肖拥军主编:《国家安全法学》,法律出版社2019年版,第89—95页。

和研究生提供资助,使他们能够对美国国家安全相关的重要领域进行深造学习,并资助高等教育机构研究那些当前研究力量不足的国家、语言和相关领域,并成立了国家安全教育委员会(NSEB),为安全教育计划提供全面指导。

(三)冷战结束后的国家安全立法

冷战结束后,美国又先后颁布了《1992年情报组织法》和《1994年反情报和安全促进法》,并成立"国家反情报政策委员会"和"联邦总统情报调查委员会",对国家反间谍策略和安全情报工作进行改革。1996年颁布的《经济间谍法》规定任何自然人故意窃取美国经济情报而利于任何外国政府、外国机构或外国代理人的行为将被处以25万美元以下罚金或25年以下有期徒刑,而法人故意犯此罪则可处1000万美元以下的罚金。

"9·11"事件以后,美国于2002年颁布实施《国土安全法》,根据该法案成立国土安全部。国土安全部门作为内阁部门负责美国的国内安全的协调和监督工作,国土安全部除负责监督和协调安全工作外,其职能还涉及边境管理、科技审查、应急管理等相对广义的国家安全工作,通过其下设的海关与边境保护局、移民和归化局、边界与运输安全委员会、科学技术委员会、信息分析与基础设施防护委员会和应急准备与反应委员会等多个部门履行上述职能。为更好地应对恐怖主义威胁,美国在"9·11"事件后强化了国家安全立法,《2001年美国爱国者法案》(USA Patriot Act of 2001)、《2005年美国爱国者改进和再授权法案》(USA Patriot Improvement and Reauthorization Act of 2005)和《2006年美国爱国者法案附加重新授权法案》(USA Patriot Act Additional Reauthorizing Amendments Act of 2006),均是在这样的背景下产生的。

《情报改革和恐怖主义防范法》作为战后美国国家安全体制的另一重要法律文件,指导了冷战后美国情报体系的组织机构改革。一是该法设立国家情报总监,统辖所有国家安全情报机构,并成立反恐中心。二是该法和第13354号总统行政令、第13388号总统行政令一道确立了情报共享机制,扫清了此前各情报部门之间的信息交流障碍。

综合而言,2002年《国土安全法》改进了联邦政府内部以及联邦政府与州和地方之间共享执法、情报和情报相关信息的机制。随后2004年颁布的《情报改革和恐怖主义防范法》对情报共享和信息管理作了进一步的改革,成立了信息共享委员会(ISE),促进联邦政府部门和国家安全情报机构之间的协调。2009年以后,信息共享委员会更名为信息共享和访问机构间政策委员会(ISEIPC),进一步承担了情报机构的协调工作。《情报改革和恐怖主义防范法》作为战后美国国家安全体制的另一重要法律文件,对美国情报体系进行了更深层次的组织机构改革。

二、美国国家安全决策咨询机制

(一)国家安全委员会

1947年《国家安全法》规定了美国国家安全委员会向总统提出国家安全相关的政策建议的职能,其下设的咨询委员会中的法定成员包括总统、副总统、国务卿、国防部长。法定顾问则包括中央情报局局长和参谋长联席会议主席。此外,美国总统还可以根据议题需要指定其他内阁成员参加咨询委员会。美国国家安全委员会的成员和任务自1947年《国家安全法》颁布以来,通常会根据历届美国政府不同时期的国家安全需求,进行相应的修改和补充。特别是在"9·11"事件后,以恐怖主义为标志的非传统安全威胁逐渐成为各国国家安全的重要挑战,美国国家安全委员会的工作重心也随之发生了变化。在"9·11"事件发生后,小布什总统在国家安全委员会内设立反恐办公室以应对恐怖主义威胁。

以拜登政府的国家安全委员会成员为例,国家安全委员会的成员为总统、副总统、国务卿、财政部长、国防部长和能源部长。国家安全委员会的成员根据议题的不同,还包括司法部长、国土安全部部长、美国驻联合国代表、总统助理和参谋长(总统参谋长)、总统国家安全事务助理(国家安全顾问)、总统助理兼科技政策办公室主任、美国国际开发署署长。国家情报总监、参谋长联席会议主席和中央情报局局长,以顾问身份出席国家安全委员会会议。此外,总统的法律顾问和国家安全委员会的法律顾问也会被邀请参加每次国家安全委员会的讨论。总统助理和副国家安全顾问(首席副国家安全顾问)也列席参加国家安全委员会会议,并担任会议秘书。

此外,随着来自非传统安全威胁的挑战愈加显著,在新冠肺炎疫情和全球气候变暖的威胁下,涉及气候变化议题和公共卫生安全议题时,美国情报部门负责人、总统气候特使以及白宫防疫协调官都会根据议题需要加入国家安全委员会的特定会议。

国家安全委员会作为美国决策层和政府内阁成员讨论国家安全事务的

平台,虽然具备协调政府各部门之间的情报决策的功能,但国家安全具体政策的日常协调工作是由机构间政策委员会完成的。机构间政策委员会定期召开会议,审查和协调总统决定在其政策领域的执行情况,并考虑在适当时候解决影响国家安全的政策问题。机构间政策委员会运作方式由美国总统决定。

(二)总统情报顾问委员会

总统情报顾问委员会(PIAB)及其下设的情报监督委员会(IOB)是总统行政办公室内的一个独立机构。总统情报顾问委员会负责向美国总统提出独立情报建议。该委员会具有一定的访问情报权限并可直接与总统沟通。其下设的情报监督委员会则负责监督情报界遵守宪法和法律、行政命令和总统指令的情况。它在国家情报总监、部门和机构监察长和总法律顾问以及国会监督委员会的监督职能范围外负补充监督的职责。

(三)国家情报总监办公室

国家情报总监办公室(ODNI)基于2004年《情报改革和恐怖主义预防法》成立,负责向总统提供独立评估和判断。其负责人国家情报总监是美国情报安全部门的总负责人,监督和指导国家情报计划(NIP)的实施,并向总统和国会报告其实施状况。国家情报总监担任总统、国家安全委员会和国土安全委员会有关国家安全的情报事务的主要顾问。总统在参议院的建议和同意下任命国家情报总监。国家情报总监办公室下设多个机构,包括国家情报委员会(NIC)、国家反情报和安全中心(NCSC)、国家反恐中心(NCTC)、国家反扩散中心(NCPC)等。

三、美国国家安全执行机制

(一)情报体系

美国情报体系包括美国政府内的18个情报机构,分别是美国国防部和美国军队下属的美国国家安全局(NSA)、美国国防情报局(DIA)、美国国家侦察局(NRO)、美国国家地理空间情报局(NGA)、美国陆军军事情报兵团(MIC)、美国海军情报局(ONI)、美国空军第16航空远征特遣队(16AF)、海军陆战队情报办公室(MCIA)、第七太空三角翼部队(DEL 7)、美国国务院下属的国务院情报与研究局(INR)、美国国土安全部下属的国土安全部情报与分析办公室(I&A)、美国财政部下属的恐怖主义和金融情报办公室(TFI)、美国能源部下属的情报和反情报办公室(OICI),美国缉毒局下属的国家安全情报办公室(ONSI),美国联邦调查局下属的情报科(IB)。在2004年《情报改革和恐怖主义预防法》出台后,各机构间的行动协调由国家情报总监办公室和国家情报总监负责。

（二）国土安全部

美国依据《2002年国土安全法》在原本分属8个内部部门的22个联邦行政机构的基础上成立国土安全部,该部门除负责应对反恐怖主义威胁的任务外,还负责广义上的国土安全任务,包括边境安全、交通运输安全、应急管理和响应以及关键基础设施建设的保护。国土安全部的成立是为了加强跨机构部门之间的安全信息共享,通过国家融合中心实现联邦政府、州、地方和原住民部落以及私人部门之间的双向情报信息网络流通。通过全国可疑活动报告(SAR)行动计划提供广泛的安全信息收集渠道,以帮助预防恐怖主义袭击和相关的犯罪活动。采用"全国恐怖主义警报系统"(NTAS)的颜色预警系统,旨在向美国公众及时、详细地传达有关恐怖主义威胁的信息。

四、美国国家安全监督机制

（一）行政监督

1. 总统情报顾问委员会(PIAB)和情报监督委员会

1993年美国成立了总统外国情报顾问委员会(PFIAB),后该委员会被2008年成立的总统情报顾问委员会和情报监督委员会所取代,负责评估和分析情报活动的质量以及情报界人员管理的状况,审查情报机构的绩效和情报政策的执行情况,每年两次向总统和国家情报总监提交报告,并有权向总统、国家情报总监和具体情报部门负责人提供建议。

2. 监察长

《1978年监察长法》要求在中央情报局、国防部、农业部、能源部、内政部、劳工部、总务管理局、国税局等超过70个美国政府部门中设立监察长办公室,该法案赋予这些监察长审查其部门和内部文件的权力,其可在职权范围内调查欺诈行为、提供政策建议、处理内部工作人员的投诉,并每六个月向该监察办公室所在部门和美国国会提供报告,除了劳工部、国际开发署等特定部门由总统任命监察长人选外,其他机构的监察长人员由机构负责人指定。《2008年监察长改革法案》提出建立廉政与效率监察长理事会,该理事会的成员为所有美国内阁行政部门的监察长,还包括国家情报总监和中央情报局局长、联邦金融管理办公室负责人、联邦调查局局长指定的高级官员等。该理事会负责评估联邦政府各业务领域存在的资金滥用和浪费现象,以及对这些现象进行跨部门的审计和调查,防止单个机构的监察办公室存在管辖权不足的情况,此外该机构还负责向各联邦机构推荐各部门的监察长人选。

3. 隐私和公民自由监督委员会

美国根据2004年《情报改革和恐怖主义预防法》,成立隐私和公民自由监督委员会,该委员会是独立的行政部门。该部门的任务是平衡美国政府机构的反恐行动需求与公民宪法权利的保障之间的冲突,审查行政部门在履行反恐职能的行动中对公民宪法权利的遵守状况,审查相关立法、法规和公共政策并向总统和行政当局提供相应的建议。

(二)立法监督

国家情报总监由总统提名,由参议院批准,参议院有权否决提名以选择符合立法机构需求的人选。在"水门事件"发生后,美国众议院特别情报委员会(HPSCI)和美国参议院特别委员会(SSCI)分别在1976年和1977年成为美国两会中的常设立法监督机构,负责监督包括中央情报局、联邦调查局、军队情报部门在内的所有美国联邦情报机构。国会的情报委员会负责对情报活动进行定期调查、审计和检查。在"9·11"事件发生后,两个委员会成立了联合调查小组对此进行调查,并出具了调查报告。除上述专门委员会外,美国国会还可以以听证会的方式对具体的情报问题进行调查,以确保情报机构在行动中遵守法律。

(三)司法监督

1. 外国情报监视法庭(FISC)

外国情报监视法庭是根据美国《1978年外国情报监视法》成立的特殊法庭,该法庭负责发出由联邦调查局和国家安全局申请的电子监视许可令。根据该法,监视申请需要明确监视的对象、监视事由、监视时间和监视范围。该法庭是单方的法庭,而非对抗性的法庭。如行政部门的电子监视许可令申请被法院驳回,则可向该法院的上诉机构外国情报监视复审法院(FISCR)进行上诉,美国联邦最高法院负责受理行政部门就复审法院决定的上诉。

2. 司法部

涉及国家安全问题的刑事司法程序,必须由司法部、情报部门、军事部门和外交部门的高级官员进行协商讨论。涉及国家安全刑事案件的起诉和侦察,由助理司法部长和其领导的国家安全司负责监督,犯罪行为一旦涉及国家安全,不分案由均应在助理司法部长和司法部国家安全司或上级机关的监督下提起公诉。这些罪行包括与国家安全有关的蔑视国会、担任外国代理人的美国政府官员或雇员、间谍行为、计算机黑客行为、违反武器出口管制法、叛国、煽动和颠覆活动等多个罪名。

第二节 俄罗斯国家安全法治

俄罗斯政府于2000年发布的《俄罗斯联邦的国家安全观》明确了该国对国家安全利益的理解,后又在其历年发布的《国家安全战略》报告中进一步确认。俄罗斯国家安全利益涵盖了包括国内政治、社会、国际、信息、军事、边境、环境等诸多领域;其在精神领域的国家安全利益反映为维护和加强社会道德价值观、爱国主义和人文传统主义;其在国际领域的国家安全利益包括维护其主权和巩固其国际影响力;其在信息领域的国家安全利益体现为发展现代电信技术和保护国家信息资源免遭未经批准的访问;其在军事领域的国家安全利益为保护其独立、主权及国家和领土完整,防止军事侵略,确保国家和平;其在边界领域的国家安全利益则体现为确保其领土边境得到可靠保护,确保边境范围内的经济活动安全;其在生态领域的国家安全利益在于保护和改善环境;此外,防范恐怖主义也是其国家安全利益的重要组成。

一、俄罗斯国家安全立法概况

俄罗斯的国家安全立法由各种效力层级不一的法律、法规和总统命令组成,包括宪法、联邦法律、部门规章、总统令等多种层次的法律形式,既包括《俄罗斯联邦宪法》《俄罗斯联邦安全法》《俄罗斯联邦安全局法》《俄罗斯联邦对外情报法》《俄罗斯燃料和能源安全法》《俄罗斯联邦国家秘密法》等专门的国家安全立法,也包括涉及国家安全立法的《俄罗斯刑法典》《俄罗斯联邦行政违法法典》《俄罗斯空间活动法》等法律。[1]

---

[1] 参见刘胜湘等:《世界主要国家安全体制机制研究》,经济科学出版社2018年版,第122—144页。

(一) 宪法

作为俄罗斯国家安全法律体系的基石,《俄罗斯联邦宪法》直接规定了俄罗斯总统和政府履行和保障国家安全的职能和义务。《俄罗斯联邦宪法》第71条规定俄罗斯联邦政府的管辖权包括国防安全;第72条规定俄罗斯联邦政府确保公共安全和生态安全;第87条、第88条规定俄罗斯总统根据宪法和法律规定的情形,可以在俄罗斯境内实施紧急状态和戒严,并通知议会;第83条规定俄罗斯总统组建和领导俄罗斯联邦安全委员会;第114条规定俄罗斯政府应采取措施保障国家国防、国家安全和俄罗斯联邦外交政策的实施。

(二) 俄罗斯联邦安全法

《俄罗斯联邦安全法》是俄罗斯国家安全体系的重要基础,奠定了俄罗斯其他许多安全相关法律的制定和实施的基本框架。如《俄罗斯联邦国家秘密法》第3条规定,"俄罗斯国家秘密法的立法以《俄罗斯联邦宪法》《俄罗斯联邦安全法》为其基础"。《俄罗斯联邦安全法》对总统、政府、议会和执行机构在国家安全领域中的职责和分工进行了规定,并根据该法设立俄罗斯联邦安全委员会。《俄罗斯联邦安全法》规定俄罗斯联邦安全委员会是宪法咨询机构,该机构旨在协助国家元首行使权力,防范内部和外部威胁,维护国内和平稳定,维护主权和领土完整,以确保国家利益和国家安全。《俄罗斯联邦安全法》规定俄罗斯联邦安全委员会由总统领导,国家安全委员会副主席、秘书和成员由俄罗斯总统任命,俄罗斯联邦安全委员会会议的组织和程序由俄罗斯总统决定。《俄罗斯联邦安全法》规定俄罗斯联邦政府参与确定国家安全领域的国家政策,在国家安全领域制定目标和政策计划。此外,《俄罗斯联邦安全法》第8条第5款规定允许俄罗斯总统根据宪法宣布全国或部分地区进入紧急状态。联邦议会具有批准执行紧急状态法令的权力。宣布进入紧急状态的前置条件是人民的生命、安全或宪法制度受到直接威胁,且不进入紧急状态就无法消除这类威胁。此类威胁包括企图以武力改变宪法制度、夺取政权、武装叛乱、大规模骚乱、恐怖行为、封锁或夺取重要设施或地区、非法武装团体的活动以及种族间、宗教间或地区冲突、直接危害俄罗斯公民并扰乱联邦或地方政府运作的行为。《俄罗斯联邦安全法》规定,总统可以部署警察、安全部门和国民警卫队,在特殊情况下总统可以部署武装部队来实施紧急状态。

(三) 其他法律法规

1996年颁布的《俄罗斯刑法典》对危害国家安全的行为有着明确的规定,

其第 29 章篇名为"危害宪法基本制度原则和国家安全罪",该章分别规定了叛国罪、间谍活动罪、武装叛乱罪、煽动民族宗教仇恨罪、泄露国家秘密罪等罪名,这些罪名成立则最高可判处 20 年有期徒刑。此外,《俄罗斯刑法典》第 340 条还对战时违反兵役义务人员危害国家安全的行为作出了规定。

在 1992 年《俄罗斯联邦安全法》颁布后,俄罗斯又相继出台了《俄罗斯联邦侦缉行动法》《俄罗斯联邦国家安全局机构法》《俄罗斯联邦安全局条例》和《俄罗斯联邦对外情报法》,并根据这些法律改组了原有的安全部门。《俄罗斯联邦安全局条例》确定了俄罗斯联邦安全局的组织结构和任务。根据《俄罗斯联邦安全局条例》,俄罗斯联邦安全局的任务包括并不限于向俄罗斯决策层和各权力机关提供国家安全威胁情报;调查、预防和制止外国间谍和其他威胁行为;打击洗钱、非法贩卖武器、非法移民等犯罪活动;打击极端和恐怖活动等。此外,其他部门法中的个别单行条款,也成为俄罗斯国家安全的法律渊源。例如,《俄罗斯联邦技术和信息保护法》第 9 条规定,"限制信息访问应由联邦法律规定,其目标应为保护宪法制度的基础,确保国防安全和国家安全"。

二、俄罗斯国家安全决策机制

俄罗斯联邦安全委员会由俄罗斯联邦总统担任主席,安全委员会成员由内阁部长和各主要安全机构负责人组成,俄罗斯联邦总理担任该委员会的副主席。安全委员会在安全领域的国家政策涵盖了政治、社会、经济、军事、法律等各个领域。《俄罗斯联邦安全法》第 4 条规定,"俄罗斯国家安全政策的主要方向由总统决定,联邦政府及其下辖机构、地方政府及其下辖机构执行安全委员会制定并经总统批准的国家安全战略和政策性文件"。根据《俄罗斯联邦安全法》的规定,安全委员会就涉及国家安全保障方面的政策向俄罗斯联邦总统提供建议,这些建议的范围包括保障宪法规定的俄罗斯联邦的主权、独立和领土以及安全领域的国际合作,还包括军事领域的国防建设以及与外国的军事技术合作。该机构负责预防社会政治、经济、战争、生态或者其他的紧急情况,并为应对这类情况提供行动方案;向俄罗斯联邦总统建议实施、延长或消除国家紧急状态;提出国家安全机关的改革建议,完善安全机制。[①]

---

① 参见刘胜湘等:《世界主要国家安全体制机制研究》,经济科学出版社 2018 年版,第 158—171 页。

根据《俄罗斯联邦安全法》等法律法规以及《俄罗斯联邦的国家安全观》《国家安全战略》等政策性文件,可以大致梳理出俄罗斯各级机关的国家安全政策职能分工:(1)俄罗斯联邦总统。负责在其职权范围内指挥俄罗斯国家安全机构和部队;授权国家安全行动;根据俄罗斯立法设立国家安全机构;发布关于国家安全问题的信息和指令。(2)俄罗斯联邦议会。负责根据俄罗斯宪法接受总统或政府提案,制定俄罗斯国家安全领域的法律。(3)俄罗斯联邦政府。负责协调联邦行政机构,制定国家安全领域的联邦预算和目标计划。(4)俄罗斯联邦安全委员会。负责预测和评估俄罗斯面临的国家安全威胁,为总统准备应对威胁的预案,制定国家安全方面的建议,提出国家安全相关条款的个别概念,协调国家安全部队和机构的活动,监督各联邦执行部门在该领域的执行状况。(5)各联邦执行部门。负责遵守联邦立法以及来自总统和政府的有关决定,并保持与各执行部门之间的互动。

俄罗斯为应对反恐领域的威胁,还成立了国家反恐委员会。国家反恐委员会在俄罗斯联邦宪法、公认的国际法原则和规范以及俄罗斯联邦国家立法的法律框架内运作。国家反恐委员会是一个合议机构,负责协调和组织联邦政府、俄罗斯联邦主体和地方政府一级政府机构的反恐活动。该委员会主席由俄罗斯联邦安全局局长担任。该委员会的成员除包括所有的内阁部长外,还包括金融稳定委员会副主任、总统府第一副主任、杜马第一副主席、对外情报局局长、联邦警卫总局(FSO)局长和国民警卫队司令。该委员会的任务是制定反恐政策,参与国家反恐合作与就反恐国家政策和立法向俄罗斯总统提出建议,确保应对和消除新的恐怖主义威胁。该委员会还负责俄罗斯各地方政府间的反恐怖主义行动的协调工作,并负责反恐行动的资源调配工作。

三、俄罗斯国家安全执行机构

俄罗斯国家安全执行机构除俄罗斯联邦安全局(FSB)、联邦对外情报局(SVR)、总参谋部军事情报总局(GRU)、联邦警卫总局、紧急情况部(MCHS)、内务部(MVD)及其下属的药物管制总局(GUKON)和联邦移民局(FMS)等情报安全机构外,还包括俄罗斯联邦军队、国民警卫队、边防所、检察院、警备局等执法机构和紧急情况部(EMERCOM)。其中,俄罗斯联邦安全局负责履行情报保卫、反恐怖主义、打击毒品走私等职责,是维系俄罗斯国家安全的关键执行机构,可指导俄罗斯所有执法部门和情报机构的工作,并拥有武装力量直接参与反恐行动。对外情报局负责国外的情报安全保卫工作,根据《外国情报机构法》,对外情报局负责:对外军事战略、经济和科技的情报收集工作;保护俄罗斯海外机构成员及其家属;保障俄罗斯政府官员和其家属的人身安全;在外国进行电子监视活动;与外国安全部门展开联合行动。此外,对外情报局还负责向俄罗斯联邦总统提供情报简报。联邦警卫总局负责俄罗斯联邦总统和其他政府高层的安全保卫工作,可以在没有搜查令的情况下进行搜查、监视、逮捕等行动,并可对其他政府部门下达相关命令。

俄罗斯内务部的权力和任务由俄罗斯内务部章程规定。内务部下辖四个主要部门,分别是警察部门、调查部、移民局和药物管制总局,原有的内务部内部部队等军事力量纳入新的国民警卫队。下设打击极端主义总局,负责领导打击极端主义的政策制定,指导打击极端主义、恐怖主义的行动,负责参与反恐和打击极端主义行动。内务部下设的药物管制总局自2016年组建,源于已经解散的俄罗斯联邦药物管制局(FSKN),其任务是打击俄罗斯国内的毒品犯罪并开展海外毒品调查活动。2016年成立的国民警卫队自内务部调出,成为独立的受总统直接领导的准军事执法部门,履行维护公共秩序、打击极端主义、反恐怖主义和打击犯罪等职能。

第三节 英国国家安全法治

一、英国国家安全立法概况

(一)一般安全领域的立法

为应对北爱尔兰问题,英国曾颁布《1989年预防恐怖主义临时法》,该法取缔了北爱尔兰民族解放军和爱尔兰共和军等组织,同时规定资助恐怖主义面临最高十四年的有期徒刑,并简化了与恐怖主义犯罪相关的人身或财产搜查程序。同年,英国颁布了《1989年特勤服务法》,该法案首次确认了英国情报安全机构军情五处的存在,明确了该部门的任务是保护国家安全,使英国免受来自外国代理人以及旨在推翻和破坏英国议会制度的间谍、破坏行动和恐怖主义等各种类型的安全威胁。《1996年特勤服务法》增加了其支持警察部门和侦察严重犯罪活动的职能。

《2000年恐怖主义法》取代了《1989年预防恐怖主义临时法》,该法对恐怖主义的概念作出规定,且沿袭了《1989年预防恐怖主义临时法》中关于取缔组织的规定。一年后,英国又颁布《2001年反恐怖、犯罪和安全法案》,该法案的内容包括切断和冻结恐怖组织资金、惩治煽动宗教和种族仇恨犯罪、提高政府机构间的情报信息共享、扩张执法部门的搜查权力、截留与国家安全相关的通讯数据。该法案的颁布体现了"9·11"事件之后,各国对防范新型恐怖主义威胁等非传统安全的需求以及新的应对措施。根据该法案,英国执法机构可以在英国任何地方没收恐怖分子现金,并在调查开始时冻结其资产。此外,英国还成立联合反恐分析中心,将各安全机构的情报进行汇集和交流,确保政府部门和机构能够收集和共享应对恐怖主义威胁所需的信息。该法还允许通讯服务提供商出于国家安全的需要而保留并向执法部门提供其客户的通信数据。《2005年防范恐怖主义法》引入了"控制令"制度,即对恐怖主义的犯罪嫌疑人实施人身限制措施,包括并不限于居住地和访客限制、职业和就业限制、电子监视和追踪等。由于受到欧盟和英国舆论的质疑,《2011年恐怖主义防范和调查措施法》(TPIMS)仅保留了较短时长和较少内容的人身限制措施。

(二)非传统安全领域的立法

《2006年恐怖主义法》为应对新型恐怖主义犯罪,增加了鼓励恐怖主义罪、传播恐怖主义出版物罪、准备恐怖主义行为罪、参加恐怖主义训练罪、组织培训恐怖主义罪、制造和拥有放射性材料或装置罪、侵入核设施罪等罪名。随着英国极端主义案件呈上升趋势,打击国内极端主义的犯罪活动也成为英国国家安全的关注领域。英国《2016年调查权力规范法》规定了一系列通信数据收集方式,同时也强化了对侵入式监视的监督机制。

英国在2019年颁布《2019年反恐和边境安全法》,旨在弥补反恐立法存在的不足,确保应对更新类型的恐怖主义活动。《2019年反恐和边境安全法》将《2000年反恐怖主义法》中的未披露恐怖主义行为信息罪的最高刑罚增加至10年监禁。还将《2000年反恐怖主义法》《2006年反恐怖主义法》中的预备性恐怖主义罪行的最高刑罚增加到15年,包括:收集恐怖主义信息罪;获取、传播或发布可能对恐怖分子有用的关于武装部队、警察或情报部门成员的信息罪;传播恐怖主义出版物罪。并修订指纹和DNA保留制度,基于国家安全理由,指纹和DNA可保留的最长期限从2年增加到5年。《2019年反恐和边境安全法》使英国警方和检方能够在案件调查的初期阶段介入和干预恐怖主义犯罪活动,并使得恐怖主义犯罪的刑罚和罪行的严重性相适应,并额外赋予了英国警方在犯下恐怖主义罪行的罪犯获释后对其进行管理的权力。英国皇家检控署下设特别犯罪和反恐司专门负责起诉涉及所有恐怖主义活动、战争罪和危害人类罪、公务机密和煽动仇恨的案件。

非传统安全领域愈加成为各国在国家安全立法领域的关注要点。为了应对非传统安全威胁,英国通过了一系列立法措施,以防范恐怖主义威胁、保障数据基础设施安全、维护金融安全。英国于 2022 年颁布了《国家安全与投资法》(NSIA),赋予英国政府可以调查和干预具有潜在威胁英国国家安全的并购、收购和其他投资行为。英国政府根据此法案能够审查和干预任何人(包括企业和投资者)进行的可能损害英国国家安全的某些收购行为,英国政府将能够对收购行为施加某些条件,或在必要时解除或阻止收购。根据该法案的授权,英国政府的管辖范围不仅包括对英国公司和资产的投资,还包括对在英国开展活动或向英国客户提供商品或服务的外国公司的投资,以及对用于英国活动或向英国客户提供商品或服务的外国资产或知识产权的投资。法案还授予了英国政府 5 年的追溯权以审查已经发生的投资收购行为。

二、英国国家安全协调决策机制

英国在布尔战争后成立帝国防务委员会作为内阁的常设机构。帝国防务委员会的成员包括枢密院院长、陆军大臣、海军大臣、陆军总司令、海军第一委员和三军情报负责人。该委员会在二战爆发后被丘吉尔的战时内阁所取代,在二战结束后由国防与海外政策委员会继续发挥其职能。英国国家安全委员会(NSC)于 2010 年正式成立,英国国家安全委员会与美国、俄罗斯等国的国家安全委员会不同,并未有一部正式的国家安全成文法明文规定其法律地位。英国国家安全委员会作为内阁的委员会,负责审议与国家安全、外交政策、国防、国际关系和能源资源安全有关的议题。英国国家安全委员会负责在国家安全问题上协调各内阁成员,通过协调情报部门收集的信息,以确保英国免受严重的有组织犯罪、恐怖主义活动和外国敌对情报机构的威胁。他们在内阁办公室跨部门工作,以制定符合政府优先事项的连贯的国家安全战略。[1]

---

[1] 参见张骥主编:《世界主要国家国家安全委员会》,时事出版社 2014 年版,第 125—145 页。

国家安全委员会的主席由英国政府首相担任,下设国家安全秘书处,其负责人国家安全顾问由首相直接任命。国家安全顾问是首相和内阁在安全、情报、国防和外交政策事务方面的总协调员和顾问,并负责就国家安全政策和政府应对策略提出建议。国家安全秘书处负责国家安全委员会的日常工作,负责国家安全委员会每周会议的准备工作和决定的执行。其职责包括并不限于首相和政府部门合作制定会议议程,为讨论提供建议并记录会议作出的决定。[①]

三、英国国家安全执行机构

(一)情报部门

英国的情报工作在 1909 年以前主要通过军队各个部门自行完成,在 1909 年以后,英国组建了独立的情报机构负责情报安全保卫工作。英国情报安全机构包括由负责国内情报的军情五处(MI5)、安全和反恐办公室(OSCT)、国内极端主义和动乱调查部门(NDEDIU)、黑工和劳工虐待局(GLAA)、国家犯罪署(NCA)、国家弹道情报局(NBIS)和国家欺诈情报局(NFIB),负责国外情报的军情六处(MI6)、国防情报局(DI),负责信息情报的英国政府通讯总部(GCHQ)以及联合情报组织(JIO)组成。

各情报部门的工作受联合情报委员会(JIC)领导,该委员会的成员包括来自外交部、国防部、财政部等内阁部门和英国军队的高级官员,该部门的职能包括就情报工作向首相和内阁部长提供政策建议,协调和监督各情报委员会的工作。

(二)执法部门

英国的常规执法部门负担着部分的国家安全职能,如伦敦警察厅(MPS)除了负责维护社会治安等职责外,还负责反恐和维护皇室成员和政府成员的人身安全。根据职能分工,国家犯罪局(NCA)、英国运输警察(BTP)、严重欺诈办公室(SFO)、税务海关总署(HMRC)、国防部警察(MDP)、民间核设施保安队(CNC)都负有专门或者部分的国家安全执法职能。

在非传统安全领域,英国通过设立新机构和改革以应对网络安全、金融和经济安全等非传统安全威胁。在金融和经济安全领域,英国商业、能源和

[①] 参见刘胜湘等:《世界主要国家安全体制机制研究》,经济科学出版社 2018 年版,第 289—300 页。

产业战略大臣依据《国家安全与投资法》,可对发生在英国的投资和收购行为进行国家安全审查,可以终止和干预有潜在损害英国国家安全的投资和收购行为。在网络安全领域,英国通信部及其下设机构国家网络安全中心负责应对恐怖主义、黑客入侵和网络犯罪威胁。此外,英国在国家安全领域还有新的尝试,如英国在伦敦组建的反恐中心(CTOC)正在尝试将原本分属反恐警察部门、情报机构和刑事司法系统的职能汇集在一起,形成跨部门、跨体系的新型反恐平台。

四、英国国家安全监督机制

英国是一个议会制国家,其国家安全监督的最主要方式是立法监督。英国议会根据《1994年情报服务法》成立议会情报与安全委员会,并通过《2013年司法与安全法》巩固了该委员会的权力。情报与安全委员会的法定职责是审查英国情报和安全部门的财政支出、行政事务以及这些部门的情报安全政策运作情况。该委员会可以依据《1989年官方情报法》获取机密材料的审阅权限,亦可开设听证会要求政府的内阁首长和情报机构负责人出席,并可获取来自情报部门和相关政府部门的书面证据。与其监督对象的工作方式相似,该委员会的工作是秘密进行的,该委员会发布年度报告和特别报告,被监管的情报机关部门必须在报告发布后的60天内回应报告内容。此外,该委员会的报告在发布前会与被监管的政府机构进行分享,以确保报告中不会有危及国家安全的机密内容细节流出。

第四节 德国国家安全法治

一、德国国家安全立法概况

《德国基本法》作为德国法律的基石和核心,其第87条明确规定了动用武装部队应对安全事件的条件和情况。德国不但制定了关于国家安全治理的专门法,还对已有的法律进行修订,以应对当前非传统安全威胁。自"9·11"事件发生后,为应对恐怖主义等非传统安全威胁,德国制定并通过了《德国反国际恐怖主义法》。此外,德国审视已有的立法,陆续对多部法律进行修订,涉及的范围较为广泛,包括《反恐怖主义法》《安全审查法》《军事反情报局法》

《联邦刑事调查办公室法》《联邦情报局法》《联邦宪法保护法》《联邦边防队法》《海关调查服务法》《海关管理法》《银行法》《庇护程序法》《护照法》《保险监督法》《外国人中央登记法》《个人身份证法》《居留法》《电信媒体法》《执行欧洲制止恐怖主义公约》《刑法》《刑事诉讼法》《打击恐怖主义补充法》《严重危害国家安全犯罪准备起诉法》等诸多法律。[①]

  这些法律的修改赋予了情报和执法部门更多的权力,加强了各部门之间的合作。也有利于德国执法机关加强打击危害国家安全的行为。这些法律修改的涉及面较为广泛。一方面,既有涉及公民基本权利的深层次的法律修改,如 2019 年《国籍法》修正案规定拥有双重国籍的德国人如果在国外参与外国恐怖组织的军事活动,有可能导致其失去德国国籍。另一方面,也有为应对新领域的法律修改,如来自网络和金融等领域的非传统安全挑战。在信息安全领域,德国在 2020 年通过了《提高信息技术系统安全性的第二法案》,旨在对德国信息技术法进行修正,该修正案强化了企业的安全责任,加强企业的预防措施,要求关键运营商(如能源供应网络的运营商)部署系统和程序以检测安全威胁,持续识别和预防威胁,并采取适当的补救措施,并要求非关键运营商提高 IT 系统的整体安全水平。在金融和经济安全领域,德国于 2020 年修订了《对外贸易法》(AWG),扩大了安全审查制度的保护范围,并提高了对安全审查制度的程序和实体标准的要求,并对相应执行标准的《对外贸易条例》(AWV)作出了相应的修改,包括扩大安全审查程序的适用范围和增加审查因素。

二、德国国家安全协调决策机制

  德国于 1955 年成立联邦国防委员会,该委员会主要负责商讨国家安全议题,并将结论交予相关负责的内阁机构进行执行。联邦国防委员会成立的初衷在于建立一种协调性机构,为各部门之间的跨部门业务提供协助。1969 年联邦国防委员会更名为联邦安全委员会(BSR),作为联邦内阁的下设委员会,会议由联邦总理主持,除总理外,该委员会成员还包括外交部长、财政部长、内政部长、司法部长、国防部长、能源部长以及联邦经济合作与发展部长。相较于美俄等国的国家安全委员会制度,德国联邦安全委员会的职能较为有

[①] 参见刘胜湘等:《世界主要国家安全体制机制研究》,经济科学出版社 2018 年版,第 465—566 页。

限,主要负责研究德国的国家安全政策并负责提出改善建议、协调德国的国家安全政策和北约的防务政策、协调政府内阁各部门之间的安全工作、监督和审核德国的国防军售,其中仅有负责武器出口政策的职能为《德国基本法》第26条第2款明确规定。

三、德国国家安全执行机制

(一)联邦宪法保卫局

联邦宪法保卫局主要负责国内安全秩序维护和反间谍情报收集工作,负责履行1972年《联邦宪法保护法》第3条所规定的关于安全保卫和反间谍职能,联邦宪法保卫局不具备执法权,无法直接对个人采取强制措施。联邦宪法保卫局和各州宪法保卫局之间不存在隶属关系,各州宪法保卫局从属于各州的内政部。除应对恐怖主义行为外,监视国内极端主义分子也成为德国安全部门承担的新任务。

(二)联邦情报局

与宪法保卫局负责国内安全情报工作区分,联邦情报局负责对外情报收集和评估工作,同时负责与其他两家情报机构之间的协调工作。与宪法保卫局一样,联邦情报局不具有直接执法权。联邦情报局的职能由《联邦情报局法》《安全审查法》以及《联邦宪法保护法》所共同规定。联邦情报局的情报收集工作涉及的领域较为广泛,包括国际恐怖主义、大规模杀伤性武器扩散与非法技术转让、跨国有组织犯罪、武器和毒品走私、洗钱与非法移民等军事和非军事领域的情报收集活动都在该部门的工作职责范围内。

(三)联邦军事情报局

联邦军事情报局的职能由《军事情报局法》《联邦宪法保护法》《联邦数据保护法》和《安全审查法》共同规定,其中,《安全审查法》还赋予了联邦军事情报局安全审查的职能,《军事情报局法》不仅规定了军事情报局的基本职能,还明确了联邦军事情报局与宪法保卫局之间的协调与合作关系。根据以上法律的规定,军事情报局的主要职责是军事反情报工作和侦查德国国防军内部的违反宪法活动。联邦军事情报局的核心任务是收集和评估国内外信息,以便更好地打击极端主义和恐怖主义,德国在阿富汗的军事行动中,军事情报局负责了军事侦察和营地安全审查的工作。为增加德国公众对联邦军事情报局的了解,联邦军事情报局自2019年起,每年发布年度报告。

四、德国国家安全监督机制

德国联邦议会监督小组负责监督联邦宪法保卫局、联邦情报局和联邦军事情报局的活动。根据《议会对联邦情报机构活动的控制法》，上述三家情报机构置于议会监督小组的直接监督下，监督小组成员数量和组成以及运作方式由联邦议会决定，监督小组成员由联邦议会选出，监督小组每个季度至少召开一次会议，其成员有权处理涉密信息，查阅情报机构的档案资料，并负有相应的保密义务。除议会监督小组外，基本法第 10 条规定审查委员会(G10-Kommission)也有权监督三家情报机构的活动。[①]

[①] 参见甘超英：《德国联邦议会监督政府的机制》，载《中国法学》1997 年第 5 期。

第八章　全球安全法治

全球安全观是总体国家安全观战略思想的重要内容，为中国开展对外安全合作与交流、维护国际和平安全提供了重要的理念引领，为在安全领域加快构建人类命运共同体注入了强大的思想动力。全球安全观倡导尊重和保障每一个国家的安全，实现共同安全。

第一节　全球安全概述

习近平总书记指出，安全应该是普遍、平等、包容的，不能一个国家安全而其他国家不安全，一部分国家安全而另一部分国家不安全，更不能牺牲别国安全谋求自身"绝对安全"[①]。共同安全意味着安全是双向的，自己安全也要保证其他国家安全。安全议题往往属于全人类的共同事务，单一国家难以有效应对，亟须各国协力，建立有效的跨国家组织体系和国际法律规范以实现有效的全球治理。全球安全有着较为宽泛的内涵，既包括传统安全领域的规范内容，也包括非传统安全领域的规范内容。随着全球化发展的加深，武装冲突、跨国有组织犯罪、大规模杀伤性武器扩散、恐怖主义活动、全球气候变暖、网络空间犯罪、金融危机等传统安全和非传统安全议题均为各国所面临的共同挑战。

一、全球安全与反恐怖主义

《联合国宪章》奠定了当代国际法基础。《联合国宪章》确立的主权平等、不干涉内政、和平解决争端、不使用武力、善意履行国际义务等原则，成为国际社会评判各国行为是否合法、正义的标尺，获得各国广泛认同并被普遍遵循。恐怖主义与《联合国宪章》中约束武装冲突、保护平民、尊重法治和平等的核心价值相违背，故恐怖主义是全球治理的重大威胁。联合国安理会第

[①] 资料来源：http://www.xinhuanet.com/world/2014-05/21/c_126528981.htm，2022 年 3 月 1 日访问。

1373(2001)号决议明确指出每一桩恐怖主义罪行都构成"对国际和平与安全的威胁","恐怖主义行为、方法和做法违背联合国的宗旨和原则"①。安理会的各项决议明确指出,需要在更大的范围内采取行动打击恐怖主义。安理会第1456(2003)号决议指出,"各国必须确保为打击恐怖主义而采取的任何措施都符合国际法规定的全部义务,并应按照国际法,尤其是国际人权法、国际难民法和国际人道主义法采取这种措施"②。

反恐怖主义的全球安全法律框架主要来自三方面:第一,联合国大会决议。联合国大会决议虽然不具备法律约束力,但是其中一些关键性决议具备权威性和指导性,如大会于2005年通过的《联合国全球反恐战略》虽然不具备法律约束力,但是为各成员国的反恐行动提供了很好的工作建议和指南。第二,安理会决议。安理会关于《联合国宪章》第七章维护和平安全的决议往往对各成员国具备法律约束力。第三,与反恐怖主义相关的国际条约文书。缔约国往往就部分恐怖主义内容进行约定(如下表所示)。③

表8.1 部分国际公约中关于应于恐怖主义的条款概览表

1963年《关于在航空器内的犯罪和犯有某些其他行为的公约》	适用于影响飞行安全的行为;授权机长在其有理由认为某人在航空器上已实施或行将实施此种行为时可对此人采取合理的措施,包括必要的管束措施,以保证航空器的安全;要求缔约国拘留罪犯并恢复合法机长对航空器的控制。
1970年《关于制止非法劫持航空器的公约》(《非法劫持公约》)	要求各缔约国规定,凡在飞行中的航空器内实施下述行为的人即为犯罪:"用暴力或用暴力威胁,或用任何其他恐吓方式,非法劫持或控制该航空器",或企图实施此种行为。
1971年《关于制止危及民用航空安全的非法行为的公约》(《民航公约》)	要求各缔约国规定,任何人非法和故意实施下述行为即为犯罪:对飞行中的航空器内的人实施暴力行为,该行为可能会危及该航空器的安全;在航空器内放置爆炸装置;企图实施此种行为;或者是实施或企图实施此种行为的人的共犯。

① 参见联合国安全理事会文件,S/RES/1373(2001)。
② 参见联合国安全理事会文件,S/RES/1456(2003)。
③ 资料来源:https://www.un.org/counterterrorism/zh/international-legal-instruments,2022年3月1日访问;https://www.unodc.org/documents/terrorism/Publications/Handbook_Criminal_Justice_Responses/Chinese.pdf,2022年3月1日访问;https://www.unodc.org/documents/terrorism/Publications/FAQ/Chinese.pdf,2022年3月1日访问。

(续表)

1973年《关于防止和惩处侵害应受国际保护人员包括外交代表的罪行的公约》(《外交代表公约》)	界定"受国际保护人员"为国家元首、外交部长、一国或一国际组织应受外国特殊保护的代表或官员及其家属;要求缔约国对下列行为进行刑事定罪并"根据其严重程度给予适当惩罚":故意谋杀、绑架应受国际保护人员或对其人身或自由进行其他攻击,暴力攻击此种人员的公用馆舍、私人寓所或交通工具;威胁进行或企图进行此种攻击;"作为共犯参与这类攻击"的行为。
1979年《反对劫持人质国际公约》(《人质公约》)	规定"任何人如劫持或扣押并以杀死、伤害或继续扣押另一个人为威胁,以强迫第三方,即某个国家、某个国际政府间组织、某个自然人或法人或某一群人,作或不作某种行为,作为释放人质的明示或默示条件,即为犯本公约意义范围内的劫持人质罪。"
1980年《核材料实物保护公约》(《核材料公约》)	对非法拥有、使用、转移或偷盗核材料并威胁使用核材料以造成死亡、重伤或重大财产损失的行为进行刑事定罪。
2005年《核材料实物保护公约》	以具有法律约束力的方式规定,缔约国应对国内使用、储存和运输中的用于和平目的的核设施和核材料进行保护;规定在各国之间扩大合作,迅速采取措施查出并追回被盗取或被偷运的核材料,减轻任何放射性危害或破坏作用,增列针对核设施的犯罪,并预防、打击相关犯罪。
《关于制止危及民用航空安全的非法行为的公约》(《机场议定书》)	扩大了《蒙特利尔公约》的规定,把在为国际民用航空服务的机场上实施的犯罪行为包括在内。
1988年《制止危及海上航行安全非法行为公约》(《海上公约》)	建立了针对危及国际海上航行安全的行为的法律制度,类似于为国际航空建立的制度;规定任何人非法并故意从事下列活动即构成犯罪:以武力或武力威胁或恐吓方式夺取或控制船舶;对船上人员施用暴力,而该行为有可能危及船舶航行安全;在船舶上放置破坏装置或破坏物质;实施危及船舶安全的其他行为。

(续表)

2005年《制止危及海上航行安全非法行为公约议定书》	将下列行为定为刑事犯罪:利用船舶实施恐怖主义行为;明知所运输的各种材料将用于造成或威胁造成死亡、重伤或损害以实施恐怖主义行为而故意为之;在船上运送犯有恐怖主义行为的人员。根据本公约对被认为实施了犯罪行为的船只实行登船程序。
1988年《制止危及大陆架固定平台安全非法行为议定书》	建立了针对危及大陆架固定平台安全的行为的法律制度。
2005年《制止危及大陆架固定平台安全非法行为议定书》	根据大陆架固定平台的情况对《制止危及海上航行安全非法行为公约》作出了调整。
1991年《关于在可塑炸药中添加识别剂以便侦测的公约》	旨在管制和限制未添加识别剂和无法探测的可塑炸药的使用(1988年发生泛美103航班爆炸之后谈判拟定),各缔约方有义务确保在各自境内有效管制未添加识别剂的可塑炸药。
1997年《制止恐怖主义爆炸事件的国际公约》	建立了针对下述行为的普遍管辖权制度:非法和故意在所界定的各种公用场所内外或针对此种公用场所使用炸药和其他致死装置,目的是致人死亡或重伤,或故意造成公用场所的巨大毁损。
1999年《制止向恐怖主义提供资助的国际公约》	要求缔约国采取措施,预防、对付直接和间接资助恐怖主义的行为;要求各国追究为恐怖主义提供资助的法人的民事或行政责任以及个人对此种行为的刑事责任;扩大个人的刑事责任范围和法人的民事和行政责任范围;规定必须查明、冻结并扣押用于恐怖主义活动的资金,并在个案基础上与其他国家分享被没收的资金。银行保密原则不再是拒绝给予合作的充足理由。
2005年《制止核恐怖主义行为国际公约》	涉及各种行为和包括核电厂和核反应堆在内的各种可能目标;涉及危机情形的处理(协助各国处理危机)和危机后情形的处理(在国际原子能机构的协助下使核材料无害)。

二、全球安全与网络空间治理

通信技术的发展以及全球化进程的加速使得网络安全成为全球性问题。联合国经济和社会理事会协同经济和社会事务部及国际电信联盟发现,许多发展中国家没有足够能力应对互联网攻击,网络犯罪对全球网络和平构成威胁,网络安全成为一个全球性问题,只有通过全球化的合作才能得以解决。①《布达佩斯网络犯罪公约》是世界上第一个打击网络犯罪的国际公约,但由于该公约起草时间较早,而网络信息技术的发展日新月异,存在着新型犯罪类型缺乏规定的问题。此外,各国在网络空间的主权维护、基础资源分配、数据的管理权限和数据的归属权等问题上存在认识差异。

我国积极参与数字经济国际合作,组建网络外交机制,探讨制定全球数字治理规则,发布《全球数据安全倡议》,积极推动打造和平、安全、开放、合作的国际网络空间。随着以我国《网络安全法》《个人信息保护法》为代表的各国网络数据法的出台,各国对网络空间和数据安全的国内法规制日趋完善,而这些国内法往往都存在着一定的域外效力,这实际上加重了各国确立普遍性的网络空间行为规范的紧迫性。我国在网络安全问题上致力于维护网络空间的和平属性,遵循网络主权原则,反对网络黑客和犯罪行为,加强国际合作,打击网络恐怖主义、网络黑客行为。②

新时代网络安全的全球化协作,应在国际社会普遍参与和平等协商的基础上,建立起对等合作的国际互联网秩序,尊重各方的网络主权,寻找全球网络安全治理的最大公约数,通过协商对话的方式建立起多边框架规则,以此为基础来开展合作,维护国际网络安全。在尊重网络主权的前提下展开国际合作与协商,构建多边、民主、透明的国际网络安全治理体系。③

三、全球安全与气候变化应对

全球气候变化是当前各国面临的重要挑战,气候变化在全球范围内造成了空前的影响,不仅增加了各国的洪涝灾害风险,也对全球粮食生产产生较大的威胁。由世界气象组织和联合国环境规划署共同建立的联合国政府间气候变化专门委员会(气专委)专门致力于协调各国共同应对气候问题。气专委在 2013 年发布第五次评估报告,报告认为气候变化是真实存在的,而人类活动是导致其发生的主要原因。将全球变暖限制在 1.5 摄氏度则可以避免

---

① 资料来源:https://www.un.org/zh/desa/cybersecurity-demands-global-approach,2022 年 9 月 30 日访问。
② 资料来源:https://www.mfa.gov.cn/ce/cegv/chn/hyyfy/t1360596.htm,2022 年 9 月 30 日访问。
③ 资料来源:http://www.cac.gov.cn/2019-03/06/c_1124198062.htm,2022 年 9 月 30 日访问。

一系列气候变化影响。① 要将全球变暖限制在 1.5 摄氏度需要在土地、能源、工业、建筑、交通和城市中实现"快速且具深远影响的"转型。气候专家们认为,如果当前各国不采取积极行动共同应对全球气候变化问题,未来解决气候问题的成本会更为昂贵。

气候变化的多边法律条约主要有《联合国气候变化框架公约》《京都议定书》和《巴黎协定》。目前,《气候变化公约》有 197 个缔约国,《京都议定书》有 192 个缔约国,已有 186 个国家加入了《巴黎协定》。我国积极参与全球的环境治理,实施控制污染、减少排放的环境生态政策,制定可持续发展的能源和环境策略。

习近平总书记在 2021 年"领导人气候峰会"上指出,中国作为全球生态文明建设的参与者、贡献者、引领者,中国坚定践行多边主义,努力推动构建公平合理、合作共赢的全球环境治理体系。中国提出的"碳达峰"和"碳中和"的政策目标,是基于推动构建人类命运共同体的责任担当和实现可持续发展的内在要求作出的重大战略决策。

第二节 全球安全合作机制

习近平总书记在党的二十大报告中指出,"中国积极参与应对气候变化全球治理,坚持绿色低碳,推动建设一个清洁美丽的世界"。联合国前秘书长安南(Kofi Annan)称:"在 21 世纪,对和平与安全的威胁不仅包括国际战争和冲突,也包括国内暴力、有组织犯罪、恐怖主义以及大规模毁灭性武器。这些威胁还包括贫穷、致命传染病和环境退化,因为此类威胁可以造成同样的灾难性后果。所有这些威胁都可能大规模地导致死亡或缩短寿命,也可能破坏国家作为国际体系基本单位的地位。"② 国际安全所面临的威胁不断变化,意味着国际法和国际秩序将面临新的挑战。包括气候变化在内的非传统安全威胁正愈加为国际社会所正视。

一、联合国安全理事会

联合国安全理事会由五个常任理事国和十个非常任理事国组成。五个

---

① 资料来源:https://www.un.org/zh/global-issues/climate-change,2022 年 9 月 30 日访问。
② 资料来源:https://www.un.org/chinese/largerfreedom/part3.htm,2022 年 9 月 30 日访问。

常任理事国对安理会决议有一票否决权。安理会下设制裁、反恐、原子能、生物和化学武器问题等委员会。安理会作为联合国的主要危机管理机构，可对所有联合国成员国施加具有约束力的影响。根据《联合国宪章》第六章的授权，安理会可呼吁冲突各方通过谈判、仲裁或者其他和平方式解决国际争端。《联合国宪章》第七章授权安理会可采取更为果断的行动，如实施制裁或授权使用武力以维持或恢复国际和平秩序。

根据《联合国宪章》，安理会的职能包括：依照联合国的宗旨和原则来维护国际和平与安全、调查可能引起国际摩擦的任何争端或局势、建议调解国际争端的方法或解决条件、制定计划以处理对和平的威胁或侵略行为并建议应采取的行动、促请各会员国实施经济制裁和除使用武力以外的其他措施以防止或制止侵略、在"战略地区"行使联合国的托管职能、就秘书长的任命向联合国大会提出建议、与联合国大会共同选举国际法院的法官。

二、区域性合作组织

（一）上海合作组织

上海合作组织（以下简称"上合组织"）作为一个欧亚地区的多边组织，其致力于确保欧亚地区的安全和稳定。上合组织以加强各成员国之间的相互信任与睦邻友好；鼓励成员国在政治、经贸、科技、文化、教育、能源、交通、旅游、环保及其他领域的有效合作；共同致力于维护和保障地区的和平、安全与稳定；推动建立民主、公正、合理的国际政治经济新秩序为宗旨。

在应对恐怖主义和极端主义方面，上合组织通过国际合作、构建多边法律框架以应对恐怖主义和极端主义威胁。上合组织成员国先后通过了《上海合作组织反极端主义公约》《打击恐怖主义、分裂主义和极端主义上海公约》《上海合作组织反恐怖主义公约》《上海合作组织成员国打击恐怖主义、分裂主义和极端主义2016—2018年合作纲要》，并号召国际社会联合建立广泛的反恐怖主义同盟，以更好地应对全球威胁。

多边法律框架也是上合组织应对国际毒品犯罪的重要方式，上合组织先后于2004年和2015年通过了《上海合作组织成员国关于合作打击非法贩运麻醉药品、精神药物及其前体的协议》和《上海合作组织成员国元首关于应对毒品问题的声明》。作为上合组织成员国，我国积极倡导和推动这些条约的制定，推动相关领域的国际法治建设，努力促进国际和地区发展、稳定和繁荣。

(二) 其他区域国际组织

这些组织包括：亚洲太平洋经济合作论坛（APEC）、东南亚国家联盟（ASEAN）、美洲国家组织（OAS）、加勒比金融特别行动组（CFATF）、欧洲安全与合作组织（OSCE）等。区域国际组织在打击恐怖主义、有组织犯罪、毒品犯罪等全球治理议题上发挥了愈加重要的作用。以美洲国家组织为例，该组织在2001年通过了《美洲国家反恐怖主义公约》，该公约内容包括拒绝为作为难民和寻求庇护者的恐怖分子嫌疑人提供庇护所；加强边境管制和执法合作；提供技术和法律援助；交流反恐经验和开展反恐培训等。此外，美洲国家组织还根据公约原则成立了美洲反恐怖主义委员会（美洲反恐委），委员会由各成员国代表组成，每年举行例会就反恐相关的措施和合作展开讨论。该委员会提升了成员国之间的反恐能力，促进了各成员国在应对恐怖主义时的治理能力提升。

第三节 构筑人类命运共同体

习近平总书记指出，"世界上的问题错综复杂，解决问题的出路是维护和践行多边主义，推动构建人类命运共同体"[①]。习近平总书记在党的二十大报告中进一步强调，"构建人类命运共同体是世界各国人民前途所在，中国始终坚持维护世界和平、促进共同发展的外交政策宗旨，致力于推动构建人类命运共同体"。构筑人类命运共同体这一重要理念已被写入我国宪法，这为我国同世界各国开展友好交往与务实合作、推进中国特色大国外交提供了坚实的法律基础。世界正处于百年未有之大变局，面对全球治理的困局，我国提出维护和践行多边主义，推动构建人类命运共同体，为促进世界和平发展和全球治理提供中国方案。

构建人类命运共同体的核心是"共同建设持久和平、普遍安全、共同繁荣、开放包容、清洁美丽的世界"。《联合国宪章》倡导各国人民"力行容恕，彼此以善邻之道，和睦相处"，"用是发愤立志，务当同心协力，以竟厥功"。体现的是我国维护以联合国宪章宗旨和原则为核心的国际关系基本准则，弘扬联合国宪章精神。

---

① 资料来源：http://www.xinhuanet.com/politics/leaders/2021-01/25/c_1127023883.htm，2022年9月30日访问。

第八章　全球安全法治

当今世界面临着各种问题和挑战,全球安全是一个涉及多领域的安全议题,包括气候安全、粮食安全、金融安全、能源安全、网络安全、供应链安全、就业安全、生态安全、文化安全、公共卫生、知识产权保护、数据安全与隐私保护、减灾防灾与灾后重建、核安全、海洋安全、极地与外太空安全等传统和非传统安全问题。面对这些困难和挑战,国际社会应更加坚定多边主义的立场,相互尊重、平等协商,坚持以对话解决争端、以协商化解分歧,通过合作以应对各种安全威胁。中国在各个领域都旗帜鲜明地反对各种保护主义和单边主义,呼吁维护以联合国宪章宗旨和原则为核心的国际秩序和国际体系。

中国目前已经签署了600多项国际公约,参加了所有联合国专门机构和绝大多数政府间国际组织,中国坚持在巩固以联合国安理会为基础的集体安全框架基础上,加强国际互信与安全合作,反对采取与国际法不相符的单边制裁,彰显尊重国际法、坚持国际法的鲜明立场,发挥维护国际法权威和国际法治的积极作用。

作为联合国安理会常任理事国和世界上最大的发展中国家,中国积极维护多边主义,致力推动各国在国际关系中遵守统一的国际法规则,维护和促进国际法治建设,捍卫以联合国宪章宗旨和原则为基础的国际关系基本准则。通过大力支持多边主义和自由贸易,中国正在推动全球治理体系朝着更加公正更加合理的方向发展,成为捍卫多边主义的中流砥柱。中国设立中国—联合国和平与发展基金、南南合作援助基金,帮助发展中国家加强基础设施建设,对一些冲突中国家的紧急人道主义需求及时伸出援手。作为负责任的大国,中国提出的"一带一路"倡议为构建人类命运共同体提供了生动的实践案例。"一带一路"倡议提出8年来,中国已同140个国家和32个国际组织签署了200多份共建"一带一路"合作文件,建立了90多个双边合作机制。① 共建"一带一路"倡议及其核心理念已被写入联合国、二十国集团、亚太经合组织以及其他区域组织的有关文件中,共建国家已由亚欧延伸至非洲、拉美、南太等区域,与众多国家和区域的发展战略与规划进行了对接。"一带一路"倡议使得各国的交往更加紧密,各国通过"一带一路"倡议聚焦互联互通,深化务实合作,携手应对人类面临的各种风险挑战,实现互利共赢、共同发展。

---

① 资料来源:https://news.cctv.com/2021/11/21/ARTI4B263kwEdoIKZZrnmSEX211121.shtml,2022年9月30日访问。

第九章　国家安全法律体系

长期以来,我国对国家安全的认识主要局限于政治、军事、国土等传统安全领域以及经济、社会、文化等部分非传统安全领域,相应的,对国家安全法律规范体系的认识也局限于这些范围,甚至比这一范围更小。而总体国家安全观的提出为国家安全概念提供了前所未有的丰富内涵,使其显著区别于以往国家安全概念,对新时代国家安全法治建设发挥重要引领作用,同时极大地扩宽了国家安全法律规范体系的外延。

第一节　国家安全法律规范体系

总体国家安全观的丰富内涵极大地扩展了国家安全概念的内涵与外延,明确提出一系列重点安全领域,形成涵盖二十多个不同层次和领域的国家安全要素体系。国家安全法律规范体系是总体国家安全观在立法层面的集中体现。涉及国家安全的法律、法规、部门规章等规范文件共同形成多层次、多维度的立法体系,涵盖政治安全、军事安全、国土安全、国民安全、经济安全、金融安全、能源资源安全、粮食安全、社会安全、文化安全、生态安全、科技安全、网络安全、信息安全、数据安全、人工智能安全、生物安全、公共卫生安全、核安全、海洋安全、极地安全、太空安全、海外利益安全、国际安全等。我国当下的国家安全法律规范体系主要有如下总体性特征和基础脉络:

其一,我国国家安全法律体系的立法模式具有多样性。当前国际主流的国家安全立法主要有三种进路:一是综合性立法,即制定一部国家安全基本法统摄国家安全各个领域的综合性立法;二是专门性立法,即根据特定领域的特点制定专门的单行法以规范该领域国家安全工作事项;三是分散式立法,即各部门法或其他领域立法当中在涉及国家安全问题的情况下以专门条款对其作直接规定(如经济与金融、生态环境、资源与能源、民族与宗教等领域的立法中的国家安全规定）。① 而我国国家安全立法兼具三种模式，既有诸如《国家安全法》的综合性立法，也有《反间谍法》《反恐怖主义法》《保守国家秘密法》等指导某一特殊安全领域工作的专门性立法，同时在《刑法》中也存在惩处危害国家安全犯罪的条款等分散式立法。

其二，我国国家安全法律体系的内部结构复杂，呈现出法律规范之间多层次、多维度的相互关系。一方面，《国家安全法》与《反间谍法》等国家层面法律与涉外建设项目使用管理、境外人员活动管理等地方性法规之间存在内在关联；另一方面，《刑法》分则第一章间谍罪和分裂国家罪等基本法律中有关国家安全内容，我国参加或者签署的关于反恐、反分裂国家、禁止生物和化学武器等领域的国际条约与国际公约，以及与细化实施《国家安全法》的行政法规与司法解释之间都存在关联和互动。②

其三，我国的国家安全法律体系仍有空白和不足之处，亟待立法的完善与发展。比如，现有法律规范仍然存在新型安全领域法律缺位的情况、相关国家安全法律规范的科学性、实用性有所不足等缺陷，③在今后提高相关立法覆盖率与立法质量显得尤为重要。与此同时，我国的国家安全法律体系的规模仍处于快速扩张的发展阶段。据不完全统计，最重要的国家安全法律法规已达 200 余部，其中数十部属于直接规范国家安全问题专门立法，④但在大安全理念下的法律规范数量和内容上只会更加庞大和丰富。

也正因为具备上述特征，我国现行有效的国家安全法律体系体量庞大且内容庞杂，内涵和外延均不明确，且处于不断变化之中，在学理上没有相对明确的纳入标准以及合理的构建方式。根据总体国家安全观的要求，必须对国家安全的概念作出最广泛的理解，因此厘清现行国家安全法律体系的边界需要参考以下若干标准：

第一，国家安全法律规范体系在形式上由所有包含"国家安全"关键词的法律文件构成。目前，我国已经生效的法律规范中满足这一标准的文件总数

---

① 参见周叶中、庞远福：《论国家安全法：模式、体系与原则》，载《四川师范大学学报（社会科学版）》2016 年第 3 期。
② 参见康均心、虞文梁：《后〈国家安全法〉时代的国家安全法律体系建设》，载《郑州大学学报（哲学社会科学版）》2016 年第 3 期。
③ 参见彭新林：《论习近平国家安全法治理论》，载《武汉大学学报（哲学社会科学版）》2022 年第 5 期。
④ 《总体国家安全观干部读本》编委会编著：《总体国家安全观干部读本》，人民出版社 2016 年版。

超过 1000 部,覆盖范围延伸至《生物安全法》《香港特别行政区维护国家安全法》《反恐怖主义法》等专门性立法,但仅在法律条文中提及国家安全部门、缺乏实质相关性的立法成果并不属于此范围。更为重要的是,我国的国家安全法律规范体系不能与更加泛化的"安全"概念相混淆,例如把仅仅提及交通安全的《中华人民共和国噪声污染防治法》误认为国家安全法律规范。

第二,国家安全法律规范体系包含了以国家安全关键领域为规制对象的主要立法成果。总体国家安全观集中体现为"十个坚持",其中"坚持把政治安全放在首要位置"和"坚持统筹推进各领域安全"的要求与法治化高度相关,应当作为整合国家安全法律体系的指导原则。《国家安全法》第 2 章又依次明确了政治安全、人民安全、国土安全、军事安全、经济安全、金融安全、资源能源安全、粮食安全、文化安全、科技安全、网络与信息安全、民族宗教安全、反恐安全、社会安全、生态环境安全、核安全、外层空间及国际海底区域和极地安全、海外利益安全等领域的重点任务,并提出"根据经济社会发展和国家发展利益的需要,不断完善维护国家安全的任务",为将来可能变化的维护国家安全的任务留出了必要空间,体现出未来立法的动态性、开放性。鉴于我国针对外层空间和极地等特殊法律调整对象还未有成熟立法成果的事实,我国在其余 16 个关键安全领域存在的法律规范均可被纳入国家安全法律规范体系。

第三,我国国家安全法律规范体系覆盖了具有不同法律效力的立法成果。我国当下国家安全的立法包括宪法和法律、法律解释、行政法规、地方性法规、司法解释,分别规定处置国家安全事务的对象、制度和各级国家机关管辖权限。除了有关国家安全的宪法和基础性法律、行政法规等总摄国家安全事务的综合性立法内容无法简单置于某一具体领域之下,国家安全法律规范系统在某一安全领域往往有着宪法法律—行政法规—地方性法规/监察法规—司法解释的立法例。此外,鉴于总体国家安全观的法治化还关系到五大要素之一的国际安全和统筹内部安全与外部安全的关系,我国参加和签署的有关国家安全的国际规约和条约,也是国家安全法律规范体系的必要组成部分。

第四,我国的国家安全法律规范体系既包括整部法律文件,也包括个别法律条文。由于我国立法模式兼具综合性立法、专门性立法与分散式立法,在判断其是否属于国家安全法律规范体系时应根据不同情况加以区别。所谓综合性立法,指的是虽然在内容当中没有过多提及国家安全,但为维护国家安全提供基本制度保障的法律规范,例如《中华人民共和国监察法》《中华人民共和国兵役法》等围绕政治安全和军事安全的核心法律。专门性立法,指的是以《反间谍法》《保守国家秘密法》等某一安全领域为专门调整对象、以国家安全为主要立法原则的法律规范。分散式立法则指的是不以某一国家安全领域为主要调整对象,但在涉及国家安全问题时会以专门条款作出规定。为了兼顾完整性与准确性,我国的国家安全法律规范体系既有以整部形式出现的综合性、专门性的国家安全法律、行政法规,又有分布在其他基本法律、行政法规的个别条款。

第五,从国家安全法律规范体系整体上看,其以宪法和法律规定为基础,加之国务院还制定了一系列相应的实施条例,细化和延伸了法律层面的国家安全规定。地方各级人大及其常委会根据全国性法律和行政法规的规定,结合本地的实际情况,制定相应的地方性法规,作为落实上位法的规则保障。地方人大及其常委会制定的地方性法规,构成了全国性的国家安全法律规定在当地得以贯彻和落实的重要规则媒介。国务院部委也会根据其本身的职责范围和工作属性,制定相关行政规定,这类规章构成国家安全法律规范中不可或缺的细化规则。上述法律规范相互协作,共同配合,形成我国保障国家安全、维护国家安全法益的系统化法律规范依据,也构成确认和保障国家安全法益的体系化辞典。

第二节 国家安全的类型

一般认为,保障国家安全,维护国家稳定、有序与和谐是国家基本的职能和任务,因此,国家安全法主要调整国家机关维护国家安全行为,属于公法范畴。这种观点是把国家安全简单地理解为国家政权的稳定、国家机关的平稳有序运作和社会规范有序,虽然这些内容是国家安全的重要组成部分,但并非国家安全的全部。事实上,国家安全法益是一个综合性的概念,其内容涉及安全的方方面面,具体包括政治安全、国土安全、军事安全、经济安全、社会安全、能源和生态安全等。

一、政治安全

在多维度的国家安全体系中,政治安全处于最重要最基本的位置。国家政权的稳定、国家机构的平稳运作是一国安稳之根基。国家机关犹如一部机器,各个组成部分都有条不紊地运作,各自发挥着其管理、协调、监管和促进功能,在相关领域形成专业化的社会治理,又能相互配合,紧密协作,产生合力从而有效地保障维护着整个社会的规范运转。

正是由于政治安全在国家安全中的基础性作用,宪法、刑法和行政法等法律都对维护政治制度的稳定、国家机关的平稳运作和政治秩序的安稳作出了明确规定。《国家安全法》第15条第2款规定:"国家防范、制止和依法惩治任何叛国、分裂国家、煽动叛乱、颠覆或者煽动颠覆人民民主专政政权的行为;防范、制止和依法惩治窃取、泄露国家秘密等危害国家安全的行为;防范、制止和依法惩治境外势力的渗透、破坏、颠覆、分裂活动。"《刑法》第105条规定:"组织、策划、实施颠覆国家政权、推翻社会主义制度的,对首要分子或者罪行重大的,处无期徒刑或者十年以上有期徒刑;对积极参加的,处三年以上十年以下有期徒刑;对其他参加的,处三年以下有期徒刑、拘役、管制或者剥夺政治权利。以造谣、诽谤或者其他方式煽动颠覆国家政权、推翻社会主义制度的,处五年以下有期徒刑、拘役、管制或者剥夺政治权利;首要分子或者罪行重大的,处五年以上有期徒刑。"维护国家政权的稳定是国家安全中最为根本的内容,正是基于维护政权稳定,确保国家安全的需要,刑法将其列为分则的第一章,综合性地列举了多种犯罪行为方式,意在有效地打击各类危害国家政权行为,确保基本的政治安全。

二、国土安全

国土安全可以从两个维度加以理解。第一个维度的国土是指国家主权管辖范围内的领土,国家立法一般将维护国家主权、维护国家统一和维护领土完整一并作出规定。分裂国家既是破坏国家领土的完整,也是以分裂领土的方式侵犯国家主权,从这一意义上看,维护领土完整属于广义的维护国家主权。将国土理解为主权管辖下的领土,危害国土安全也构成广义的危害政治安全。我国宪法、国家安全法和刑法都对维护国家主权统一和维护领土完整作出了明确规定。

《国家安全法》第11条第2款规定:"中国的主权和领土完整不容侵犯和分割,维护国家主权、统一和领土完整是包括港澳同胞和台湾同胞在内的全中国人民的共同义务。"刑法也通过不同的罪名规定了分裂国家、破坏领土完整的多种表现形态,具体包括背叛国家罪、分裂国家罪、煽动分裂国家罪、资助危害国家安全罪等,这罪名既涵盖了其侵犯的法益,也体现了相应的行为方式。如《刑法》第102条规定:"勾结外国,危害中华人民共和国的主权、领土完整和安全的,处无期徒刑或者十年以上有期徒刑。与境外机构、组织、个人相勾结,犯前款罪的,依照前款的规定处罚。"

第二个维度的国土指向具体的领土,指一个国家主权范围内的领陆、领水、领空和底土四个方面的安全,属于国家生存空间范围的安全。这一维度的国土安全具有很强的综合性,可以指向多个层面的安全内容。首先,国土是国家主权行使的地域范围,外国势力对国土的侵占与破坏会涉及对国家主权的侵犯与挑衅,构成危害政治安全行为。其次,侵占和破坏国家领土的行为本身也是对一国军事力量的挑衅,甚至会直接发生军事冲突,构成侵害军事安全的行为。再次,破坏、侵占和非法出售国土资源,既构成对国有资源的非法占有和使用,也涉及破坏生态资源问题,资源和生态环境构成侵犯国土资源违法行为的双重客体。人口的增加,资源的逐步消耗和生态环境保护任务的严峻,使惩治侵犯国土资源,破坏生态环境行为的必要性进一步凸显。《国家安全法》对侵犯我国领陆、领水、领土以及侵犯国土资源,破坏国土环境的违法行为作了全方位的规制。

三、军事安全

军事安全并非一种独立的国家安全法益,而是经常和政治安全、国土安全一起,作为二者的保障手段出现。国防建设的目标意在维护国家主权与统一,保障国土安全。国防军事是保卫政治安全、国土安全的重要手段,军事安全是政治、国土、资源、信息等维度安全法益的重要保障。

《国家安全法》第17条规定:"国家加强边防、海防和空防建设,采取一切必要的防卫和管控措施,保卫领陆、内水、领海和领空安全,维护国家领土主权和海洋权益。"《国家安全法》第18条规定:"国家加强武装力量革命化、现代化、正规化建设,建设与保卫国家安全和发展利益需要相适应的武装力量;实施积极防御军事战略方针,防备和抵御侵略,制止武装颠覆和分裂;开展国际军事安全合作,实施联合国维和、国际救援、海上护航和维护国家海外利益的军事行动,维护国家主权、安全、领土完整、发展利益和世界和平。"此条以发展国防、强大军事力量为手段,辅以国家联合等方式,有效地维护国家主权和领土完整,属于综合性很强的国家安全保护条款。

四、经济安全

经济安全法益涉及的内容非常宽泛,有广义和狭义之分。狭义的经济安全指向国家基本经济制度的平稳有效运作、社会主义市场经济的健康发展、国家重要行业与重点产业的核心利益等。广义的经济安全除了上述内容,还包括金融风险的防范与处置。经济安全作为国家安全法益的一种,一般需要通过宏观调控、信息技术手段和规范化的政策等方式予以维护,需要综合性的安全保障措施。要想切实维护国家的经济安全,需要强有力的国家政权体系为保障,专业化的信息技术团队为抓手。因此,政治安全、信息安全和军事安全经常作为保障经济安全的实现进路。

《国家安全法》和《刑法》都对经济安全法益及其实现方法作了系统规定,尤其是《刑法》还全面规定了破坏社会主义市场经济秩序的各类行为,包括生产、销售伪劣商品罪,走私罪,妨碍公司、企业的管理秩序罪,破坏金融管理秩序罪等。从中可以看出,刑法主要以经济管理制度和经济秩序为保护法益。

五、社会安全

社会安全又被称为社会公共安全,是国家安全体系中的一个类概念。具体而言,社会安全包括食品安全、公共卫生安全、交通安全、粮食安全等内容。在各类安全法益中,社会安全最为具体,与公民的日常生活息息相关。从内容来看,社会安全关系到社会秩序的有序规范,事关我们日常的衣食住行。任何一个社会安全内容的缺失,都可能会使社会失序,公民的正常生活得不到保障。公共卫生安全尤其是公共卫生基础设施和医疗保险,是公民健康最为基本的保障。粮食安全事关一国的食品供应。从战略高度来看,一个国家的粮食无法得到有效供给,往往会影响社会安定。如果在粮食供应上依赖于其他国家,该国的独立与自主权很可能会受到影响,因此,粮食安全经常被提高到一国基本战略的高度。食品安全是确保国民身体健康,保障营养摄入均衡的重要依托。随着城市的发展,交通道路的有限与出行需求的迅速扩张之间的矛盾逐渐凸显,交通安全的重要性也应越发得到我们的重视。

社会公共安全的保障,离不开高效规范的社会风险防范和处理机制。有效地化解社会纠纷,调处矛盾,防范和处置相结合,尽可能在基层解决纠纷,防止矛盾升级和尖锐化,进而有效地维护社会稳定与和谐,是保障社会安全不可或缺的屏障。调解、仲裁和诉讼等手段都是化解社会矛盾,维护公共制度的重要方法。调解最为尊重当事人的意志,是一种以协商形态化解社会纠纷的方式。除了法庭调解,当事人自发组织的调解、街道办事处调解等都是调解的重要形态。调解能够以直接面对面的方式,听取当事人意见,了解其真实想法。然而,调解更注重当事人直接的讲和和协调,其对利益的调处可能并不严格遵循法律规范。在一些案件中,调解结论的达成并不一定在于哪一方当事人的观点更在理、更站得住脚,而可能看哪一方当事人在实力和话语权方面更占优势。调解所处理的个案不一定事关公共安全,但如果一类案件都通过和稀泥的方式解决,看似纠纷得到了化解,但当事人的情绪很可能并未得到宣泄,成为影响社会公共安全的危险因素。

法院可以通过类案裁判和司法政策的指导作用逐步化解社会矛盾。通过逐步积累典型案件的类案裁判方法,依据合理价值观的导引,作出规范妥当的裁判,逐步化解相应类型的社会矛盾,防范因此类案件的不当解决而引发社会不安定。法院对纠纷的解决是通过个案裁判的方式展开的,以一个个具体个案的裁判方式来实现。但从个案裁判的角度来看,司法裁判是依据法律规范解决个案纠纷,调处社会关系,其所处理的并非社会矛盾。然而,这并不意味着法院在预防和化解社会矛盾过程中的作用有限。从解决纠纷的层次来看,我们对民事裁判的刻板印象是定分止争,即依据法律规定,确认当事人的权利范围与界限,明确侵权或违约人的法律责任,并通过强制执行方式落实该责任,在依法定分基础上实现止争。法院要想深层次地化解纠纷,不仅要解决法律层面的权利纠纷,还必须有意识地化解当事人的心结,让当事人心悦诚服地接受裁判解决,不仅做到案结,还必须实现事了,让当事人不至于因为不服判决而不断出现上诉或者涉诉信访。从司法政策的角度来看,人民法院还可以逐步探索各类社会纠纷的处理规律,跟踪相应判决的社会效果,从而有意识地提炼通过司法裁判方式调处这类权利纠纷,缓解相应社会矛盾的审判思路、利益调处方法和心理疏导技巧,逐步回应化解社会矛盾,维护社会和谐要求。就司法裁判而言,同类案件依据相同的审判思路和裁判方法作出判决,确保同类同判,保障法律的统一适用,本身就从形式层面保障了最基本的社会公正,也是提升司法裁判公信力,让社会公众接受判决的重要进路。探索各种典型案件的裁判思路,以类案裁判的方式推动社会矛盾化解,是法院以专业化方式解决社会纠纷,维护社会安定有序的重要职能。

有效地维护社会安全,必须有高效、规范、妥当地解决社会矛盾,尤其是突发性和群体性事件的有效机制。在这些事关公共安全的焦点性案件中,我们需要有一套完整的机制能真正切实解决利益纠纷,调处情绪,理顺民心,重塑社会秩序,并有效地防止同类社会公共事件的发生,真正平复群体性事件,化解可能引发公共安全事件的典型纠纷,有效保障社会安全。

六、能源和生态安全

保障能源的充足供给,确保能源通道畅通,具备能源应急能力,是一国能源安全的重要要求,也是实现一国健康、全面和有序发展必不可少的保障。社会的高速发展,要求充足可靠的能源供给作为动力,能源安全的重要性日益凸显。能源安全除了保障能源供给之外,还要求一国的能源供给逐步向清洁能源和可循环能源转变,有效减少能源使用过程中造成的环境污染。随着人类活动能力的逐步拓展,生态环境的承受能力受到严峻的挑战。怎样有效地保护生态环境,维持生态安全,是当前能源安全和生态安全的重要课题。环境安全与生态安全息息相关,清洁化的能源转型既是能源安全的要求,也是保护生态环境、维护生态安全的重要保障,二者相互促进,共同发展,构成国家和社会可持续发展的不可或缺的条件。

当前国家生态安全方面的法律规范大多以单行法形式散布于相关法律文件中,这些法条构成维护我国生态安全,推进我国环保工作,为国家现代化建设提供良好生态环境的重要法律依据。如《国家安全法》第 30 条规定:"国家完善生态环境保护制度体系,加大生态建设和环境保护力度,划定生态保护红线,强化生态风险的预警和防控,妥善处置突发环境事件,保障人民赖以生存发展的大气、水、土壤等自然环境和条件不受威胁和破坏,促进人与自然和谐发展。"

第十章 国家安全基本法

在总体国家安全观提出之前,我国已经出台了一系列的国家安全法律,如《保守国家秘密法》《戒严法》《反分裂国家法》和《国防法》等。自总体国家安全观提出以来,党和国家高度重视国家安全法治建设,全国人大常委会积极推进国家安全领域的立法,目前已经形成了以《宪法》为指引,以《国家安全法》为纲领,以《反间谍法》《反恐怖主义法》《境外非政府组织境内活动管理法》《国家情报法》和《网络安全法》等为细分领域的国家安全法律体系。本章主要对我国的国家安全基本法予以简要介绍。

第一节 宪 法

宪法是国家的根本大法,具有最高的法律效力,在国家安全法律体系的建设中处于核心地位。《中共中央关于全面推进依法治国若干重大问题的决定》指出:"坚持依法治国首先要坚持依宪治国,坚持依法执政首先要坚持依宪执政。"因此,在国家安全法律体系的构建中,也应当以宪法为根本依据,与宪法保持一致,遵循宪法的原则和精神。

宪法并没有对国家安全维护作出具体的条文规定,而只是针对国家安全相关问题作出了一些指引性的规定,为国家安全法律体系中的其他具体法律的设定作出指引并提供宪法依据。

《宪法》第一章"总纲"从我国的根本制度、社会秩序维护等方面对国家安全的维护作出了规定。《宪法》第1条第2款规定:"社会主义制度是中华人民共和国的根本制度。中国共产党领导是中国特色社会主义最本质的特征。禁止任何组织或者个人破坏社会主义制度。"《宪法》第28条规定:"国家维护社会秩序,镇压叛国和其他危害国家安全的犯罪活动,制裁危害社会治安、破坏社会主义经济和其他犯罪的活动,惩办和改造犯罪分子。"同时,《宪法》第29条第1款对我国国家武装力量在维护国家安全中所应承担的任务也作出了规定。

《宪法》第二章"公民的基本权利与义务"对公民在维护国家安全中应当履行的宪法义务作出了规定。《宪法》第 52 条规定:"中华人民共和国公民有维护国家统一和全国各民族团结的义务。"第 53 条规定:"中华人民共和国公民必须遵守宪法和法律,保守国家秘密,爱护公共财产,遵守劳动纪律,遵守公共秩序,尊重社会公德。"第 54 条规定:"中华人民共和国公民有维护祖国的安全、荣誉和利益的义务,不得有危害祖国的安全、荣誉和利益的行为。"第 55 条规定:"保卫祖国、抵抗侵略是中华人民共和国每一个公民的神圣职责。依照法律服兵役和参加民兵组织是中华人民共和国公民的光荣义务。"

第二节 国家安全法

国家安全综合性法律是国家安全法律制度体系中其他法律的纲领,起到统领、示范的作用,也为其他法律的制定提供了接口。[1] 我国国家安全法律制度体系中的综合性法律即《国家安全法》,其为构建中国特色国家安全法律制度体系,推进国家安全各项工作法治化提供了基础支撑,是一部维护国家安全的综合性、全局性、基础性的法律,在国家安全法律制度体系中起统领、支撑作用。[2]

一、国家安全法的立法背景及意义

(一)国家安全法的立法背景

国家安全是我国社会主义建设事业能够顺利进行、国家长治久安和中华民族伟大复兴的基本保障。为了保障国家安全,我国已经制定了一系列维护国家安全的法律法规,对维护国家安全发挥了重要的作用。随着当下国际形势的不断变化,我国所面临的安全形势日渐严峻和复杂。党的十八大以来,党中央深刻认识到我国安全形势所发生的变化,对国家安全工作和国家安全立法作出了重要的部署。为了适应国家安全所面临的新形势,以及贯彻落实总体国家安全观的要求,国家安全法应运而生。

---

[1] 李竹、肖君拥主编:《国家安全法学》,法律出版社 2019 年版,第 33 页。
[2] 参见李建国:《全面实施国家安全法 共同维护国家安全——在贯彻实施国家安全法座谈会上的讲话》,载《中国人大》2016 年第 8 期。

1. 国家安全形势对国家安全法立法的需求

在当今变幻莫测的国际形势下,我国所处的战略安全环境正在发生深刻的变化,不论是国际形势还是国内形势都变得越来越复杂,国家面临的安全形势越来越严峻。

就国际形势而言,我国面临的国家安全形势严峻而复杂。首先,中美贸易摩擦频繁,美国不断恶意扩大对华贸易战规模,给我们国家的经济安全、政治安全、科技安全、军事安全以及文化安全等都带来了挑战。其次,东北亚局势起伏不定,又因美国的强势介入,大大削弱了亚太多边机制的协调性与自主性程度,破坏多边安全合作,造成地区安全问题,从而影响了我国的国家安全。再次,我国与相邻国家领土争端一直存在,个别邻国在涉及我国领土主权和海洋权益问题上采取挑衅举动,威胁国家安全。最后,一些地区恐怖主义、分裂主义、极端主义活动猖獗,这些问题都给我国的国家安全及社会稳定带来不利影响。

就国内形势而言,我国也面临着多元且复杂的安全威胁。首先,分裂问题一直存在。当前,我国国内依旧存在几股分裂势力,如"东突独""藏独""台独""港独"等,其中"东突独""藏独"分裂势力危害严重,国家安全和社会稳定面临更多挑战;"台独"分裂势力及其分裂活动仍然是两岸关系和平发展的最大威胁。这些分裂势力均对国家安全造成了一定的威胁。其次,生态问题、民生问题以及网络问题等也不断对我国的国家安全构成威胁,如为了追求经济发展速度所造成的严重的生态环境问题;现代化建设中能源高消耗、高依赖与能源短缺的矛盾问题;网络信息技术的不断发展与网络安全威胁问题;等等。

由此可见,我国国家安全当下正面临着国内外严峻形势的双重考验,为了维护国家安全,制定国家安全法成为适应国家安全形势发展变化、完善国家安全机制的迫切需要。

2. 党中央对构建国家安全法律体系的要求

党的十八大以来,党中央对构建国家安全法律制度体系提出了新的要求。2012年党的十八大召开,党中央对我国面临的安全形势作出判断并指出,世界仍然很不安宁。国际金融危机影响深远,世界经济增长不稳定、不确定因素增多,全球发展不平衡加剧,霸权主义、强权政治和新干涉主义抬头,局部动荡频繁发生,粮食安全、能源资源安全、网络安全等全球性问题更加突出,我国面临的生存安全问题和发展安全问题、传统安全威胁和非传统安全威胁相互交织。在此基础上,党中央明确提出要完善国家安全战略和工作机制,高度警惕和坚决防范敌对势力的分裂、渗透、颠覆活动,确保国家安全。2014年4月15日,中央国家安全委员会成立,并召开中央国家安全委员会第一次会议。习近平总书记在会上发表重要讲话,首次提出并深刻地阐明了总体国家安全观的战略思想,明确提出构建国家安全体系,走中国特色国家安全道路。2014年10月23日,党的十八届四中全会通过的《中共中央关于全面推进依法治国若干重大问题的决定》提出,"要发挥立法的引领和推动作用,要贯彻落实总体国家安全观,加快国家安全法治建设,抓紧出台反恐怖等一批急需法律,推进公共安全法治化,构建国家安全法律制度体系"。

当然,在构建国家安全法律体系的过程中,首先需要制定一部统领各安全领域的具有综合性、全局性、基础性的国家安全法,进而为其他国家安全法律规范的完善提供基本框架与基础支撑。

(二)国家安全法的立法意义

2015年7月1日,第十二届全国人大常委会第十五次会议审议通过了《国家安全法》,并自公布之日起施行。这是党的十八大以来,为适应国家安全所面临的新形势、新任务,以法律形式确立总体国家安全观的一项重要举措,也是推进国家治理体系和治理能力现代化,实现国家长治久安的重要举措之一。随着国家安全形势的发展变化,为了适应当下全面维护各领域国家安全的需要,迫切需要制定一部综合性、全局性、基础性的法律,构建起国家安全法律制度体系。《国家安全法》是一部立足全局、统领国家安全各领域工作的综合性、全局性、基础性的法律。《国家安全法》以法律的形式确立了国家安全领导体制和总体国家安全观的指导地位,明确了维护国家安全的各项任务,并且建立了维护国家安全的各项制度。国家安全法的制定与实施,一方面对当前和今后一个时期维护国家安全的主要任务和保障作出了综合性、全局性的安排;另一方面为构建和完善国家安全法律制度体系提供了完整的框架,预留了重要接口,为走出一条中国特色国家安全道路提供了坚实有力的法律和制度支撑。

二、国家安全的内涵与外延

国家安全的概念最初主要是指国家军事、政治、外交等方面的安全,传统的国家安全观以军事安全为国家安全的核心,注重国家所面临的军事威胁及威胁国际安全的军事因素。国家安全概念发展至今,其内涵与外延逐渐扩大至非传统安全领域,如经济安全、信息安全、生态安全等各个方面。各个国家对于国家安全的界定也因不同时期的具体国情而有所变化。以美国为例,1997年,美国将国家安全定义为"既包括美国国家防务,又包括美国对外关系的一个集合名词"。具体指由下述情况导致的状态:在军事或防务上占有对任何外国或国家集团的优势;对外关系上的有利地位;能成功地抵抗来自内部的或外部的、公开的或隐蔽的敌对行动或破坏行动的防务态势。1998年《美国国家安全战略报告》又指出:"美国的全球战略和国家安全日益以美国的商业利益为中心,经济外交是我们这个时代重大问题的关键。""9·11"事件后,《美国国家安全战略报告》称恐怖主义是美国的首要威胁,恐怖主义与大规模杀伤性武器的结合是严重威胁,美国把对这些威胁进行先发制人的打击作为国家安全战略的基石。2010年《美国国家安全战略报告》则强调经济、教育、科技、能源、核扩散、互联网与太空活动对国家安全的影响,特别是近年来美国特别强调网络安全。从美国关于国家安全含义的表述变化可以看出,其国家安全的内涵与外延不断扩大,涉及的领域越来越多。

在我国总体国家安全观的指导下,我国的国家安全内涵也与传统的国家安全有所区别。国家安全的内涵是我国国家安全法首要要明确的问题。我国《国家安全法》第2条规定:"国家安全是指国家政权、主权、统一和领土完整、人民福祉、经济社会可持续发展和国家其他重大利益相对处于没有危险和不受内外威胁的状态,以及保障持续安全状态的能力。"从该条规定可以看出,我国国家安全的概念主要包括两个方面的内容:一是维护国家核心利益和其他重大利益的安全,保障国家安全的状态;二是保障国家持续安全状态的能力。

一方面,维护国家安全的核心在于维护国家核心利益和其他重大利益的安全。2011年《中国的和平发展》白皮书对国家的核心利益作了明确阐述,《国家安全法》对此予以重申,即明确我国的"国家安全"首先是指核心利益的安全,包括国家政权、主权、统一和领土完整、人民福祉、经济社会可持续发展;其次包括国家其他重大利益的安全。根据总体国家安全观的要求,我国的国家安全概念所包含的领域应当是全面的、立体的,既包括军事、国土等传统安全,也包括政治、经济、文化、社会、科技、信息、生态、资源、核安全等非传统安全,还包括外层空间、国际海底区域和极地等新型领域的安全,以及我国的海外利益的安全。就我国国家安全概念所涵盖的具体领域及所包含的具体内容可知,我国国家安全的概念的外延既包括外部安全,对外求和平、求合作、求共赢,建设和谐世界,也包括内部安全,对内求发展、求变革、求稳定,建设平安中国;既包括国土安全,又包括国民安全,坚持以人为本、以民为本;既包括传统安全,又包括非传统安全,构建集政治安全、国土安全、军事安全、经济安全、文化安全、社会安全、科技安全、信息安全、生态安全、资源安全、核安全等为一体的国家安全体系;既包括自身的安全,也包括共同安全,注重打造命运共同体,推动各方朝着互惠互利、共同安全的目标相向而行。

另一方面,国家安全既包括国家安全的状态,也包括维护国家安全的能力。《国家安全法》第2条规定的国家安全是指国家政权、主权、统一和领土完整、人民福祉、经济社会可持续发展和国家其他重大利益"相对处于没有危险和不受内外威胁的状态",此处的"相对处于没有危险和不受内外威胁的状态"是深刻认识到了国家安全威胁永远不可能根除的事实,任何时候国家安全都是一种相对的安全,因此维护国家安全的能力显得尤为重要。要维护国家安全状态,必须要不断提升维护国家安全的能力,加强维护国家安全能力建设。我国《国家安全法》第2条对维护国家安全能力的重要性予以强调,同时该法第五章"国家安全保障"也专门就加强国家安全能力建设提出了具体的要求。

三、国家安全维护的基本原则

按照总体国家安全观的要求,国家安全法明确规定了维护国家安全工作的基本原则。根据国家安全法的规定,维护国家安全工作的基本原则包括法治原则,尊重和保障人权原则,统筹兼顾原则,预防为主、标本兼治原则,专群结合原则和共同安全原则。

(一) 法治原则

维护国家安全应当坚持法治原则。《国家安全法》第7条规定:"维护国家安全,应当遵守宪法和法律,坚持社会主义法治原则,尊重和保障人权,依法保护公民的权利和自由。"法治原则要求在国家安全工作中应当遵守宪法与法律的规定,依法维护国家安全。在国家安全维护过程中,任何组织与个人都不能超越宪法和法律的规定,必须维护宪法与法律的权威,依照宪法与法律的规定行使维护国家安全的权力或权利、履行维护国家安全的义务。此外,法治原则还要求在维护国家安全的工作中重视运用法治思维和法治方式,发挥法治的引领与推动作用。这就要求我们在国家安全维护工作中首先要建立起以宪法、国家安全法为基本法的国家安全法律规范体系,在此基础上加强国家安全领域的执法与司法工作,进而增强全民国家安全法治观念,推进全民守法。

(二)尊重和保障人权原则

我国《宪法》第23条规定:"国家尊重和保障人权。"尊重和保障人权是社会主义法治的基本原则,也必然成为国家安全维护工作所应当遵守的基本原则之一,因此《国家安全法》第7条也强调了要尊重和保障人权,依法保护公民的权利和自由。人权是人们所应该享有的最基本的权利,通常包括生存权、平等权、安全权、发展权、社会保障权、接受教育权等内容。人权作为公民最基本的权利具有优先保障的地位。国家安全维护工作虽然有一定的特殊性,但依然要以尊重和保障人权为基本原则,遵守国家法律中关于人权保障的规定,这也是现代法治精神的基本要求。

(三)统筹兼顾原则

统筹兼顾原则要求在国家安全维护工作中要把握全局,统筹兼顾,协调好各方面的利益关系。国家总体安全观重要思想要求贯彻落实总体国家安全观,必须既重视外部安全,又重视内部安全;既重视国土安全,又重视国民安全;既重视传统安全,又重视非传统安全;既重视发展问题,又重视安全问题;既重视自身安全,又重视共同安全。可见,统筹兼顾原则是贯彻落实总体国家安全观所必须遵循的重要原则。

《国家安全法》第8条明确规定了国家安全工作应当统筹处理好五对关系。第一,要统筹与协调安全与发展这对关系。坚持维护国家安全与经济社会发展相协调,深刻认识发展是安全的基础,安全是发展的条件,做到既重视发展问题,又重视安全问题。第二,要统筹内部安全与外部安全这对关系。内部安全主要是指我国社会内部因素如自然灾害、事故灾难、公共卫生事件、社会安全事件等对国家安全的影响。外部安全主要是指世界和地区因素对我国国家安全的影响。统筹内部安全与外部安全要求在国家安全维护工作中既要避免社会内部因素威胁到国家安全,又要防范外部安全环境中的不稳定因素对国家安全和发展的不良影响,更要防止内外因素相互联动,形成叠加效应,冲击国家安全底线。第三,要统筹国土安全与国民安全这对关系。国土安全是指国家领土主权的完整统一,国民安全是指领土内国民的安全。统筹国土安全与国民安全要求在国家安全维护工作中既要考虑国家领土主权的完整与统一,又要确保国民的安全和利益得到有效的保护。第四,要统筹传统安全与非传统安全这对关系。随着社会的发展与国际形势的变化,传统安全与非传统安全有时相互交织、相互影响,因此需要统筹协调各个领域的国家安全,维护各个领域的国家安全。第五,要统筹自身安全与共同安全这对关系。自身安全与共同安全统筹协调要求在国家安全维护工作中既要注重从国家本身角度出发考虑安全状态的实现,又要从全局出发,充分考虑各国在维护各自安全中的相互关系,努力维护共同安全。

(四) 预防为主、标本兼治原则

《国家安全法》第 9 条强调,维护国家安全,应当坚持预防为主、标本兼治。所谓预防为主、标本兼治是指在国家安全维护工作中既要治理已经存在的问题,更要分析问题产生的原因与根源,从而阻止此类问题再次发生。这就需要在国家安全维护工作中及时发现影响国家安全的隐患,及时采取相应措施,并不断强化维护国家安全的能力。同时要更加注重国家安全风险预警、危害评估、应急预案等预防性工作的开展,而不是只把工作重点放在对已经发生的危害国家安全事件的应对与惩治上。

(五) 专群结合原则

《国家安全法》第 9 条还规定了专群结合原则。根据该条的规定可知,专群结合原则主要包括两个方面的内容:(1) 专门工作与群众路线相结合。专门工作是指由专门机关依照其职权开展维护国家安全的工作,如依法搜集国家安全情报信息,依法行使行政执法和刑事司法职权等。专门工作与群众路线相结合是指在维护国家安全工作中不仅要设立专门机构进行相关专业工作,还要坚持"一切为了群众,一切依靠群众""从群众中来,到群众中去"的群众路线。国家安全维护工作不能没有人民群众的积极参与和大力支持。特别是在当前的社会背景下,国家安全工作所面临的形势比以往更为复杂,涉及的领域也更加广泛,更需要充分发挥人民群众的作用,以实现更好维护国家安全的目标。(2) 专门机关与有关部门相结合。国家安全工作的专门机关主要包括国家安全机关、公安机关、有关军事机关等。专门机关与有关部门相结合要求充分发挥国家安全机关和其他有关机关维护国家安全的作用,形成维护国家安全的整体合力。除了《国家安全法》第 9 条的规定外,该法第 75 条也对此作出了具体的规定,要求"国家安全机关、公安机关、有关军事机关开展国家安全专门工作,可以依法采取必要手段和方式,有关部门和地方应当在职责范围内提供支持和配合"。

(六)共同安全原则

《国家安全法》第 10 条规定:"维护国家安全,应当坚持互信、互利、平等、协作,积极同外国政府和国际组织开展安全交流合作,履行国际安全义务,促进共同安全,维护世界和平。"共同安全原则包括两个方面的内容:(1)坚持互信、互利、平等、协作原则。2011 年《中国的和平发展》白皮书指出,中国倡导互信、互利、平等、协作的新安全观,寻求实现共同安全、合作安全。近年来,我国积极追求共同安全,摒弃冷战思维和同盟对抗,力图通过多边合作来防止冲突与战争,从而实现共同安全。(2)积极开展安全交流合作,履行国际安全义务。共同安全、合作安全的实现离不开国际安全交流合作。我国积极促进国际安全交流合作,力图以合作谋和平、以合作保安全、以合作化干戈、以合作促和谐,反对战争与对抗。同时,我国秉持积极有为的国际责任观,认真履行应尽的国际义务,从而促进共同安全的实现。

四、国家安全维护的任务

总体国家安全观要求构建国家安全体系,从各个方面各个领域维护国家安全。《国家安全法》第二章列举了各个领域维护国家安全的重点任务,突显了国家安全的总体性特点,也体现了构建国家安全体系的要求。《国家安全法》关于国家安全维护根本任务的规定也体现了中国特色社会主义建设"五位一体"总布局[①]的战略目标。下文将从政治、经济、文化、社会、生态文明这五大方面简要介绍维护国家安全的任务。

(一)维护政治安全

《国家安全法》第 15 条至第 18 条规定了维护国家政治安全的各种任务,其中包括政权安全、人民安全、国土安全和军事安全四个方面。

[①] 党的十八大报告首次提出"五位一体"的总体布局。报告对五位一体总体布局的阐述是,全面推进经济建设、政治建设、文化建设、社会建设、生态文明建设,实现以人为本、全面协调可持续的科学发展。党的十九大在全面总结经验、深入分析形势的基础上,又从经济、政治、文化、社会、生态文明五个方面,制定了新时代统筹推进"五位一体"总体布局的战略目标,作出了战略部署。

《国家安全法》第 15 条对于维护国家政权安全的任务作出了规定。根据《国家安全法》第 15 条的规定,维护国家的政权安全具有以下七个方面的任务:一是维护中国共产党的执政地位;二是维护中国特色社会主义制度;三是发展社会主义民主政治;四是健全社会主义法治;五是强化权力运行制约和监督机制;六是保障人民当家作主的各项权利;七是依法防范、制止和惩治危害政治安全的行为。

《国家安全法》第 16 条对于维护人民安全的任务作出了规定。该条规定:"国家维护和发展最广大人民的根本利益,保卫人民安全,创造良好生存发展条件和安定工作生活环境,保障公民的生命财产安全和其他合法权益。"其中"国家维护和发展最广大人民的根本利益"是维护人民安全的价值追求,"保卫人民安全"是维护人民安全的核心任务,"创造良好生存发展条件和安定工作生活环境"是维护人民安全的基本条件,"保障公民的生命财产安全和其他合法权益"是维护人民安全的首要条件。

《国家安全法》第 17 条规定了维护国土安全的任务。国土安全是国家生存与发展的基本保障,国土安全是国家安全的核心内容之一。根据该条的规定,在国土安全的维护中,国家要加强边防、海防和空防建设,采取一切必要的防卫和管控措施,保卫领陆、内水、领海和领空安全,维护国家领土主权和海洋权益。

《国家安全法》第 18 条规定了维护国家军事安全的任务。军事安全是国家安全的重要保障,根据该条的规定,国家要加强武装力量革命化、现代化、正规化建设,建设与保卫国家安全和发展利益需要相适应的武装力量;实施积极防御军事战略方针,防备和抵御侵略,制止武装颠覆和分裂;开展国际军事安全合作,实施联合国维和、国际救援、海上护航和维护国家海外利益的军事行动,维护国家主权、安全、领土完整、发展利益和世界和平。

此外,《国家安全法》第二章还对民族领域、宗教领域国家安全维护、恐怖主义和极端主义防范与处置等方面的任务作出了规定,这些也属于国家政治安全方面的任务。

(二)维护经济安全

《国家安全法》第 19 条和第 20 条对维护国家经济安全和金融安全的任务作出了规定。根据总体国家安全观的要求,保障经济安全是维护国家安全的基础。因此,维护经济安全的任务在于维护国家基本经济制度和社会主义市场经济秩序,健全预防和化解经济安全风险的制度机制,保障关系国民经济命脉的重要行业和关键领域、重点产业、重大基础设施和重大建设项目以及其他重大经济利益安全。维护金融安全的任务在于健全金融宏观审慎管理和金融风险防范、处置机制,加强金融基础设施和基础能力建设,防范和化解系统性、区域性金融风险,防范和抵御外部金融风险的冲击。

(三) 维护文化安全

维护文化安全主要包括保障国家的文化主权和文化尊严不受侵犯,文化传统和文化选择得到尊重,与经济基础和社会政治制度相适应的意识形态占据主导地位。[1]《国家安全法》第23条规定:"国家坚持社会主义先进文化前进方向,继承和弘扬中华民族优秀传统文化,培育和践行社会主义核心价值观,防范和抵制不良文化影响,掌握意识形态领域主导权,增强文化整体实力和竞争力。"自党的十六大以来,我们党一直把文化建设放在党和国家全局工作的重要战略地位上。

(四) 维护社会安全

社会安全涉及不特定多数人的人身、财产安全及社会秩序的稳定。我国正处于经济转轨、社会转型的特殊时期,国际形势复杂,社会矛盾突出,社会安全已经成为影响我国总体国家安全的重要因素。《国家安全法》第29条规定:"国家健全有效预防和化解社会矛盾的体制机制,健全公共安全体系,积极预防、减少和化解社会矛盾,妥善处置公共卫生、社会安全等影响国家安全和社会稳定的突发事件,促进社会和谐,维护公共安全和社会安定。"

(五) 维护生态安全

生态安全是指国家赖以生存和发展的自然生态环境、资源能源等不受破坏与威胁的状态。生态安全主要包括环境安全、资源能源安全等内容。《国家安全法》第21条、第22条及第30条分别针对资源能源安全、粮食安全以及环境安全方面的任务作出了相应的规定。维护资源能源安全,国家要合理利用和保护资源能源,有效管控战略资源能源的开发,加强战略资源能源储备,完善资源能源运输战略通道建设和安全保护措施,加强国际资源能源合作,全面提升应急保障能力,保障经济社会发展所需的资源能源持续、可靠和有效供给。维护粮食安全,国家要健全粮食安全保障体系,保护和提高粮食综

---

[1] 郑淑娜主编:《〈中华人民共和国国家安全法〉导读与释义》,中国民主法制出版社2016年版,第118页。

合生产能力,完善粮食储备制度、流通体系和市场调控机制,健全粮食安全预警制度,保障粮食供给和质量安全。维护环境安全,国家要完善生态环境保护制度体系,加大生态建设和环境保护力度,划定生态保护红线,强化生态风险的预警和防控,妥善处置突发环境事件,保障人民赖以生存发展的大气、水、土壤等自然环境和条件不受威胁和破坏,促进人与自然和谐发展。

《国家安全法》除了明确规定了以上几个方面安全维护的任务之外,还规定了科技安全、核安全、外层空间及国际海底区域和极地安全、海外利益安全等领域的安全维护任务。

五、国家机构维护国家安全的职权与职责

维护国家安全是中央和地方、党政与军队的共同责任,《国家安全法》第三章规定了全国人大及其常委会、国家主席、国务院、中央军委、中央国家机关各部门和地方权力机关的具体职责,以下重点介绍中央国家安全领导机构、中央国家机关、地方及专门国家安全机构的具体职责。

(一)中央国家安全领导机构维护国家安全的职责

根据《国家安全法》第 6 条的规定,中央国家安全领导机构主要负责制定并不断完善国家安全战略,全面评估国际、国内安全形势,明确国家安全战略的指导方针、中长期目标、重点领域的国家安全政策、工作任务和措施。具体而言,全国人大及其常委会、中央军委的具体职责如下。

(1)全国人大及其常委会维护国家安全的职责。根据《宪法》与《国家安全法》的相关规定,全国人大在国家安全受到侵犯或威胁时,具有决定战争与和平问题的职责。

全国人大常委会具有决定战争状态的宣布,决定全国总动员或者局部动员,决定全国或者个别省、自治区、直辖市进入紧急状态等职权。

(2)中央军委维护国家安全的职责。中央军委是国家最高军事机关,其职权是领导全国武装力量,决定军事战略和武装力量的作战方针,统一指挥维护国家安全的军事行动,制定涉及国家安全的军事法规,发布有关决定和命令。

(二)中央国家机关及各部门、地方维护国家安全的职责

(1)国务院维护国家安全的职责。国务院在维护国家安全工作中承担着重要的职责和任务,具体可以表现为以下几个方面:一是根据宪法和法律的

规定,制定涉及国家安全的行政法规,规定有关行政措施,发布有关决定和命令;二是实施国家安全法律法规和政策;三是依照法律规定决定省、自治区、直辖市的范围内部分地区进入紧急状态;四是行使宪法、法律规定的和全国人民代表大会及其常委会授予的涉及国家安全的其他职权。

(2) 中央国家机关各部门维护国家安全的职责。中央国家机关各部门承担着该部门职责范围内贯彻执行国家各项重大方针政策和法律法规,管理和指导本系统、本领域工作的重要职责。因此,在维护国家安全工作中,中央国家机关各部门一方面要按职责分工,贯彻执行国家安全方针政策和法律法规,另一方面管理指导本系统、本领域内的国家安全工作。

(3) 地方维护国家安全的职责。

维护国家安全是中央和地方的共同责任。地方各级人民代表大会及其常务委员会、地方各级人民政府都承担着维护国家安全的职责。地方各级人大及县级以上人大常委会要保证国家安全法律法规的遵守与执行。地方各级人民政府依照法律法规规定管理本行政区域内的国家安全工作。

此外,香港特别行政区、澳门特别行政区根据宪法与香港、澳门两个特别行政区基本法的规定,也负有维护国家安全的职责。按照香港特别行政区基本法、澳门特别行政区基本法的规定,特别行政区应自行立法禁止任何叛国、分裂国家、煽动叛乱、颠覆中央人民政府及窃取国家机密的行为;禁止外国的政治性组织或团体在港澳特别行政区进行政治活动;禁止港澳特别行政区的政治性组织或团体与外国的政治性组织或团体建立联系。

(三) 专门机关维护国家安全的职责

维护国家安全的专门机关包括国家安全机关、公安机关以及有关军事机关,《国家安全法》第42条规定了这些专门机关维护国家安全的职责。情报工作是维护国家安全的重要内容,因此,国家安全法首先规定了国家安全机关、公安机关和有关军事机关具有依法搜集涉及国家安全的情报信息的职责。其次,国家安全法规定了国家安全机关、公安机关和有关军事机关还有依法行使侦查、拘留、预审和执行逮捕以及法律规定的其他职权。其中包括刑事诉讼法规定的侦查、拘留、预审和执行逮捕的职权,还包括其他一些法律法规所规定的职权,如行政处罚、行政强制、行政管理等。

六、国家安全制度与保障措施

国家安全的维护工作需要各种制度、机制和保障措施来予以支撑。《国家安全法》第 44 条明确规定要建立统分结合、协调高效的国家安全制度与工作机制。然后又进一步对建立风险预防、评估及预警和危机管控等制度作出了具体的规定。

第一,建立统分结合、协调高效的国家安全制度与工作机制。在总体国家安全观的指导下,国家安全工作所涉及的领域广、部门多,因此形成统分结合、协调高效的国家安全制度与工作机制尤其重要。各部门与各地区要按照行政管理体制和各自职责履行好各自部门与地区的国家安全工作职责,加强联动、协调,通过建立会商机制等形式,形成维护国家安全的合力。

第二,风险预防、评估与预警制度。其中具体包括国家安全风险预案制度、评估与报告制度和监测预警制度。国家安全风险预案制度是针对国家安全工作所作的全面的、具体的实施方案,预先做好风险预案,有利于识别及应对各种国家安全风险。国家安全风险评估与报告制度能够有效地预防和化解国家安全风险,实现对国家安全危机的管控。及时、准确的风险评估及报告,是辅助国家安全决策指导、做好维护各领域国家安全工作的基础。国家安全风险监测预警制度是对国家安全风险和危机进行有效管控的前提。不同领域的国家安全风险有着不同的形态与特征,各部门应当根据风险的种类与特点的不同,进行相应的监测,并形成常态化的监测体系,这样才能实现对国家安全风险的实时监测与预警。

第三,危机管控制度。国家安全危机管控制度是国家安全制度中的重要内容之一,这一制度的建立健全对于危机的防范与应对起着重要的作用。《国家安全法》第 62 条明确规定要建立起统一领导、协同联动、有序高效的国家安全危机管控制度。其中统一领导就是要求危机管控工作要依法服从统一指挥,不能各行其是,由中央国家安全领导机构或法律规定的领导机构依法开展统一决策指挥工作,各部门、各地方按统一指挥履行相应的职责。协同联动要求各相关部门、相关地方在危机管控工作中要相互配合、密切协作,从全局出发开展工作,形成维护国家安全的有机整体。有序高效是对整个危机管理流程效率的要求,要求国家安全维护工作要有序开展,并且注重效率,确保有关危机管控工作能够及时开展与落实。

七、公民、组织维护国家安全的义务和权利

根据我国宪法的规定,中华人民共和国公民有维护祖国安全、荣誉和利

益的义务,不得有危害祖国安全、荣誉和利益的行为。保卫祖国、抵抗侵略是中华人民共和国每一个公民的神圣职责。我国的任何公民与组织都有维护国家安全的义务和权利,我国的国家安全法也进一步作出了明确的规定。

(一) 公民、组织维护国家安全的义务

《国家安全法》规定,中华人民共和国公民、一切国家机关和武装力量、各政党和各人民团体、企业事业组织和其他社会组织,都有维护国家安全的责任和义务。并进一步强调维护国家主权、统一和领土完整是包括港澳同胞和台湾同胞在内的全中国人民的共同义务。还规定了公民与组织在维护国家安全中的具体义务与责任。公民和组织应当遵守宪法、法律法规关于国家安全的有关规定;及时报告危害国家安全活动的线索;如实提供所知悉的涉及危害国家安全活动的证据;为国家安全工作提供便利条件或者其他协助;向国家安全机关、公安机关和有关军事机关提供必要的支持和协助;保守所知悉的国家秘密等。

(二) 公民、组织维护国家安全的权利

权利与义务是相对的,在强调公民、组织维护国家安全义务的同时,也要注重公民、组织在维护国家安全中所享有的权利。第一,公民和组织支持、协助国家安全工作的行为享有受法律保护的权利,因支持、协助国家安全工作使本人或近亲属的人身安全面临危险,有权向公安机关、国家安全机关请求保护,公安机关、国家安全机关应当依法采取保护措施。第二,公民和组织因支持、协助国家安全工作导致财产损失的,按照国家有关规定给予补偿;造成人身伤害或者死亡的,按照国家有关规定给予抚恤优待。第三,公民和组织对国家安全工作有向国家机关提出批评建议的权利;对国家机关及其工作人员在国家安全工作中的违法失职行为有提出申诉、控告和检举的权利。

第十一章　国家安全专门法

我国的国家安全专门立法成果极为丰富，既有政治安全领域的《戒严法》、国土安全领域的《出入境管理法》、经济安全领域的《出口管制法》等整部法律，也有社会安全领域的《枪支管理法》、文化安全领域的《电影产业促进法》中的个别法律条文。鉴于篇幅原因，本章无法介绍全部立法成果，故而着重对《反间谍法》《国家情报法》《反恐怖主义法》和《保守国家秘密法》等典型的国家安全专门立法内容予以介绍。

第一节　反　间　谍　法

间谍活动是人类社会当中最早被定义为犯罪的行为之一，在古今中外文献当中能够找到诸多事例。[①] 在现代，间谍行为也是很多国家的国家安全法律体系打击的首要行为之一，不过对间谍行为在法律上的定义各有不同。在我国，指导反间谍工作的第一部法律是1993年通过的《国家安全法》。随着总体国家安全观的提出，1993年《国家安全法》的立法范围已经不能满足立法目的。2014年，第十二届全国人大常委会第十一次会议将1993年《国家安全法》部分修改，审议通过为新的《反间谍法》，并另行制定一部新的《国家安全法》。《反间谍法》使我国反间谍工作进一步规范化、制度化和法治化，对防范、制止和惩治间谍行为，切实维护国家安全起到基础性法律保障作用。2023年，第十四届全国人大常委会第二次会议对2014年《反间谍法》进行修订，设置了总则、安全防范、调查处置、保障与监督、法律责任、附则共六个章节，共计71条。

[①] 例如，我国的《孙子兵法》就讨论了间谍在军事行动中的使用，还将间谍分成乡间（又称因间，敌人的同乡）、内间（敌国的官吏）、反间（收买敌人的间谍）、死间（向敌人散布谣言，事败后，间谍必死）、生间（能活着回来的间谍）。

一、反间谍工作的基本原则

反间谍工作的基本原则是指在反间谍工作中必须遵循的规定。新修订的《反间谍法》第2条增加和拓展了2014年的立法内容,突出坚持党中央集中统一领导、坚持总体国家安全观,坚持公开工作与秘密工作相结合、专门工作与群众路线相结合,坚持积极防御、依法惩治、标本兼治,筑牢国家安全人民防线等共四项主要原则。

党中央集中统一领导原则是所有反间谍工作最基本的原则,不仅明确了反间谍工作的领导体系,而且也是贯彻其他各项基本原则、相关制度及措施的基础。在总体国家安全观的指导下,我国国家安全的内容不断扩大,国家正面临着对外维护国家安全、对内维护社会稳定的双重压力。因此,我们的反间谍工作有必要从全局的角度予以开展,由中央统一领导,从全局出发统筹部署和指挥反间谍工作,并根据不同时期不同领域的实际情况,有针对性地部署反间谍工作。此外,反间谍工作也要坚持总体国家安全观,并以此作为引导一线反间谍工作的重要依据与价值标准。

公开工作与秘密工作相结合原则是指我们在反间谍工作中既要针对敌人的间谍活动开展公开工作,也要不断建立秘密渠道,共同发挥公开工作与秘密工作的作用。公开工作主要包括公开揭露敌人的间谍工作;公开谴责、制止和惩治间谍行为;制定、公布和执行反间谍相关的法律法规;开展反间谍宣传教育工作,动员广大人民群众提高警惕并积极参与反间谍工作。由于多数间谍行为是通过秘密手段进行的,因此反间谍工作也有必要根据间谍行为的特点和规律,采取相应的隐蔽方法展开。对此,我们既要不断破解敌人的秘密工作渠道、技能和方法,又要不断建立自己的秘密渠道,提高自己的隐蔽战线斗争技能和方法。[①]

专门工作与群众路线相结合原则是指,在反间谍工作中,既要有专门机关采取专业的措施与手段,又要充分发动群众参与,发挥广大人民群众在反间谍工作中的作用。间谍行为是一项专业性较强的行为,其行为具有明确的目的性、针对性,实施间谍活动的主体往往是训练有素的人员。因此,我们必须根据间谍行为的特征,通过专门的机关采取专门的手段与方法进行反间谍

---

① 参见王爱立主编:《中华人民共和国反间谍法解读》,中国法制出版社2015年版,第11页。

工作。同时,由于间谍活动具有隐蔽性,间谍和间谍行为常常隐蔽在我们社会生活的各个领域中,因此反间谍工作不能脱离群众,而要发动群众积极参与,及时发现身边的间谍和间谍行为,这样才能使反间谍工作全面细致地开展,真正做到让敌人无隙可乘。

积极防御原则是指,要以积极防御、主动出击的态度与方式开展反间谍工作,进而确保实现维护国家安全的目的。一方面,要及时防范间谍活动,将间谍活动消灭在萌芽状态。另一方面,除了积极防范,还要主动出击,完善反间谍工作的法律规范,提高反间谍工作的技术与能力,及时制止与惩治间谍活动。更为重要的是,积极防御与主动出击是防范、制止和惩治间谍行为的重要手段,其根本任务和目的是筑牢国家安全人民防线,二者是有机统一的整体。

依法惩治原则是指要依法开展反间谍工作。一方面在反间谍工作的开展中,要依照法律规定的程序开展各项反间谍工作。另一方面,对于间谍行为的惩治也要依法进行,即对间谍要依法定罪量刑。

二、国家安全机关的反间谍职责及职权

反间谍工作的主管机关及执行机关是国家安全机关。国家安全机关应当依法开展反间谍工作,《反间谍法》第二章和第三章对于国家安全机关反间谍工作的职责与职权作出了具体的规定。

(一)侦查、拘留、预审和执行逮捕的权力

侦查、拘留、预审和执行逮捕的职权是我国刑事诉讼法赋予公安机关在办理刑事案件过程中所享有的职权。《刑事诉讼法》第4条规定国家安全机关依照法律规定,办理危害国家安全的刑事案件,行使与公安机关相同的职权。因此国家安全机关在办理国家安全案件中享有侦查、拘留、预审与执行逮捕的职权。侦查是国家安全机关为了查清案中事实,在收集、调取证据材料过程中所进行的专门调查工作和采取的相关强制性措施。主要包括讯问犯罪嫌疑人、询问证人、勘察、检验、鉴定、搜查、查封或扣押物证和书证、采取技术侦查措施、采取必要的强制措施等。拘留是指在紧急情况下,对现行犯或者重大犯罪嫌疑人采取的依法剥夺其人身自由的强制性措施。预审是侦查阶段的重要环节,它对于核实证据、澄清事实,准确认定犯罪,惩罚犯罪,保证诉讼活动的正常进行具有重要意义。预审的任务是对侦查中收集、调取的各种

证据材料予以核实,同时通过预审活动进一步发现犯罪线索,扩大侦查成果,为侦查终结、正确处理案件打下可靠基础。执行逮捕是指经人民检察院批准逮捕的或者人民法院决定逮捕的,由国家安全机关对犯罪嫌疑人、被告人实施逮捕。

(二)国家安全机关关于反间谍工作的其他职权

反间谍工作具有一定的特殊性,为了方便国家安全机关开展反间谍工作,更好地防范、制止与惩治间谍行为,需要赋予国家安全机关及其工作人员以相应的职权。《反间谍法》还具体规定了以下职权。

一是查验有关人员身份证明和调查询问有关情况的职权。即国家安全机关的工作人员在依法执行任务时,依照规定出示相应证件后有权查验中国公民或者境外人员的身份证明,有权向组织和人员调查、询问有关情况,对身份不明、有间谍行为嫌疑的人员,可以查看其随带物品。

二是进入有关场所、单位,查阅、调取有关档案、资料、物品的职权。行使这一职权需要同时满足形式和实质要求。形式要求指的是行使职权经设区的市级以上国家安全机关负责人批准,可以查阅、调取有关的文件、数据、资料、物品,有关个人和组织应当予以配合。实质要求指的是查阅、调取不得超出执行反间谍工作任务所需的范围和限度。

三是某些情形下的优先权。即国家安全机关工作人员在依法执行紧急任务时,经出示相应证件后可以享有一定的优先权。具体包括优先乘坐交通工具,遇到交通阻碍时优先通行,优先使用、征用其他组织和个人的交通、通信工具、场地、建筑物以及设置相关工作场所和设备、设施等。

四是在反间谍工作中有采取技术侦察措施和身份保护措施的职权。技术侦察措施主要包括窃听、刺探、谍报侦察、雷达侦察等技术手段。关于技术侦察措施使用有严格的条件:(1)采取技术侦察措施的对象必须是与间谍行为有关的人员;(2)技术侦察措施必须是在侦察间谍活动时才能使用;(3)在确有使用技术侦察必要的情形下才能使用;(4)根据国家有关规定经过严格的批准手续才能使用。在必要情况下,国家安全机关工作人员采取身份保护措施行使职权。

此外,国家安全机关在反间谍工作中还具有依法查验、查封、扣押设施设备,依法查封、扣押、冻结用于间谍行为的财物等职权。

三、公民和组织的反间谍义务与权利

(一) 公民和组织的反间谍义务

我国《宪法》第 54 条规定,"公民有维护祖国安全、荣誉和利益的义务,不得有危害祖国的安全、荣誉和利益的行为"。为了维护国家的安全,公民和组织在反间谍工作中也应当承担相应的义务。具体而言,包括以下几个方面的义务:一是为反间谍工作提供便利与协助的义务。即国家安全机关工作人员在依法执行反间谍工作时,公民和组织应积极配合和给予支持,并尽可能提供便利。二是发现间谍行为及时报告和如实提供证据的义务。每个公民和组织都应当自觉维护国家安全与利益,在发现间谍行为时及时向国家安全机关报告,在有些情形下向国家安全机关报告不便的,也可以向公安机关等其他国家机关报告。同时,公民和组织在国家机关调查了解间谍行为和收集有关证据时,应当如实提供相应的证据。三是保守国家秘密的义务。公民和组织有保守所知悉的有关反间谍工作的国家秘密的义务,不能以任何方式或理由进行扩散或传播,对于相关的秘密文件也有妥善保管的义务,不得遗失与泄露。此外,国家还禁止公民和组织非法持有属于国家秘密的文件、资料和其他物品,禁止公民和组织非法持有、使用专用间谍器材。

(二) 公民和组织的反间谍权利

公民和组织在反间谍工作中所享有的权利主要是对国家安全机关及其工作人员超越职权、滥用职权和其他违法行为享有检举与控告的权利。赋予公民与组织检举与控告的权利是为了监督国家安全机关及其工作人员在反间谍工作中能够依法办事,避免其超越职权和滥用职权,侵犯公民和组织的合法权益。公民和组织对于国家安全机关及其工作人员超越职权、滥用职权和其他违法行为,有权向上级国家安全机关或者相关部门检举和控告。其中,相关部门包括监察部门和检察部门,对于国家安全机关及其工作人员的违法行为,公民和组织有权向监察部门提出检举和控告,对于构成犯罪的行为,有权向检察机关提出检举和控告。

四、间谍行为的法律责任

间谍行为的法律责任主要有两种责任形式,一种是刑事责任,另一种是行政责任。

（一）刑事责任

间谍行为对国家安全与国家利益的危害性通常较大，所以多数情形下都会构成犯罪，应当依法追究行为人的刑事责任。根据我国刑法的规定，实施间谍行为可能构成的犯罪主要有间谍罪，为境外窃取、刺探、收买、非法提供国家秘密、情报罪，武装叛乱、暴乱罪，投敌叛变罪，分裂国家罪，煽动分裂国家罪，颠覆国家政权罪，煽动颠覆国家政权罪等。应当依照刑法的规定追究相关行为人的刑事责任。

（二）行政责任

对于某些破坏反间谍工作的行为，若尚不构成犯罪，行为人应当被追究相应的行政责任。如《反间谍法》规定，个人实施间谍行为，或者明知他人实施间谍行为，为其提供信息、资金、物资、劳务、技术、场所等支持、协助，或者窝藏、包庇，尚不构成犯罪的，由国家安全机关予以警告或者处15日以下行政拘留，单处或者并处5万元以下罚款，违法所得在5万元以上的，单处或者并处违法所得1倍以上5倍以下罚款，并可以由有关部门依法予以处分。《反间谍法》同时规定，单位有此类违法行为的，由国家安全机关予以警告，单处或者并处50万元以下罚款，违法所得在50万元以上的，单处或者并处违法所得1倍以上5倍以下罚款，并对直接负责的主管人员和其他直接责任人员，比照个人违法的规定处罚。此外，国家机关可以建议有关主管部门依法责令停止从事相关业务、提供相关服务或者责令停产停业、吊销有关证照、撤销登记。

第二节 国家情报法

为了加强和保障国家情报工作，维护国家安全和利益，我国第十二届全国人大常委会第二十八次会议通过了《国家情报法》，并于2018年4月27日予以修正。《国家情报法》是贯彻总体国家安全观，推进全面依法治国的一部重要法律。《国家情报法》在总结我国国家情报工作成功经验的基础上，立足于当前和今后一段时期开展国家情报工作的实际需要，对国家情报工作的体制机制、国家情报工作机构的职权以及国家情报工作保障等内容作出了相应的规定。《国家情报法》的颁布与施行，意味着国家首次在立法层面规范国家情报工作，使国家情报工作的开展从此有法可依。

一、国家情报的概念与特征

所谓情报,是指关于某种情况的消息或者报告,多带有机密性质。国家情报主要是指涉及国家安全与国家利益的情报信息。在总体国家安全观下,国家安全既包括政治、军事等方面的传统国家安全,又包括经济、能源、金融、生态环境、信息网络等各方面的非传统安全,因此国家情报也应当不再局限于传统安全领域的情报信息。国家情报本质上是一种为了维护国家安全所需要传递的知识,是针对特定目的、特定对象、特定时间所提供或寻找的能起到借鉴或参考作用的信息。[①]

情报通常具有知识性、目的性、效用性、可传递性及秘密性的特征。知识性是情报的本质特征,没有知识性的情报,就不能成为情报。情报之所以被人们收集,就是为了扩大知识视野和增加知识内容。情报的目的性指情报是为了解决特定问题或达到特定目的而收集的信息,目的性是情报特有的属性,也是情报与信息的本质区别之所在。实用性是指情报具有一定的实用价值,能为决策的制定与实施起到借鉴与参考作用。可传递性是指情报必须是可以进行传递交流的信息,情报工作之所以能进行,就是利用了情报可以传递的性质特征。

二、国家情报工作的原则

国家情报工作的原则是指国家情报工作中必须遵循的规则。《国家情报法》第 4 条规定:"国家情报工作坚持公开工作与秘密工作相结合、专门工作与群众路线相结合、分工负责与协作配合相结合的原则。"(1) 公开工作与秘密工作相结合原则是指在国家情报工作中既要通过公开渠道获取各种公开情报,也要建立秘密渠道,通过各种方式获取秘密情报,共同发挥公开工作与秘密工作的作用。对于一些公开情报可以通过公开或半公开渠道获取情报信息,而对于秘密情报则只能通过窃取、刺探、渗透、策反、收买等秘密渠道与方式来获取。(2) 专门工作与群众路线相结合原则是指在国家情报工作的开展中,既要有专门机关采取专业的措施与手段,又要充分发动群众参与,发挥广大人民群众在情报工作中的作用。(3) 分工负责与协作配合相结合原则是指

[①] 参见李竹、肖君拥主编:《国家安全法学》,法律出版社 2019 年版,第 243 页。

在国家情报工作中,各国家情报工作机构要按照职责分工,相互配合,做好情报工作、开展情报行动。

三、国家情报工作体制与机制

(一) 集中统一、分工协作、科学高效的国家情报体制

《国家情报法》第3条规定:"国家建立健全集中统一、分工协作、科学高效的国家情报体制。"由于国家情报工作涉及的责任主体和工作流程较多,为了有效地开展国家情报工作,必须建立起集中统一、分工协调及科学高效的国家情报体制。集中统一是指要在中央国家安全领导机构统一领导下开展国家情报工作,具体包括由中央国家安全领导机构对国家情报工作实行统一领导,制定国家情报工作方针政策,规划国家情报工作整体发展,建立健全国家情报工作协调机制,统筹协调各领域国家情报工作,研究决定国家情报工作中的重大事项,由中央军事委员会统一领导和组织军队情报工作。分工协作是指各国家情报机构按照各自的职责进行分工,并在分工明确的基础上不断建立完善相关工作协调机制,充分发挥各部门合力,统筹协调各项情报工作,最终实现情报信息的及时收集、准确研判、有效使用和共享,发挥情报信息对于维护国家安全的重要作用。[①] 由于情报工作具有很强的时效性,因此在国家情报工作的开展中还要建立科学高效的工作机制,即在国家情报的搜集与处理中能够及时、准确地收集与研判情报信息,确保情报信息内容的准确性和流转的高效性。

(二) 国家情报工作的保障机制

国家情报工作机构及其工作人员依法开展情报工作,受法律保护。为了确保国家情报机构及其工作人员能够顺利开展情报工作,应当建立相应的保障机制,《国家情报法》第三章专门规定了相应的保障措施。

第一,国家对国家情报机构进行特殊管理并给予特殊保障。一方面,对国家情报机构的设置、人员、编制、经费、资产等进行特殊的管理;另一方面,国家根据国家情报工作的特殊性建立相适应的人员录用、选调、考核、培训、待遇、退出等管理制度。

第二,国家对国家情报工作人员的特殊保障。例如,根据国家情报法的

---

① 参见郑淑娜主编:《中华人民共和国国家安全法解读》,中国法制出版社2016年版,第251页。

规定,国家情报工作机构工作人员因执行任务,或者与国家情报工作机构建立合作关系的人员因协助国家情报工作,其本人或者近亲属人身安全受到威胁时,国家有关部门应当采取必要措施,予以保护、营救。对于为国家情报工作作出贡献并需要安置的人员,国家给予妥善安置。

四、国家情报机构及其职权

根据《国家安全法》第52条的规定,国家情报机构为国家安全机关、公安机关以及有关军事机关。《国家情报法》对于这些专门机关在搜集情报信息工作中所享有的职权作出了具体的规定。

(1)国家情报机构应当依法搜集和处理境外机构、组织、个人实施或者指使、资助他人实施的,或者境内外机构、组织、个人相勾结实施的危害中华人民共和国国家安全和利益行为的相关情报,为防范、制止和惩治上述行为提供情报依据或者参考;

(2)国家情报机构可以按照国家有关规定,与有关个人和组织建立合作关系,委托开展相关工作;

(3)国家情报工作机构可以按照国家有关规定,开展对外交流与合作;

(4)国家情报工作机构依法开展情报工作,可以要求有关机关、组织和公民提供必要的支持、协助和配合;

(5)国家情报工作机构根据工作需要,按照国家有关规定,经过严格的批准手续,可以采取技术侦察措施和身份保护措施;

(6)国家情报工作人员依法执行任务时,按照国家有关规定,经过批准,出示相应证件,可以进入限制进入的有关区域、场所,可以向有关机关、组织和个人了解、询问有关情况,可以查阅或者调取有关的档案、资料、物品;

(7)国家情报工作人员因执行紧急任务需要,经出示相应证件,可以享受通行便利;

(8)国家情报工作人员根据工作需要,按照国家有关规定,可以优先使用或者依法征用有关机关、组织和个人的交通工具、通信工具、场地和建筑物,必要时,可以设置相关工作场所和设备、设施,任务完成后应当及时归还或者恢复原状,并依照规定支付相应费用;造成损失的,应当补偿;

(9)国家情报工作机构根据工作需要,按照国家有关规定,可以提请海关、出入境边防检查等机关提供免检等便利。

五、法律责任

涉国家情报行为的法律责任的责任形式主要有行政法律责任和刑事法律责任，行政法律责任主要表现为行政处罚，刑事法律责任主要表现为刑事处罚。《国家情报法》第四章规定了国家情报工作中需要承担法律责任的一些情形。

一是阻碍国家情报工作机构及其工作人员依法开展情报工作的，由国家情报工作机构建议相关单位给予处分或者由国家安全机关、公安机关处警告或者15日以下拘留；构成犯罪的，依法追究刑事责任。根据我国刑法的规定，这类行为可能涉及的犯罪为妨害公务罪、袭警罪等。

二是泄露与国家情报工作有关的国家秘密的，由国家情报工作机构建议相关单位给予处分或者由国家安全机关、公安机关处警告或者15日以下拘留；构成犯罪的，依法追究刑事责任。根据我国刑法的规定，这类行为可能涉及的犯罪有故意泄露国家秘密罪，为境外窃取、刺探、收买、非法提供国家秘密、情报罪等。

三是冒充国家情报工作机构工作人员或者其他相关人员实施招摇撞骗、诈骗、敲诈勒索等行为的，依照《中华人民共和国治安管理处罚法》的规定处罚；构成犯罪的，依法追究刑事责任。根据我国刑法的规定，这类行为可能涉及的犯罪为招摇撞骗罪、诈骗罪、敲诈勒索罪等。

四是国家情报工作机构及其工作人员有超越职权、滥用职权，侵犯公民和组织的合法权益，利用职务便利为自己或者他人谋取私利，泄露国家秘密、商业秘密和个人信息等违法违纪行为的，依法给予处分；构成犯罪的，依法追究刑事责任。根据我国刑法的规定，这类行为可能涉及的犯罪为玩忽职守罪、滥用职权罪等。

第三节　反恐怖主义法

当下，恐怖主义已成为影响世界和平与发展的重要因素，是全人类的共同敌人。目前，针对我国的暴力恐怖事件呈多发频发态势，对我国的国家安全和人民生命财产安全构成严重威胁。为了防范和惩治恐怖活动，加强反恐怖主义工作，维护国家安全、公共安全和人民生命财产安全，我国第十二届全国人大常委会第十八次会议通过了《反恐怖主义法》,并于 2018 年 4 月 27 日予以修正。《反恐怖主义法》的制定为我国反恐怖主义工作的开展提供了法律依据,满足了依法防范和打击恐怖主义的现实需要。

一、恐怖活动及其相关概念

恐怖活动是指由恐怖分子制造的具有恐怖主义性质的一切危害社会稳定、危及平民的生命与财产安全的活动,通常表现为针对平民的爆炸、袭击和劫持人质(绑架)等形式的"恐怖袭击"等。所谓恐怖主义,是指通过暴力、破坏、恐吓等手段,制造社会恐慌、危害公共安全、侵犯人身财产,或者胁迫国家机关、国际组织,以实现其政治、意识形态等目的的主张和行为。《反恐怖主义法》第 3 条列举了属于恐怖活动的行为:(1)组织、策划、准备实施、实施造成或者意图造成人员伤亡、重大财产损失、公共设施损坏、社会秩序混乱等严重社会危害的活动的;(2)宣扬恐怖主义,煽动实施恐怖活动,或者非法持有宣扬恐怖主义的物品,强制他人在公共场所穿戴宣扬恐怖主义的服饰、标志的;(3)组织、领导、参加恐怖活动组织的;(4)为恐怖活动组织、恐怖活动人员、实施恐怖活动或者恐怖活动培训提供信息、资金、物资、劳务、技术、场所等支持、协助、便利的;(5)其他恐怖活动。

恐怖活动组织是指为实施恐怖活动而组成的犯罪集团。恐怖活动人员是指组织、策划、实施恐怖活动的人和恐怖活动组织的成员。与恐怖活动相关的事件通常称为恐怖事件,是指正在发生或者已经发生的造成或者可能造成重大社会危害的恐怖活动。

二、恐怖事件的应对与处置

恐怖活动通常通过暴力、破坏、恐吓等手段,制造社会恐慌、危害公共安全、侵犯人身财产,具有严重的社会危害性,因此在恐怖事件发生时必须予以妥善的应对与处置。

(一)建立恐怖事件应对处置预案体系

为了更好地应对与处置恐怖事件,在恐怖事件发生之前,我们应当针对不同的恐怖事件预先制定国家应对处置预案。恐怖活动的实施方式多样,不同的恐怖活动具有不同的社会危害性。因此,在制定恐怖事件处置预案时应当先对恐怖事件进行分级、分类,再针对恐怖事件的具体级别与类别制定相应的应对处置预案。恐怖事件应对处置预案的内容主要包括恐怖事件应对处置的组织指挥体系,恐怖事件安全防范、应对处置的程序,以及恐怖事件发生后的社会秩序恢复措施等。事先做好相应的处置预案,能够确保国家在恐怖事件发生时及时作出合理的应对与处置。在恐怖事件发生后,发生地的反恐怖主义工作领导机构应当立即启动恐怖事件应对处置预案,并确定指挥长。有关部门和中国人民解放军、中国人民武装警察部队、民兵组织,按照反恐怖主义工作领导机构和指挥长的统一领导、指挥,协同开展打击、控制、救援、救护等应对处置工作。

(二)恐怖事件应对处置具体措施

根据《反恐怖主义法》第 61 条的规定,恐怖事件发生后,负责应对处置的反恐怖主义工作领导机构可以决定由有关部门和单位采取下列一项或者多项应对处置措施:(1)组织营救和救治受害人员,疏散、撤离并妥善安置受到威胁的人员以及采取其他救助措施;(2)封锁现场和周边道路,查验现场人员的身份证件,在有关场所附近设置临时警戒线;(3)经省级以上反恐怖主义工作领导机构决定或者批准,在特定区域内实施空域、海(水)域管制,对特定区域内的交通运输工具进行检查;(4)经省级以上反恐怖主义工作领导机构决定或者批准,在特定区域内实施互联网、无线电、通讯管制;(5)经省级以上反恐怖主义工作领导机构决定或者批准,在特定区域内或者针对特定人员实施出境入境管制;(6)经设区的市级以上反恐怖主义工作领导机构决定,可以禁止或者限制使用有关设备、设施,关闭或者限制使用有关场所,中止人员密集的活动或者可能导致危害扩大的生产经营活动;(7)抢修被损坏的交通、电信、互联网、广播电视、供水、排水、供电、供气、供热等公共设施;(8)组织志愿人员参加反恐怖主义救援工作,要求具有特定专长的人员提供服务;(9)其他必要的应对处置措施。所有以上应对处置措施都应当明确适用的时间和空间范围,并向社会公布。

三、反恐怖活动的保障措施

为了确保能够顺利开展反恐怖主义工作,应当建立相应的保障机制,《反恐怖主义法》第八章专门规定了相应的保障措施。

(一)对反恐工作开展的保障措施

为了能够更好地开展反恐怖主义工作,国家对于反恐怖主义工作提供充分的保障,如经费保障、专业技术保障等。《反恐怖主义法》第73条规定:"国务院和县级以上地方各级人民政府应当按照事权划分,将反恐怖主义工作经费分别列入同级财政预算。国家对反恐怖主义重点地区给予必要的经费支持,对应对处置大规模恐怖事件给予经费保障。"《反恐怖主义法》第74条第1款规定:"公安机关、国家安全机关和有关部门,以及中国人民解放军、中国人民武装警察部队,应当依照法律规定的职责,建立反恐怖主义专业力量,加强专业训练,配备必要的反恐怖主义专业设备、设施。"

(二)对反恐相关人员的保护措施

对于参与反恐怖主义活动的相关人员,《反恐怖主义法》规定了特别的保护措施与补偿措施。根据《反恐怖主义法》的相关规定,因报告和制止恐怖活动,在恐怖活动犯罪案件中作证,或者从事反恐怖主义工作,本人或者其近亲属的人身安全面临危险的,经本人或者其近亲属提出申请,公安机关、有关部门应当采取下列一项或者多项保护措施:(1)不公开真实姓名、住址和工作单位等个人信息;(2)禁止特定的人接触被保护人员;(3)对人身和住宅采取专门性保护措施;(4)变更被保护人员的姓名,重新安排住所和工作单位;(5)其他必要的保护措施。对于因履行反恐怖主义工作职责或者协助、配合有关部门开展反恐怖主义工作导致伤残或者死亡的人员,可以按照国家有关规定给予相应的待遇。因开展反恐怖主义工作而对合法权益造成损害的,国家依法给予相应的赔偿、补偿。

四、涉恐怖主义活动的法律责任

关于涉恐怖主义活动的法律责任主要包括行政责任与刑事责任。组织、策划、准备实施、实施恐怖活动,宣扬恐怖主义,煽动实施恐怖活动,非法持有宣扬恐怖主义的物品,强制他人在公共场所穿戴宣扬恐怖主义的服饰、标志,组织、领导、参加恐怖活动组织,为恐怖活动组织、恐怖活动人员、实施恐怖活动或者恐怖活动培训提供帮助的,依法追究刑事责任。

此外,对于一些情节轻微的涉恐怖主义、极端主义的违法活动,《反恐怖主义法》也规定了相应的行政责任。例如,宣扬恐怖主义、极端主义或者煽动实施恐怖活动、极端主义活动的;制作、传播、非法持有宣扬恐怖主义、极端主义的物品的;强制他人在公共场所穿戴宣扬恐怖主义、极端主义的服饰、标志的;为宣扬恐怖主义、极端主义或者实施恐怖主义、极端主义活动提供信息、资金、物资、劳务、技术、场所等支持、协助、便利的;强迫他人参加宗教活动,或者强迫他人向宗教活动场所、宗教教职人员提供财物或者劳务的;以恐吓、骚扰等方式驱赶其他民族或者有其他信仰的人员离开居住地的;等等,都要承担相应的行政责任。

第四节 保守国家秘密法

国家秘密关系着国家的安全和利益,为了保守国家秘密,维护国家安全和利益,保障改革开放和社会主义建设事业的顺利进行,1988年9月5日第七届全国人大常委会第三次会议通过了《保守国家秘密法》,并于2010年4月29日第十一届全国人大常委会第十四次会议予以修订。2024年,第十四届全国人大常委会第八次会议对《保守国家秘密法》进行第二次修订,设置六个章节共65条。

一、国家秘密的概念、范围与密级

国家秘密是关系国家安全和利益,依照法定程序确定,在一定时间内只限一定范围的人员知悉的事项。国家秘密具有特定性、时间性和隐蔽性。所谓特定性即指国家秘密内容上的特定性和程序上的特定性。所谓内容具有特定性是涉及国家安全和利益的事项;程序上的特定性是指国家秘密的内容、范围以及密级等都必须依照法定程序予以确定。国家秘密具有时间性,具有法定的保密期限。国家秘密的隐蔽性是相对于公开性而言的,国家秘密只限于一定范围的人员知悉。

关于国家秘密的范围,《保守国家秘密法》第9条作出了明确规定:"下列涉及国家安全和利益的事项,泄露后可能损害国家在政治、经济、国防、外交等领域的安全和利益的,应当确定为国家秘密:(1)国家事务重大决策中的秘密事项;(2)国防建设和武装力量活动中的秘密事项;(3)外交和外事活动中的秘密事项以及对外承担保密义务的秘密事项;(4)国民经济和社会发展中的秘密事项;(5)科学技术中的秘密事项;(6)维护国家安全活动和追查刑事犯罪中的秘密事项;(7)经国家保密行政管理部门确定的其他秘密事项。政党的秘密事项中符合前款规定的,属于国家秘密。"

我国的国家秘密的密级分为绝密、机密、秘密三级。绝密级国家秘密是最重要的国家秘密,泄露会使国家安全和利益遭受特别严重的损害。机密级国家秘密是重要的国家秘密,泄露会使国家安全和利益遭受严重的损害。秘密级国家秘密是一般的国家秘密,泄露会使国家安全和利益遭受损害。

二、我国的保密制度

(一) 国家秘密载体的管理制度

国家秘密载体是指记载国家秘密信息的纸张、磁性载体、电子文件及光盘等各类载体介质。为了确保保守国家秘密,我国对于国家秘密载体也规定了相应的管理制度。根据《保守国家秘密法》的相关规定,国家秘密载体的制作、收发、传递、使用、复制、保存、维修和销毁,应当符合国家保密规定。绝密级国家秘密载体应当在符合国家保密标准的设施、设备中保存,并指定专人管理;未经原定密机关、单位或者其上级机关批准,不得复制和摘抄;收发、传递和外出携带,应当指定人员负责,并采取必要的安全措施。关于国家秘密载体的管理,《保守国家秘密法》第25条规定:"机关、单位应当加强对国家秘密载体的管理,任何组织和个人不得有下列行为:(1) 非法获取、持有国家秘密载体;(2) 买卖、转送或者私自销毁国家秘密载体;(3) 通过普通邮政、快递等无保密措施的渠道传递国家秘密载体;(4) 邮寄、托运国家秘密载体出境;(5) 未经有关主管部门批准,携带、传递国家秘密载体出境。"

此外,《中华人民共和国保守国家秘密法实施条例》第21条、第22条还进一步明确规定国家秘密载体管理应当遵守下列规定:制作国家秘密载体,应当由机关、单位或者经保密行政管理部门保密审查合格的单位承担,制作场所应当符合保密要求;收发国家秘密载体,应当履行清点、编号、登记、签收手续;传递国家秘密载体,应当通过机要交通、机要通信或者其他符合保密要求的方式进行;复制国家秘密载体或者摘录、引用、汇编属于国家秘密的内容,应当按照规定报批,不得擅自改变原件的密级、保密期限和知悉范围,复制件应当加盖复制机关、单位戳记,并视同原件进行管理;保存国家秘密载体的场所、设施、设备,应当符合国家保密要求;维修国家秘密载体,应当由本机关、本单位专门技术人员负责。确需外单位人员维修的,应当由本机关、本单位的人员现场监督;确需在本机关、本单位以外维修的,应当符合国家保密规定;携带国家秘密载体外出,应当符合国家保密规定,并采取可靠的保密措施;携带国家秘密载体出境的,应当按照国家保密规定办理批准和携带手续;销毁国家秘密载体应当符合国家保密规定和标准,确保销毁的国家秘密信息无法还原。销毁国家秘密载体应当履行清点、登记、审批手续,并送交保密行政管理部门设立的销毁工作机构或者保密行政管理部门指定的单位销毁。机关、单位确因工作需要,自行销毁少量国家秘密载体的,应当使用符合国家标准的销毁设备和方法。

(二) 涉密信息系统的管理制度

涉密信息系统是指存储、处理国家秘密的计算机信息系统。为了更好地保守国家秘密,我国针对涉密信息系统也制定了严格的管理制度。涉密信息系统也分为绝密级、机密级和秘密级,并按照涉密程度实行分级保护。机关、单位根据涉密信息系统存储、处理信息的最高密级确定系统的密级。关于涉密信息系统的管理,《保守国家秘密法》规定,涉密信息系统应当按照国家保密标准配备保密设施、设备。保密设施、设备应当与涉密信息系统同步规划,同步建设,同步运行。涉密信息系统应当按照规定,经检查合格后,方可投入使用。机关、单位应当加强对涉密信息系统的管理,任何组织和个人不得有下列行为:(1) 将涉密计算机、涉密存储设备接入互联网及其他公共信息网络;(2) 在未采取防护措施的情况下,在涉密信息系统与互联网及其他公共信息网络之间进行信息交换;(3) 使用非涉密计算机、非涉密存储设备存储、处理国家秘密信息;(4) 擅自卸载、修改涉密信息系统的安全技术程序、管理程序;(5) 将未经安全技术处理的退出使用的涉密计算机、涉密存储设备赠送、出售、丢弃或者改作其他用途。[1]

(三) 涉密人员管理制度

涉密人员是指在涉密岗位工作的人员。涉密人员按照涉密程度分为核心涉密人员、重要涉密人员和一般涉密人员,国家对于涉密人员实行分类管理。根据《保守国家秘密法》的规定,任用、聘用涉密人员应当按照有关规定进行审查。涉密人员上岗应当经过保密教育培训,掌握保密知识技能,签订保密承诺书,严格遵守保密规章制度,不得以任何方式泄露国家秘密。涉密人员出境应当经有关部门批准,有关机关认为涉密人员出境将对国家安全造成危害或者对国家利益造成重大损失的,不得批准出境。此外,涉密人员离

---

[1] 参见《保守国家秘密法》第30、31条。

岗离职实行脱密期管理，涉密人员在脱密期内，应当按照规定履行保密义务，不得违反规定就业，不得以任何方式泄露国家秘密。①

三、泄露国家秘密的法律责任

国家秘密受法律保护，一切国家机关、武装力量、政党、社会团体、企事业单位和公民都有保守国家秘密的义务。任何危害国家秘密安全的行为，都必须受到法律追究。我国《保守国家秘密法》第57条列举了一系列违法行为：(1) 非法获取、持有国家秘密载体的；(2) 买卖、转送或者私自销毁国家秘密载体的；(3) 通过普通邮政、快递等无保密措施的渠道传递国家秘密载体的；(4) 邮寄、托运国家秘密载体出境，或者未经有关主管部门批准，携带、传递国家秘密载体出境的；(5) 非法复制、记录、存储国家秘密的；(6) 在私人交往和通信中涉及国家秘密的；(7) 在互联网及其他公共信息网络或者未采取保密措施的有线和无线通信中传递国家秘密的；(8) 将涉密计算机、涉密存储设备接入互联网及其他公共信息网络的；(9) 在未采取防护措施的情况下，在涉密信息系统与互联网及其他公共信息网络之间进行信息交换的；(10) 使用非涉密计算机、非涉密存储设备存储、处理国家秘密信息的；(11) 擅自卸载、修改涉密信息系统的安全技术程序、管理程序的；(12) 将未经安全技术处理的退出使用的涉密计算机、涉密存储设备赠送、出售、丢弃或者改作其他用途的。有前款行为尚不构成犯罪，且不适用处分的人员，由保密行政管理部门督促其所在机关、单位予以处理；(13) 其他违反本法规定的情形。有前述情形尚不构成犯罪，且不适用处分的人员，由保密行政管理部门督促其所在机关、单位予以处理。

---

① 参见《保守国家秘密法》第43—46条。

第十二章　刑法与国家安全

第一节　刑法与国家安全法律关系概述

一、刑法与国家安全法律保障体系

国家安全法律保障体系是以《国家安全法》为主导,《反间谍法》《反恐怖主义法》等专门法为具体支撑,其他部门法共同维护的系统性法律体系。它所保护的法益并不仅限于直接与国家安全有关的权利集合,更涵盖了各种可能间接关联国家安全的权益群体。从广义上来理解,但凡可能产生危害国家安全结果行为的侵犯对象都为国家安全法律体系所保护。因此,国家安全法律体系在法益保护上必然与其他部门法产生重叠,但这种重叠并不一定引发矛盾。其他部门法在履行自身权益保护的同时,也防范了危害国家行为的侵害,与国家安全法律保障体系的法益保护目标一致,具有相辅相成的特性。

刑法作为传统法律保障体系的最后一道也是最严格的防线,在现代国家安全法律保障体系中的地位同样重要。通过刑法保障总体国家安全是法治国家的基本共识与实践经验。然而,刑法在优先保障国家安全的同时,也应当注重维护自由、发展、秩序与国家安全之间的良性互动,以实现法益保护的平衡。首先,刑法应确保国家安全与社会发展的协同。刑法不可随意地以可能危害国家安全为由,降低定罪标准,粗暴扼杀新技术、新产品的运用与普及,阻碍社会进步。其次,刑法应保障秩序与自由的和谐共存。秩序与自由是法律价值体系中的一对"矛盾体",二者互为对立,无法调和。但人类社会中的秩序与自由并非完全割裂,二者只有处于相对平衡的状态才能维护社会的稳定,促进社会的发展。国家安全观下的刑法应注重现实的权益平衡,调和秩序与自由的界限,保证社会的稳定与安全。

刑法是维护国家安全法律保障体系的重要工具。现代刑法之所以符合国家安全保障的需要,并成为国家安全法律保障系统的重要角色,是因为其工具属性的合理运用。法律的本质是社会治理的工具,刑法同样具备这种特征。但刑法的工具属性并不意味着刑法应当成为政权暴力统治的工具,不能通过过度犯罪化及司法裁量权与解释权的恶性扩张,将刑法的刑罚作为束缚公民个人权利与自由的枷锁。否则容易使立法变得过于功利,忽视人权保障与自由价值,使刑法功能出现异化。① 在国家安全法律保障体系中,刑法的工具性特征必须得到合理的运用。刑法的工具属性应当是客观中立的,不能因为使用者的主观操控使其出现功能扩张与潜在危险,就一味否定其维护社会稳定与国家安全的重要作用。运用法律工具主义思维对刑法本质进行解读,是正确认知刑法功能的选取、定位以及价值预设等问题的基础。只有理性看待刑法工具主义属性,才能充分发挥刑法在国家安全法律保障体系中的作用。同时,也应当清楚地意识到,刑法的工具属性并非万能,它同样具有局限性。危害国家安全之行为不仅限于犯罪,各种违反行政管理、破坏经济秩序等违法但不构成犯罪的行为同样威胁社会稳定与国家安全。因此国家安全法律保障体系不能仅依靠刑法来保障,行政法、经济法、知识产权法、野生动物保护法等其他部门法,同样是国家安全法律保障体系所必需的保障工具。尽管刑法的刑罚威慑力优于其他部门法,但不能影响其他部门法在国家安全法律保障体系的地位与作用。只有正确运用刑法的工具属性,才能避免当代刑法所具有的制度瓶颈与功能局限,充分释放刑法的正向效果,维护国家的总体安全。

二、《刑法》与国家安全法律

虽然刑法与国家安全法律在维护国家安全的上层目标一致,但二者的安全保护的重点、方式与位阶仍然存在差异。

(一)安全保护的侧重点不同

在国家安全法律体系中,《国家安全法》处于统领地位,是除宪法之外,所有维护国家安全部门法的领导者。其第1条明确指出自身的立法目的是"为了维护国家安全,保卫人民民主专政的政权和中国特色社会主义制度,保护人民的根本利益,保障改革开放和社会主义现代化建设的顺利进行,实现中华民族伟大复兴"。这即是说《国家安全法》是从宏观、上层的角度维护国家安全,其保护的方式是一种原则性、概括性的保护方式。《反恐怖主义法》《反

---

① 魏昌东:《新刑法工具主义批判与矫正》,载《法学》2016年第2期。

间谍法》等部门法则是从微观、基层角度对国家安全的某一个方面进行保护。例如,《反恐怖主义法》第1条指出其是在反恐怖主义方面维护国家安全、公共安全和人民生命财产安全。《反间谍法》第1条则指明通过防范、制止和惩治间谍行为是其维护国家安全的主要方式。《刑法》也属于保护国家安全的部门法之一,其保护国家安全的方式是通过刑罚来规制一切危害国家安全的犯罪。在保护国家安全的宗旨上,刑法与其他国家安全法律具有统一性,在保护的侧重点上,刑法更具有多元性的特点。

(二)安全预防的方式不同

《刑法》是唯一被授权运用刑罚权的法律,在规制违法活动的方式与条件上与其他国家安全法律有着显著的区别。首先,危害国家安全的犯罪是法定犯,必须以违反其他国家安全法律为前置条件,只有当严重的违法行为构成犯罪时,刑法才能进行管辖。其次,在安全预防的方式上,《刑法》明确指出了刑罚是其预防犯罪的主要手段。而其他国家安全法律则以行政处罚、民事追责等非刑罚手段作为预防危害国家安全违法行为的主要方式,同时借助《刑法》的威慑力巩固预防效果。例如,《反间谍法》第29条规定:"明知他人有间谍犯罪行为,在国家安全机关向其调查有关情况、收集有关证据时,拒绝提供的,由其所在单位或者上级主管部门予以处分,或者由国家安全机关处十五日以下行政拘留;构成犯罪的,依法追究刑事责任。"《生物安全法》第82条规定:"违反本法规定,构成犯罪的,依法追究刑事责任;造成人身、财产或者其他损害的,依法承担民事责任。"

(三)安全保护的位阶不同

在国家安全法律体系中,其他国家安全法律是前置的法律保护屏障,处于法益保护位阶的第一道防线。《刑法》则处于法益保护位阶的第二道防线,是其他国家安全法律保护的保障。如果单从法律保障手段的严厉程度来看,在国家安全法律体系中,其他国家安全法律处于下层,《刑法》属于上层。但是,《刑法》与其他国家安全法律的位阶并不是简单的上下层关系。其他国家安全法律在将《刑法》作为后盾保障的同时,也对刑罚的具体适用作出了规定。例如,《反间谍法》第27条第2款规定:"实施间谍行为,有自首或者立功表现的,可以从轻、减轻或者免除处罚;有重大立功表现的,给予奖励。"因此,《刑法》与其他国家安全法律属于一种上下交叉状态的位阶关系。

随着《国家安全法》《反间谍法》《反恐怖主义法》《生物安全法》《网络安全

法》等法律的相继更新出台,国家安全法律体系日趋完善。《刑法》在国家安全法律体系中的保障作用愈发重要。但《刑法》中对国家安全保障的规定尚未完全追赶上其他国家安全法律的变化。在国家安全法律不断完善、变化的时期,《刑法》必须根据现实情况的需要,适时改变自身的内容,保证与其他国家安全法律的有序链接与良性互动,共同强化国家安全法律体系的保护效果,维护国家的安定与繁荣。

第二节　刑法保障国家安全之宏观现状

国家安全是一国政治、经济、文化和社会发展的基础。脱离了国家安全的保障,其他社会发展因素都无法正常发挥作用。因此,在法治体系建设中,应当优先考虑将国家安全的维护工作纳入法治轨道,形成国家安全法治保障体系,这样才能构筑起法治建设的制度基础。随着人类社会进步与科技发展,各种新型社会风险不断产生。国家与国家之间的竞争又促使这些新型社会风险的威胁对象由个人转向国家。由此引发一系列纷繁复杂的利益冲突,社会各领域出现各种层出不穷的问题,使我国国家安全保障面临严峻的挑战。依法维护国家安全,保障国民免受危害和潜在危险的威胁,不仅是依法治国的必然要求,也是实现中华民族伟大复兴的必然抉择。① 为此,我国于2015年7月1日颁布了《国家安全法》。这部法律包含了习近平总书记提出的总体国家安全观,即"十一种安全"及"八个方面十六个具体风险",而这些都与刑法的保障功能紧密相连。例如,我国《刑法》第2条规定:"中华人民共和国刑法的任务,是用刑罚同一切犯罪行为作斗争,以保卫国家安全,保卫人民民主专政的政权和社会主义制度,保护国有财产和劳动群众集体所有的财产,保护公民私人所有的财产,保护公民的人身权利、民主权利和其他权利,维护社会秩序、经济秩序,保障社会主义建设事业的顺利进行。"这与《国家安全法》第8条"维护国家安全,应当与经济社会发展相协调。国家安全工作应当统筹内部安全和外部安全、国土安全和国民安全、传统安全和非传统安全、自身安全和共同安全"的内容相互呼应。二者都规定了维护总体国家安全体系的任务,同时要求协调保护好其他影响社会稳定的因素。再如,在政治方

---

① 参见康均心、虞文梁:《后〈国家安全法〉时代的国家安全法律体系建设》,载《郑州大学学报(哲学社会科学版)》2016年第3期。

面,刑法分则中对各种类型的法益保护都包含了维护国家政治稳定的间接目的。从这方面来看,也可以认为刑法整体皆以保障政治安全为基本任务。这与《国家安全法》第3条"国家安全工作应当坚持总体国家安全观,以人民安全为宗旨,以政治安全为根本,以经济安全为基础,以军事、文化、社会安全为保障,以促进国际安全为依托,维护各领域国家安全,构建国家安全体系,走中国特色国家安全道路"之规定的取向一致。另外,在反对恐怖主义方面,刑法理论界一直存在"敌人刑法"与"公民刑法"的争议。即对待与处置恐怖分子是以一般犯罪行为人的形式,还是"敌人"的形式。而在刑事法律的实践中,我国维护国家安全的反恐活动均选择了"敌人刑法"的立场,将恐怖分子与一般罪犯区别对待。这一点在《反恐怖主义法》中得到了确认。《反恐怖主义法》相关条款规定:"经评估具有社会危险性的,监狱、看守所应当向罪犯服刑地的中级人民法院提出安置教育建议。""罪犯服刑地的中级人民法院对于确有社会危险性的,应当在罪犯刑满释放前作出责令其在刑满释放后接受安置教育的决定。""安置教育机构应当每年对被安置教育人员进行评估,对于确有悔改表现,不致再危害社会的,应当及时提出解除安置教育的意见,报决定安置教育的中级人民法院作出决定。"[①]这些包含对恐怖分子进行安置教育改造的规定都体现了"敌人刑法"的思维。

应当注意的是,尽管"十一种安全"及"八个方面十六个具体风险"总体尚处于刑法法益保护的范围内,但仅依靠传统的法益保护观念尚不足以有效预防国家安全犯罪。传统刑法观以规制"实害犯"为重心,对犯罪行为的预防具有滞后性。传统刑法过于谨慎的追责理念也难以及时有效地应对当前国家安全保障的需要。随着我国国家实力的稳步增长,国外敌对势力的活动也愈加频繁。我国所面临的挑战与威胁复杂多变、前所未有,国家安全、社会法益和人民利益时刻面临着严峻风险。尤其是在大数据和人工智能发展迅猛的背景下,犯罪呈现网络化、虚拟化和智能化,新型犯罪日益增多,且复杂多变。这些新情况都促使刑法为了顺应时代需求而必须作出改革。在新形势下,严峻的安全挑战使刑法保障安全的任务变得更加繁重和迫切,需要投放更多的刑事司法资源,以更好地防控不确定的风险。刑法不得不更侧重实现预防效果,评价的对象或标准也从已经出现的实际危害转向潜在的刑法危险,以形

[①] 参见《反恐怖主义法》第30条。

成早期保护效应。① 国家与人民对安全保障的需求推动了刑事政策的变更，并最终传递到刑法体系内，促使刑法的法益保护向预防目的方向演进。传统刑法学过于消极的立法理念很难有效满足当前国家安全防范的客观需求，具有前置预防性的积极主义刑事立法观成为满足国家社会安全之需的必然之选。这也意味着在国家安全观的指引下，刑法保障不仅要对危害结果进行惩罚处理和规避，更要注重对风险的预防与控制。相较于极端化的敌人刑法观与平泛化的风险刑法观，安全刑法观更加符合我国国家安全保障的需要。尽管为了满足不同时代的安全保障需求，刑法必须保证自身的扩张性与适应性，但诸如谦抑原则、客观主义、人权保障等积极因素应当得到保留与发扬。安全刑法观通过适当限制立法活动，保证了正当程序原则在司法程序中的贯彻，规范了国家刑罚权的使用，维护了公民的基本权利，相较于极端化的敌人刑法观，更符合当代和平发展观的要求。只有以习近平总书记的总体国家安全观为指导，以安全刑法观为基础，适当强化刑法的国家安全预防功能，在国家安全保障与人权保障的权益冲突中寻找利益平衡点，才能使刑法的保障功能更加充分有效地应对当今乃至未来我国面临的诸多国家安全威胁。

第三节　刑法保障国家安全之微观解析

一、《刑法》与《国家安全法》的衔接问题

《刑法》分则中与《国家安全法》联系最为紧密的罪名即为危害国家安全罪。刑法规定了12种直接危害传统国家安全的犯罪，《刑法》中的"国家安全"与《国家安全法》中的概念并不一致。首先，《国家安全法》第2条规定："国家安全是指国家政权、主权、统一和领土完整、人民福祉、经济社会可持续发展和国家其他重大利益相对处于没有危险和不受内外威胁的状态，以及保障持续安全状态的能力。"而《刑法》并未对国家安全概念作出明确规定。其次，《刑法》对危害国家安全的犯罪采取了罗列式的阐述，而《国家安全法》并未直接罗列《刑法》中的12种罪名，只是通过第15条第2款作出原则性的规定，即

---

① 高铭暄、孙道萃：《总体国家安全观下的中国刑法之路》，载《东南大学学报（哲学社会科学版）》2021年第2期。

"国家防范、制止和依法惩治任何叛国、分裂国家、煽动叛乱、颠覆或者煽动颠覆人民民主专政政权的行为;防范、制止和依法惩治窃取、泄露国家秘密等危害国家安全的行为;防范、制止和依法惩治境外势力的渗透、破坏、颠覆、分裂活动"。这些规定虽与《刑法》有一定的呼应,但不能完全衔接。简言之,当前《刑法》对国家安全法益的理解仍然偏向于传统的政治安全和军事安全,缺乏总体宏观的大思维理念。

为了探究这一问题,需要追溯到《刑法》中危害国家安全罪的起源。在1979年《刑法》分则中,危害国家安全罪并未出现,而存在另一个颇具阶级斗争特色的"反革命罪"。通过对比1979年《刑法》与现行《刑法》法条的规定,不难发现二者相似度极高。例如,1979年《刑法》第91条规定,"勾结外国,阴谋危害祖国的主权、领土完整和安全的,处无期徒刑或者十年以上有期徒刑";第92条规定,"阴谋颠覆政府、分裂国家的,处无期徒刑或者十年以上有期徒刑"。与现行《刑法》第102条"勾结外国,危害中华人民共和国的主权、领土完整和安全的,处无期徒刑或者十年以上有期徒刑。与境外机构、组织、个人相勾结,犯前款罪的,依照前款的规定处罚"的规定基本一致。可以认为,危害国家安全罪即由反革命罪修改而来。回顾我国刑法的立法历程,"反革命罪"曾经在我国刑事司法实践中占有重要地位。早在中华民国时期,受苏联《革命军事法庭条例》影响,武汉国民政府于1927年3月30日颁布了《反革命罪条例》,首次在中国近代刑法史中引入"反革命罪"。中华人民共和国成立后,中央人民政府于1951年2月21日颁布了《中华人民共和国惩治反革命条例》(下文简称《惩治反革命条例》),首次赋予"反革命罪"正式的法律地位。1979年《刑法》将《惩治反革命条例》中的"反革命罪"纳入其中,但严格限制了反革命罪的入罪条件:一是客观上要有危害中华人民共和国的行为;二是主观上要有推倒无产阶级专政的政权和社会主义制度的目的。随着中国共产党的工作中心由"革命"转向"建设",我国刑法的任务重点也随之转型。[①] 1997年《刑法》将"反革命罪"修改为"危害国家安全罪"。两年后,《宪法修正案》第17条将《宪法》第28条中"国家维护社会秩序,镇压叛国和其他反革命的活动"修改为"国家维护社会秩序,镇压叛国和其他危害国家安全的犯罪活动"。这标志着我国正式将"危害国家安全"概念与"反革命"概念相区分。尽管如此,危

---

① 参见张志钢:《改革开放40年来中国刑法立法检视》,载《学术探索》2018年第10期。

害国家安全罪依然在罪名、罪状上大量沿用反革命罪的表述,因此也保留了反革命罪注重保护传统的政治安全和军事安全的特征。国家立法活动反映了不同时期的社会需求,自改革开放以后,我国社会的主要矛盾已不是阶级矛盾,而是人民日益增长的物质文化需要同落后的社会生产之间的矛盾。"反革命罪"也不再符合国家建设的需求,在"总体国家安全观"的背景下,危害国家安全罪的法益保护范围尚有不足,《国家安全法》对国家安全的界定除了传统的国家安全外,还包括了经济安全、文化安全、网络安全、食品安全等。而这些尚不能被《刑法》中的"危害国家安全罪"的规定所保护,"危害国家安全罪"仅继承"反革命罪"的相关表述无法全面保障国家安全。

《刑法》应当在参考《国家安全法》的基础上扩充"危害国家安全罪"的范围。将"国家安全"的概念与《国家安全法》相统一,不再局限于传统的政治安全与军事安全,更加关注非传统安全。可以在现有的 12 个危害国家安全罪的基础上,将刑法分则中涉及危害国家安全的罪名,危害国家经济安全的破坏金融管理秩序罪,危害国家生态安全的危害公共卫生罪,如危害网络安全的非法侵入计算机信息系统罪、非法控制计算机信息系统罪等统一纳入第一章中。

二、《刑法》与《反间谍法》的衔接问题

《刑法》第 110 条规定:"有下列间谍行为之一,危害国家安全的,处十年以上有期徒刑或者无期徒刑;情节较轻的,处三年以上十年以下有期徒刑:(一)参加间谍组织或者接受间谍组织及其代理人的任务的;(二)为敌人指示轰击目标的。"而《反间谍法》对间谍行为的规定集中在第 26—33 条中,不仅包括上述的两种行为,还有其他新型的间谍行为。"泄露有关反间谍工作的国家秘密""明知他人有间谍犯罪行为,在国家安全机关向其调查有关情况、收集有关证据时,拒绝提供的"等新型的间谍行为显然超出了《刑法》对间谍行为的规定范围,而用其他罪名来追究刑事责任又因所侵害法益的特殊性无法匹配。不仅如此,在量刑规则上,两者也存在衔接问题。《刑法》第 110 条对间谍罪的量刑只规定了"处十年以上有期徒刑或者无期徒刑;情节较轻的,处三年以上十年以下有期徒刑"的内容。而《反间谍法》第 27 条第 2 款、第 28 条却规定了"有重大立功表现的,给予奖励""不予追究"等内容。这些内容无法与《刑法》第 110 条的内容相匹配,也无法在《刑法》第 67、68 条自首、立功的刑

罚减免内容中找到对应。

建议《刑法》在参考《反间谍法》第38条的基础上对间谍罪的客观行为进行修正。首先，将《反间谍法》中对间谍行为的表述引入《刑法》中。《刑法》对间谍行为的表述过于原则，且难以涵盖新出现的间谍行为。将《反间谍法》第26条至第33条的间谍行为纳入《刑法》中，方便了间谍犯罪的认定，更符合当下国家安全保护的需求。其次，《刑法》与《国家安全法》的衔接问题迫使《刑法》必须适时吸收《反间谍法》中的新规定。《刑法》中的间谍罪只能针对传统的军事间谍行为进行规制，显然无法满足《国家安全法》的需求，只有将《反间谍法》中规定的间谍行为纳入《刑法》，对间谍行为进行增补，才能将刑法对间谍行为的规制扩大至文化安全、科技安全等非军事、国土安全的领域，才能保持与总体国家安全观"大安全"理念的一致性。

三、《刑法》与《反恐怖主义法》的衔接问题

《刑法》中尚无专门的章节与《反恐怖主义法》相对应，而与之关联最紧密的内容是《中华人民共和国刑法修正案九》(以下简称《刑法修正案九》)。《刑法修正案九》正是为了弥补《刑法》与《反恐怖主义法》之间的衔接漏洞而专门出台的文件。但即便如此，《刑法》与《反恐怖主义法》的衔接仍然存在一些问题。

首先，没有明确界定"恐怖活动""恐怖主义、极端主义"等概念，无法准确区分普通暴力犯罪与恐怖暴力犯罪、宗教纠纷与极端主义、恐怖主义。《反恐怖主义法》第3条第2款虽对"恐怖活动""恐怖主义、极端主义"进行了说明，并力图将暴恐犯罪活动与一般具有严重危害性的暴力犯罪相区别，但对一些关键内容，如"政治、意识形态等目的"没有进一步解释。现行《刑法》及相关法律解释也未对恐怖主义或恐怖活动犯罪中的"政治、意识形态等目的"进行解释。而且，"恐怖主义""极端主义"并不能与《刑法》中的具体罪名一一对应，实践中难免产生自由裁量失当的问题。另外，《刑法修正案九》中有关"恐怖活动培训""宣扬恐怖主义、极端主义的服饰、标志""国家法律确立的婚姻、司法、教育、社会管理等制度"的表述虽与《反恐怖主义法》在内容上保持了一致，但仍然不够具体，实际适用时仍然需要依靠法律解释进一步明确，并不能立即实现对《反恐怖主义法》的保障功能。

其次，《刑法》涉罪条款过于分散。我国《刑法》中关于恐怖活动犯罪的规

定散布于危害公共安全罪、破坏社会主义市场经济秩序罪、侵犯公民权利、民主权利罪、妨害社会管理秩序罪之中,《刑法》对恐怖活动犯罪的分散式立法既不利于《反恐怖主义法》与相关犯罪的对接,也不利于凸显恐怖活动犯罪的危害性,容易导致恐怖活动犯罪客体认知不统一,影响犯罪预防效果。

建议《刑法》进一步明确"恐怖活动""恐怖主义""极端主义"犯罪与普通犯罪的区别。一方面要完善"政治、意识形态等目的""恐怖活动培训""宣扬恐怖主义、极端主义的服饰、标志""国家法律确立的婚姻、司法、教育、社会管理等制度"等具体内容的表述,另一方面应尽可能对暴恐犯罪行为的类型进行列举,减少肆意裁量的空间,防止权力滥用。另外,可以考虑在第一章危害国家安全罪章节中专门设立"恐怖活动犯罪"一节,将分散于其他章节以及刑法修正案中的恐怖活动犯罪进行集中管理。此举不仅有助于正确界定恐怖活动犯罪的性质,区分普通犯罪与恐怖活动犯罪的界限,也有助于明确恐怖活动犯罪的客体,排除客体争议,进一步提升《刑法》的保障实效,充分发挥《刑法》的预防功能。

四、《刑法》与《生物安全法》《森林法》《进出境动植物检疫法》

为了保护人民健康、保障国家安全、维护国家长治久安、全面提高国家生物安全治理能力,全国人大常委会于 2020 年 10 月 17 日正式通过了《中华人民共和国生物安全法》(以下简称《生物安全法》)。该法采用开放式列举的方式,将重大新突发传染病、动植物疫情防控安全、病原微生物实验室生物安全、人类遗传资源与生物资源安全、生物多样性安全、生物恐怖袭击等内容纳入生物安全的保护范围,同时规定了"构成犯罪的,依法追究刑事责任""危害我国生物安全的,依法追究法律责任,并可以采取其他必要措施"等内容。但是这种原则性、概括性的规定并不能独立完成生物安全的保障任务。《生物安全法》离不开其他法律尤其是刑法的支持。而目前,《刑法》与《生物安全法》的衔接仍不完善。

首先,现有罪名难以覆盖生物安全犯罪。《刑法》中包含生物安全犯罪的罪名主要包括七类。一是与传染病病原体有关的罪名,如投放危险物质罪,以危险方法危害公共安全罪,过失投放危险物质罪,过失以危险方法危害公共安全罪,妨害传染病防治罪,传染病菌种、毒种扩散罪等;二是与生物技术谬用有关的刑法罪名,如非法采集、供应血液及制作、供应血液制品罪,非法行医罪,非法进行节育手术罪等;三是与野生动植物保护有关的刑法罪名,如走私珍贵动物、动物制品罪,走私国家禁止进出口的货物、物品罪,非法捕捞水产品罪,非法猎捕、杀害珍贵、濒危野生动物罪,非法收购、运输、出售珍贵、濒危野生动物、珍贵、濒危野生动物制品罪,非法狩猎罪,非法采伐、毁坏国家重点保护植物罪,非法收购、运输、加工、出售国家重点保护植物、国家重点保护植物制品罪,盗伐林木罪,滥伐林木罪,非法收购、运输盗伐、滥伐的林木罪等;四是与食品药品安全有关的犯罪,如生产、销售不符合安全标准的食品罪,生产销售有毒、有害食品罪等;五是与农药有关的犯罪,如销售伪劣农药罪;六是与进出口检验检疫有关的犯罪,如妨害国境卫生检疫罪,妨害动植物防疫、检疫罪等;七是与生物安全有关的渎职犯罪。《刑法》对传染病防控、生物资源保护、生物技术谬用等生物安全行为均有规定,但并未对有关人类遗传资源管理和生物恐怖袭击、外来物种入侵、医疗机构和医务人员违法实施人类基因编辑技术等行为作出规定。例如,《生物安全法》对外来物种入侵的行为作出防范性规定,但《刑法》中却无专门的罪名与之对应。

其次,《刑法》与生物安全法律存在冲突。破坏生物安全的犯罪为法定犯,通常情况下破坏生物安全的行为由相关行政法先行管辖,只有"情节严重,构成犯罪的"才由《刑法》进行规制。这也是我国行政法与刑法法条衔接的基本模式。但是,由于行政法的立法目的、时间与适用主体存在多样性,其与《刑法》的衔接存在诸多矛盾。例如,《森林法》第40条规定:"国家保护古树名木和珍贵树木,禁止破坏古树名木和珍贵树木及其生存的自然条件。"而《刑法》第344条则规定:"违反国家规定,非法采伐、毁坏珍贵树木或者国家重点保护的其他植物的……""古树名木和珍贵树木"与"珍贵树木或者国家重点保护的其他植物"概念虽存在交集,但"国家重点保护的植物"范围与"古树名木"的范围显然不一致。同时,《森林法》与《刑法》中的盗伐林木罪、滥伐林木罪及非法收购、运输盗伐、滥伐的林木罪的衔接也存在问题。因为《森林法》第76条、第78条均未规定"情节严重,构成犯罪的,依法追究刑事责任",这就导致当盗伐林木、滥伐林木及非法收购、运输盗伐、滥伐的林木行为出现时,《森林法》与《刑法》没有"情节严重"来区分管辖边界,导致管辖冲突。

不仅如此,《刑法》与生物安全相关的行政法在定罪与违法标准上也存在矛盾。例如,《刑法》第332条规定"违反国境卫生检疫规定,引起检疫传染病传播或者有传播严重危险的"即构成妨害国境卫生检疫罪,是明显的危险犯。

而《进出境动植物检疫法》第 42 条规定:"违反本法规定,引起重大动植物疫情的,比照刑法第一百七十八条的规定追究刑事责任。"该法律将"引起重大动植物疫情"的结果作为追究刑事责任的条件,这显然与《刑法》第 332 条的定罪标准不一致。这就使《刑法》与《进出境动植物检疫法》在法律保障的位阶顺序上出现了颠倒。行政法无法作为刑法的前置预防,刑法不能成为行政法的后备保障,罪刑轻重呈现倒置的现象,显然不符合行政法与刑法衔接的基本立法模式。

建议《刑法》适当扩充现有危害生物安全的罪名,针对有关人类遗传资源管理和生物恐怖袭击、外来物种入侵、医疗机构和医务人员违法实施人类基因编辑技术等犯罪行为设置专门的罪名。同时,统一法律对保护类植物的界定。将"国家法律保护的植物"作为基本表述标准,避免不同法律之间出现冲突。完善行政保护与刑法保护在生物安全管辖的界定,将"情节严重"明确规定为行政管辖与刑事管辖的界限,并根据不同程度的防治要求,将"危险"与"结果"明确写入"情节严重"的区分标准之中,防止"危险"与"结果"出现罪责轻重倒置的现象。

五、《刑法》与《数据安全法》

为了防止某些国家利用数据主权侵犯我国利益,同时保护我国跨国公司以及公民个人利益,2021 年 6 月 10 日,第十三届全国人大常委会第二十九次会议通过了《数据安全法》。该法律是我国首部关于数据安全保护的基础性法律。它实现了我国数据监管的有法可依,填补了数据安全保护领域的立法空白,完善了网络空间安全治理的法律体系,为我国数字经济的发展提供了最基本的法律保障。而作为《数据安全法》的保障法,《刑法》也在分则中对数据犯罪作出了相关规定,确定破坏计算机信息系统罪、拒不履行信息网络安全管理义务罪、非法利用信息网络罪、帮助信息网络犯罪活动罪等罪名。但从衔接的角度来考察,《刑法》对《数据安全法》的保障还不够完善。

首先,《刑法》对数据的定义范围小于《数据安全法》。《数据安全法》第 3 条第 1 款规定:"本法所称数据,是指任何以电子或者其他方式对信息的记录。"可见其保护的数据并不仅限于电子数据,也包括非电子形式的传统数据。而根据《刑法》第 285 条第 2 款与第 286 条第 2 款的规定,数据仅指"计算机信息系统中存储、处理或者传输的数据",而不包括其他类型的数据。这种规定显然与《数据安全法》的内容不一致。在现有规定的基础上，严格依照罪刑法定原则，《刑法》对数据安全的保护仅限于电子数据，而无法包括其他类型的数据，难以满足全面保障数据安全的需求。

其次，《数据安全法》的分级分类保护制度未在《刑法》中体现。《数据安全法》第21条确定了数据分类分级保护制度，对不同行业、不同领域、不同地区、不同部门、不同级别的数据进行精细化管理，对关系国家安全、国民经济命脉、重要民生、重大公共利益等国家核心数据进行更加严格的管理。而《刑法》中却无相应的分类分级处罚。对数据类犯罪的处罚依然按照传统的处罚模式进行，即"情节严重的，处三年以下有期徒刑或者拘役，并处或者单处罚金；情节特别严重的，处三年以上七年以下有期徒刑，并处罚金""后果严重的，处五年以下有期徒刑或者拘役；后果特别严重的，处五年以上有期徒刑"。"严重""特别严重"这种概括性的表述无法精准区分不同行为对数据安全的危害程度，与《数据安全法》的分级分类保护制度的要求存在分歧，在实践审判中也会为量刑工作带来困扰，致使罪刑相适应原则的贯彻遭遇阻碍。

再者，《刑法》中的数据管理义务难以应对《数据安全法》的要求。《刑法》虽然在第286条中规定了拒不履行信息网络安全管理义务罪，但并未对安全管理义务作出详细说明，而是依据是否产生相应的危害结果来认定犯罪。这些规定并不是对罪状行为的标准描述，而是重点阐述了行为结果。因此，数据管理义务的说明就必须依靠其他法律文件。《数据安全法》第四章从宏观与微观的角度对此进行了较为详细的阐述，不仅包括了《刑法》第286条中明确规定的保密、保全义务，还要求数据管理者履行预警、通报、风险评估、审核、境外协助等多种义务。而《刑法》仅用危害结果来间接表述数据管理义务内容的立法模式在《数据安全法》出台后便不合时宜，法律条文难以衔接对应。其"有其他严重情节的"之表述使拒不履行信息网络安全管理义务罪在《数据安全法》已经详细列明数种义务的前提下有"口袋罪"之嫌疑。进而导致公民无法准确把握刑法的指引功能，无法正确规范自身行为，使得司法实践中量刑困难，有违立法理性与司法准确性。

另外，《刑法》对数据使用周期的保护不严密。《数据安全法》对数据的保护贯穿数据处理的完整流程。这个流程不仅包括线性的处理流程，也包括周期循环的处理流程。而《刑法》对数据处理的保护仅针对计算机信息系统中存储、处理或者传输等三阶段中非法获取、删除、修改或者增加行为。从数据保护的整体性来考虑,《数据安全法》以数据的生命周期为依据,从数据处理的各个阶段对违法行为进行详细规定,更加全面具体。而《刑法》目前的规定尚无法为数据安全提供全面的保障。

建议《刑法》根据《数据安全法》的内容作出调整。首先扩大数据保护的范围。除电子数据外,以其他方式记录的数据信息也应当得到刑法的保护。其次,建立参照《数据安全法》分级分类保护制度,将数据信息分为国家核心数据、省级重要数据、行业重要数据、其他重要数据,逐级设置不同程度的刑罚对应,将"数据量级、数据级别与数据类别"作为入罪量刑的重要判断标准。再者,明确数据安全管理义务的内容。将《数据安全法》第四章数据安全保护义务的内容引入《刑法》第286条中,将数据安全管理义务的内容具体化、明确化。最后,完善《刑法》对数据周期保护的规定。将第285、286条中数据保护的流程与《数据安全法》第3条的规定相统一,将刑法的数据保护流程扩充至收集、提供、公开等过程。

第十三章 行政法与国家安全法

第一节 行政法与国家安全法律关系概述

一、行政法律与国家安全法律保障体系

国家安全法律保障体系是以《国家安全法》为主导,《反间谍法》《反恐怖主义法》《网络安全法》等维护国家安全的具体部门法为支撑的系统性法律体系。在这些法律中,行政法律占据了大半江山。如果说刑法是国家安全法律保障体系中最后的防线,行政法就是国家安全法律保障体系的前沿阵地。国家安全与社会秩序稳定密切相关。为了维护社会秩序的稳定,国家需要对社会运行的各个组成部分进行协调管理。代表国家进行社会管理的机构就是国家机关。在法治社会中,国家机关履行社会管理职能必须依照特定法律进行,而规范国家机关管理行为的法律就是行政法。行政法按照职权管理的范围进行分类,又可分为经济行政法、军事行政法、教育行政法、公安行政法、网络行政法、卫生行政法、环境行政法、海关行政法等。国家机关依照行政法代表国家行使行政权力,履行管理职责的同时也在履行保护国家安全的职责。从此层面来看,行政法是国家安全法律保障体系中最全面、最基本、最主要的组成部分。行政法的制定与执行将直接影响国家安全法律保障体系的运行效果。尽管行政法在威慑效果上不如刑法,但它是预防一般性违法行为升级为犯罪行为的重要屏障。区别于民法等私法,行政法是从宏观的整体调控角度对各种社会关系进行类别化、抽象化的调整。尽管行政法也会对具体行政行为作出较为细致的规定,但这种规定仍然以服务抽象行政行为为上层目标。尽管行政法涉及的社会领域十分广泛,内容纷繁丰富,但仍不能脱离其他部门法的协助,独自承担国家安全的保护功能。通过与民法、商法、经济法、刑法等其他部门法的协同合作,行政法的国家安全保障功能才能覆盖社会关系的各个方面,才能具备足够的威慑力以预防违法行为的产生。

二、行政安全与国家安全

(一) 行政安全的定义

何为行政安全？我国古代的典籍中有相关记载。例如,《贞观政要·论政体》中记载了唐太宗的名言："君,舟也；人,水也。水能载舟,亦能覆舟。"《淮南子·兵略训》中也有"兵之胜败,本在于政"之说。但从这些文字可以看出,我国封建时期的行政安全指的是封建统治的稳定,与现今的行政安全不是同一个概念。行政安全的概念应当从"行政"与"安全"本身的含义去理解。

"行政"并非现代法治社会的专有词汇,行政思想在人类奴隶社会与封建社会中便已存在。如我国的《资治通鉴》《续通鉴论》,古希腊的《理想国》《政治学》,古罗马的《共和国》等书籍中都包含了行政思想。但此时期的行政思想是一种维护王权、神权、君权的统治思想。为统治阶级服务是这一时期行政思想的特征,它通过暴力镇压与道德约束来克服混乱、无序的社会状态。在形式上它虽然以行政组织和行政行为为中心,但缺乏行政程序与行政监督的约束。当人类进入近代社会后,行政思想也随之产生了改变。伍德罗·威尔逊认为"行政管理是政府工作中极为显著的一部分,它是行动中的政府；它就是政府的执行,政府的操作,就是政府工作中最显眼的部分,并且具有与政府本身同样的经历"[①]。与威尔逊同样坚持行政—政治二分法的古德诺则认为行政就是对国家意志的执行,而政治就是国家意志的表达,政治的具体表现就是行政。由此可以看出,政治与行政不能处于绝对二分的状态。[②] 然而,这种观点强调行政是服务于国家的工具,而未说明国家的本质。在资本主义社会中,国家的本质是资产阶级统治的工具。行政虽名为国家意志的执行,实为资产阶级意志的执行。与封建社会相比,资本主义行政虽已具备显著的法制化特征,但其核心目标并不是为了广大人民的福祉,而是保证资产阶级统治地位的工具。马克思在其著作《评"普鲁士"和"普鲁士国王和社会改革"》一文中指出："所有的国家都在行政机关无意地或有意地办事不力这一点上去寻找原因,于是,他们就把行政措施看作改正国家缺点的手段。为什么呢？就因为行政是国家的组织活动。"[③]马克思对行政的解释是较为科学合

[①] 高建华：《公共政策执行研究的历史发展及研究缘起探析》,载《社会科学家》2006年第S2期。
[②] 张忠朝：《行政安全对国家安全的影响研究》,载《管理学家(学术版)》2012年第4期。
[③] 《马克思恩格斯选集》第二卷,人民出版社1995年版,第412页。

理的。首先,它划清了行政与一般社会组织活动的界限,行政属于国家的活动。其次,划清了行政与司法、立法的界限。行政是行政机关为国家服务而采取的行政管理措施。综合西方学者对行政的理解以及马克思对行政的观点,可以认为行政是国家行政机关对国家的社会公共事务的管理活动。而在社会主义国家中,行政是国家行政机关为了满足人民群众的需求而对国家社会公共事务进行的管理活动,是人民实现当家作主的必要手段。

"安全"的定义较为简单。《现代汉语词典》将其解释为"没有危险,不受威胁"。那么结合行政的定义,当前中国社会主义行政安全应当是指国家行政机关为了满足人民群众的需求而对国家社会公共事务进行管理,并给行为相对人所带来的一种安全状态,保护行为相对人的人身、财产、健康、生命等不受到伤害和损失。

(二)行政安全与国家安全的关系

行政安全与国家安全总体上呈正向关系,即保障行政安全促进国家安全,破坏行政安全影响国家安全。但这种正向关系一般出现于较为稳定的和平社会中。一旦出现剧烈的变革因素,如阶级革命、民族独立等,行政安全与国家安全也可能出现反向关系。因此,行政安全与国家安全之间的关系不能简单而论,需要对行政安全的具体内容进行剖析。

行政安全主要包括以下三个方面:

其一,有效的执行力。行政安全的基本保障是行政决策的有效执行,又可称为决策正确执行。实践中决策执行失误的原因包括两个方面。一方面是决策内容本身及执行程序出现错误,导致行政执行失效。另一方面是因为决策得不到有效执行而导致失误。有美国行政学者认为,决策的有效执行必须综合考虑多种因素,包括原则性与灵活性相结合、建立有效的制度安排、利用各种执行手段(行政手段、经济手段、法律手段、思想教育手段)、重视成本与效益分析、坚持执行程序的效率原则。① 行政安全的保障离不开行政机关有力的执行力。执行力是政府行政的生命力,它的强弱直接反映着政府为民服务的效果,影响着一个地方的发展大局、群众的切身利益以及政府自身的公共形象。② 执行力的概念有狭义与广义之分,狭义的执行力指具体的人或

---

① 参见张忠朝:《行政安全对国家安全的影响研究》,载《管理学家(学术版)》2012年第4期。
② 资料来源:http://opinion.people.com.cn/n/2013/0424/c1003-21254099.html,2022年9月30日访问。

事的执行情况,广义的执行力则通常指机构、团体、组织等复杂主体执行情况。行政机关的执行力属于后者。行政执行本身不是静止的,行政决策目标的实现必须综合考虑执行方法、途径的可变性、创造性、连续性、社会影响性,必须根据现实情况的变化而进行调整。行政决策执行不力的原因,除了影响执行的客观因素外,行政机关的主观心态也是重要原因。这里所说的主观心态不是行政机关是否愿意执行决策,而是包含了利益、能力、文化等因素影响下的行政机关的执行心理。行政机关基于何种立场去执行决策,是为人民服务,还是经济利益至上,又或是二者兼而有之?当行政机关放弃了为人民服务的宗旨,盲目追求"利己"性质的利益时,行政决策的执行就会引发资源浪费、效率低下等问题,进而破坏行政安全,影响国家安全。只有保证行政机关具备有效的执行力,才能正确地运用各种有效资源,分析政策问题,采用各种有效的手段来确保政策的执行。以此来调整好行政主体和行政相对人之间的利益分配关系,维护行政的运行稳定。

其二,让人民满意。我国行政机关行政行为的目的是为人民服务,保护人民利益。服务型政府并不单纯地包括服务理念的建构,或是政府职能的转换,又或是某种行政体制的更新,它是相对于统治型的政府管理而言的一种全新治理模式。[1]人民对行政机关的行政行为是否满意,关键在于人民利益是否得到保护、人民需求是否得到满足。为了实现这个目标,行政机关应致力于维护公共利益。"中国的公共服务模式和服务体系建设应渐进发展,稳步提高,公共服务覆盖面的扩大,公共服务水平的提高都应该依据经济和社会发展的水平加以科学确定。我们不能完全照搬西方发达国家的公共服务模式,而应该坚持'覆盖面广、水平适度、兼顾公平与效率'的原则,在保证最低生活保障、初级卫生保健、义务教育的基础上,以保护贫弱者为重点,逐步扩大公共服务的覆盖面,从而实现人人都享有基本公共服务目标。"[2]2017年10月18日,习近平总书记在党的十九大报告中指出,中国特色社会主义进入新时代,我国社会主要矛盾已经转化为人民日益增长的美好生活需要和不平衡不充分的发展之间的矛盾。我国稳定解决了十几亿人的温饱问题,总体上实现小康,不久将全面建成小康社会,人民美好生活需要日益广泛,不仅对物质文化生活提出了更高要求,而且在民主、法治、公平、正义、安全、环境等方

---

[1] 石国亮:《服务型政府:中国政府治理新思维》,研究出版社2008年版,第15页。
[2] 唐铁汉:《建设公共服务型政府的着力点》,载《人民日报》2005年3月4日第15版。

面的要求日益增长。同时,我国社会生产力水平总体上显著提高,社会生产能力在很多方面进入世界前列,更加突出的问题是发展不平衡不充分,这已经成为满足人民日益增长的美好生活需要的主要制约因素。[①] 让人民满意是行政行为的主要目标,也是维护社会稳定的重要基础,还是行政安全的重要保证。

其三,政策环境安全稳定。政策环境是指影响行政决策的外部条件的总和,它容易受到地理环境、政治传统与文化、社会变迁、国际环境等因素的影响。行政安全的目标是建立一种富强、文明、民主、和谐的社会氛围,行政决策也包含了这样的目标。行政机关需要通过行政行为对政治、文化、外交、教育、医疗等一系列社会关系进行调整,保证社会环境的稳定。只有稳定的社会环境才能促使行政机关作出正确的行政策略,而正确的行政策略又会保证社会环境的安定,二者互为作用,良性循环,进而才能保证行政安全,最终实现国家安全。

本书所讨论的国家安全是在中国共产党领导下,人民当家作主的和平年代中的国家安全。行政安全与国家安全相互促进。行政行为所依据的行政法也是维护国家安全的重要保障。完善的行政法律体系将促进国家安全保障进入更高的层次。

第二节 行政法与《国家安全法》的衔接问题

一、《反恐怖主义法》与《国家安全法》

2016年1月1日,《反恐怖主义法》正式颁布实施。该法对恐怖活动组织和人员的认定、安全防范、情报信息、调查、应对处置、国际合作、保障措施、法律责任等方面作出了全面规定,将之前分散于其他法律中的反恐规定进行了系统整合,强化了各个法律之间反恐规定的衔接,完善了我国反恐怖主义法律制度建设,使反恐怖工作的法治化程度得到进一步提升,为依法打击恐怖主义活动提供了充足的依据。既完善了中国特色的社会主义法律体系,又健全了国家安全的法律保障体系。《反恐怖主义法》对《国家安全法》的积极意

---

① 资料来源:http://cpc.people.com.cn/n1/2017/1028/c64094-29613660-2.html,2022年9月30日访问。

义不可否认,但二者之间的衔接还存在一些问题。

(一) 安置教育制度立法不明确

《反恐怖主义法》第 30 条第 1 款规定:"对恐怖活动罪犯和极端主义罪犯被判处徒刑以上刑罚的,监狱、看守所应当在刑满释放前根据其犯罪性质、情节和社会危害程度,服刑期间的表现,释放后对所居住社区的影响等进行社会危险性评估。进行社会危险性评估,应当听取有关基层组织和原办案机关的意见。经评估具有社会危险性的,监狱、看守所应当向罪犯服刑地的中级人民法院提出安置教育建议,并将建议书副本抄送同级人民检察院。"其中出现了"安置教育"这种特殊的惩罚措施。而这种惩罚措施既不属于《刑法》中的刑罚,也不存在于《治安管理处罚法》《行政处罚法》中,属于创设性的新型处罚方式。但是,这种新型处罚的"新"存在较大争议,由于安置教育与收容教育相似度过高,导致安置教育被认为是收容教育制度的翻版。自 2003 年起,我国相继废止了在《刑法》之外不经法院审判即可剥夺公民人身自由权益的相关制度,如收容遣送、劳动教养制度、收容教育制度。而安置教育与劳动教养或收容教育相似度极高,主要表现在三个方面。其一,具有劳动教养性质。与劳动教养相比,两者的发起机关相同。依照劳动教养相关制度的规定,劳动教养是公安机关发起并决定的,由行政司法部门来执行。而安置教育根据《反恐怖主义法》的规定也是由公安机关发起建议,由法院决定是否实施,由省级人民政府组织实施。这即是说安置教育最终还是由地方司法行政机关实施。在执行主体上,安置教育也与劳动教养一致。其二,未经审判剥夺相对人权利。与劳动教养制度相比,安置教育虽然经过了一定的司法程序,但这种程序不是完整的刑诉程序,更像是行政程序,公安机关的决定建议作用过大。其三,程序缺乏正当性。劳动教养制度被彻底废除的根本原因就在于其剥夺了相对人的基本权利却未经过审判程序的认定。安置教育的适用也缺乏审判程序,因此其程序正当性也受到质疑。

因此,安置教育应当在适用条件、适用程序以及监督救济方面作出改进。首先,明确安置教育的适用条件。适用安置教育的犯罪分子必须满足三个条件:实施了恐怖活动和极端主义行为且足以构成犯罪;被判处刑罚为有期徒刑以上;具备极高的危害国家安全罪再犯可能性。其次,规范适用程序。安置教育由监狱或看守所在刑罚执行完毕之前提出,且必须经过危险评估和预测确定为具有极大的再犯危险。法院在审查时,应综合考虑罪犯的犯罪危害性,并重点考察再犯可能性。必要时可在评估过程中采用类似庭审对抗的模式,由评估双方进行质证,根据质证结果决定安置教育的适用或解除。安置教育的执行应当根据服刑罪犯的社会危险性程度不同,安排不同的措施,以实现预期的良好效果。为了防止安置教育因适用期限不明确造成权力滥用,必须设定适用上限,但依然必须符合罪刑相适应原则。最后,完善安置教育的监督与救济。安置教育的监督主要由检察机关进行。监督的过程必须贯穿安置教育的提出、决定与执行整个过程,保证监督的同步性与完整性。同时,给予被教育者救济的途径,允许其对安置教育决定不服可以向上一级人民法院申请复议。[1]

（二）海上反恐立法空白

《国家安全法》第 17 条规定:"国家加强边防、海防和空防建设,采取一切必要的防卫和管控措施,保卫领陆、内水、领海和领空安全,维护国家领土主权和海洋权益。"但是《反恐怖主义法》对我国海上反恐的规定却处于空白状态。一方面,其对海上反恐的联动机制没有作出明确规定。我国海上反恐主要依靠海军、海警、公安机关和海事部门。各部门虽总体上依据宪法和刑诉法、刑法进行反恐活动,但因具体的职权不同,各部门还要依据各自的行政规章开展海上反恐活动。由于缺乏统一的法律进行指引,实践中,管辖冲突、执法活动依据不明确等问题时有发生。此外,在情报交换方面,也存在交流不畅、信息不对称的障碍。没有形成灵活联动、高效顺畅的海上反恐联动机制,导致各部门职责不清,无法及时有效地打击海上恐怖活动。另一方面,其缺乏对海上反恐特别程序的规定。我国对海上反恐的相关国际条约的国内法转化程度不足,很多处置程序没有作出特别规定。例如,SUA 公约 2005 年议定书中为登临权提供了三种可能,但行动起来仍需要更详细的实施细则。我国对登临机制的详细程序规定还不充分,执法人员在对他国船只行使登临权时出现的问题并没有很好的解决办法。[2] 再如,对海上恐怖分子的管辖和引渡,我国的法律也没有进行详细规定。《刑法》等现有法律对这些国际条约中的特殊问题都没有作出对应的回应,针对海上恐怖活动的特殊性,现实需求与刑事程序针对性立法的不足之间的矛盾尤为突出,普通的刑事程序法不能

---

[1] 参见张桂霞:《反恐法中的安置教育制度研究》,载《湖北警官学院学报》2017 年第 5 期。
[2] 参见王家兵:《海上反恐与登临法律制度的完善》,载《外交评论(外交学院学报)》2009 年第 4 期。

有效应对。

为了满足《国家安全法》对海上恐怖活动的防治,《反恐怖主义法》应当建立统一的协调工作机制,形成一个在全国范围内自上而下、由中央到地方,各个部门紧密联合,协调一致的反恐协作制度。促进海军、海警、公安机关、交通海事等多个部门彼此相互合作,以避免九龙治水,各自为政的混乱状态。积极调动所有海上反恐力量有效打击海上恐怖活动。同时,建立海上反恐特别刑事诉讼程序。现有的刑事程序不能完全满足海上反恐的需求,《反恐怖主义法》可以针对此点作出一些特别规定。例如,赋予海上反恐部门更灵活的权限。因为海上环境情况复杂,现场状况瞬息万变,不能依照陆地上的反恐程序进行处置。尤其当管辖权出现矛盾时,必须赋予海上反恐部门更灵活的处置措施,可以考虑允许有关反恐部门根据现场情况灵活地进行先期处理。再如,在取证方面,由于海上证据保全工作难度极大,有必要提高言证在海上恐怖活动中的作用,必要时可以允许通过秘密侦查手段取得证据。还可适当扩大事前的检查权限,允许对海上恐怖活动进行事前检查,强化登临权的运用。另外,建立海上恐怖活动集中管辖制度。我国海岸沿线跨越多个省市,海上恐怖活动的地域界限比陆地界限更难区分。为了防止属地管辖冲突,《反恐怖主义法》可以考虑将海上恐怖活动的管辖权集中到特定的机构,实现统一侦查、统一审理,提高打击海上恐怖活动的效率。

(三)国际合作不畅

我国《国家安全法》和《反恐怖主义法》都对国际合作作出了相关规定,然而,实际情况却不尽人意。当前联合国已通过的反恐怖主义国际公约和系列决议,明确要求缔约国通过国际合作共同打击恐怖活动。这些公约和决议绝大多数是针对特定恐怖行为制定的,对恐怖主义的刑事管辖权适用普遍管辖原则,并强调对恐怖分子不适用政治犯不引渡原则。[①] 我国作为联合国成员,应当遵守国际反恐公约,履行国际反恐义务。但实践中的一些问题依然阻碍国际反恐合作的运行。首先,管辖权冲突。尽管联合国倡导国际反恐合作应当不分国界,但各国无法破除传统属地管辖的传统,加上恐怖主义犯罪具有极强的"政治性",而"政治性"又会被许多国家用来排除他国管辖,进而导致反恐合作无法开展,为境外反恐活动带来了巨大阻碍。恐怖活动本身又呈现

---

① 李恒、贾宇:《当前欧美国家反恐形势、特点、政策及其对中国的启示》,载《宁夏社会科学》2018年第3期。

出预备地、实施地、结果地、销赃地、犯罪行为人的藏匿地不统一和网络化的趋势,管辖权冲突更加复杂。其次,恐怖主义犯罪认定及程序难以统一。各国关于恐怖犯罪的认定存在差异,如我国普遍认同的"藏独"恐怖组织,在印度就无法获得认同。在认定主体上,各国的规定也不一致。有些国家采取司法认定模式,如德国、俄罗斯等。《德国刑法典》第129条A款规定"对恐怖组织和人员的认定由法官根据证据决定"。还有国家采取行政认定模式,如美国、英国、印度、以色列等。美国《反恐怖主义及有效死刑法案》赋予国务卿两年一次指认恐怖组织的权力。而我国采取行政和司法双重认定模式。[①] 再者,在域外取证、侦查方面,各国出于主权保护,一般不会允许他国直接跨国进行。域外协助又因各国司法程序与效率的不同,导致取证、侦查结果的质量难以保证。而且,在国际反恐合作方面,我国专业人才紧缺,相关的经验和技术都相对不足,难以应对国际反恐的需求。此外,我国与其他国家签订的引渡协议在数量上并不足以为引渡工作提供充足的支撑。加上境外反华势力经常以"人权保障""死刑未废除""宗教信仰不自由"为借口,干扰我国引渡协议的适用,使我国引渡工作难以有效开展。加上部分动荡国家缺乏足够的安全保障力量,无论是司法工作人员还是犯罪嫌疑人的人身安全都处于高度危险之中,加剧了引渡工作的困难。

为了满足《国家安全法》对反恐防治的需求,《反恐怖主义法》及相关制度也必须进行改进。首先,为了赋予《反恐怖主义法》足够的域外效力,有必要建立广泛的区域性反恐合作机制。由于世界各国的文化、宗教、经济等情况各不相同,应当在尊重各国主权的基础上,在国情相似的地区开展区域性反恐合作。目前,国际社会中比较成功的反恐协定有美洲国家之间签订的《关于防止和惩治恐怖主义行为的公约》、欧盟国家之间签订的《惩治恐怖主义的欧洲公约》以及阿拉伯国家联盟之间签订的《关于打击恐怖主义的公约》。我国也可以借鉴这些协定的内容与形式,与不同地区的国家群体开展区域性反恐合作。其次,要对《反恐怖主义法》的相关规定进行细化。如制定境外反恐措施的具体行动细则;完善跨国侦查、证据使用、文书送达、人员引渡等内容的行动依据;以《反恐怖主义法》为提领,根据本地区反恐的重难点提出立法对策,立足地方实际找准着力点制定具体详细的实施细则;加强与地方立法

---

① 刘少军:《〈反恐法〉中的境外反恐问题研究》,载《安徽警官职业学院学报》2016年第2期。

的配套衔接;等等。只有从国际与国内综合角度出发,才能充分完善《反恐怖主义法》的内容,并强化法条的执行效果,满足《国家安全法》对恐怖主义活动的防治要求。

二、《网络安全法》与《国家安全法》

2017年6月1日,《网络安全法》颁布实施,标志着我国网络空间治理、信息安全保护正式进入法制管理时代。《网络安全法》为我国维护网络秩序、保护数据安全与个人信息、规范网络平台管理、预防网络犯罪提供了充足的法律依据。它对网络运行、信息安全、检测和响应、监管处罚等方面进行了详细规定,围绕网络空间主权原则、网络空间安全与信息化发展并重原则、共同治理原则等进行了顶层设计,在数据安全保护方面按照数据安全、个人数据保护及国家层面数据保护三个层次进行了递进式的要求和规定。① 但《网络安全法》仍然属于我国网络安全治理的初期法律文件,依然存在部分内容过于原则,执行层面相对宽泛的问题,不利于实践操作的具体落实。《国家安全法》第25条规定:"国家建设网络与信息安全保障体系,提升网络与信息安全保护能力,加强网络和信息技术的创新研究和开发应用,实现网络和信息核心技术、关键基础设施和重要领域信息系统及数据的安全可控;加强网络管理,防范、制止和依法惩治网络攻击、网络入侵、网络窃密、散布违法有害信息等网络违法犯罪行为,维护国家网络空间主权、安全和发展利益。"而《网络安全法》在实践中暴露的一些问题导致《国家安全法》的要求不能很好地得到满足。

首先,执行依据不够具体。《网络安全法》在网络营运、数据传输、信息发布、信息收集、网络举报等安全管理环节均作出了具体而明确的规定,尤其在法律责任方面对违反网络安全管理行为的处罚制定了明确具体的标准。但在具体执行方面,相关规定过于原则。例如,《网络安全法》第37条规定:"关键信息基础设施的运营者在中华人民共和国境内运营中收集和产生的个人信息和重要数据应当在境内存储。因业务需要,确需向境外提供的,应当按照国家网信部门会同国务院有关部门制定的办法进行安全评估;法律、行政法规另有规定的,依照其规定。"但如何进行评估?评估依据的标准是什么?

---

① 周永战、刘鸣、田延伟:《从执法实践看〈网络安全法〉三周年实施成效》,载《中国信息安全》2020年第6期。

均未作出明确说明。再如,《网络安全法》第 41、42、43、44 条对网络实名制提出了具体的要求,但是没有规定统一的执行标准。实名制收集的信息具体应当包括哪些内容,不同的企业、不同的应用程序对于实名认证的落实程度不一,尤其是在游戏、金融等领域,几乎没有统一的参照。此外,对于网络信息系统停机整顿的处罚规定也缺乏具体的表述,"采取消除等处罚措施"的规定过于笼统,难以操作。

其次,《网络安全法》针对个人数据保护进行了较为详细的规定,但国家层次的数据保护规定则较为笼统、原则。对非特殊主体在运营网络平台管理时维护国家安全的责任规定不明确。《网络安全法》虽然对国家网络安全的检测预警和信息通报制度作出了规定,但其主体只列明了国家网信部门、负责关键信息基础设施安全保护工作的部门,是否还包括其他主体尚不明确。而且在安全检测预警和信息通报的实际操作方面,仅规定了基本框架,对相关责任主体、监测模式、通报周期等具体细节没有进一步说明。另外,对于企业的协助和报告责任没有进行集中规定,而是散布于不同条款中,同时也未对境外互联网管理、网安部门与我国网信部门的网络安全信息共享机制作出具体规定。①

再者,应对突发事件相关制度不够清晰。《网络安全法》第 58 条规定:"因维护国家安全和社会公共秩序,处置重大突发社会安全事件的需要,经国务院决定或者批准,可以在特定区域对网络通信采取限制等临时措施。""网络通信限制措施"具体包含哪些内容?《网络安全法》中并没有明确回答。随着互联网的不断发展,云计算、大数据、智能终端已经将个体链接扩展到人们生活的多个方面。对公民个人通信自由的限制也可能对公民人身权和财产权产生重要影响。如果《网络安全法》对网络通信采取限制表述不明晰,极有可能导致实践执行中权力的过度使用侵犯人民群众的基本权利。

《网络安全法》对《国家安全法》的重要性毋庸置疑,尤其在人类社会进入信息化时代之后,通讯、办公、交易、教育、医疗等社会活动的数字化程度越来越普及,网络安全已经成为继国土安全、军事安全之后,极其重要的国家安全组成部分。习近平总书记在 2018 年全国网络安全和信息化工作会议上的讲话中指出:"没有网络安全就没有国家安全,就没有经济社会稳定运行,广大

---

① 叶青:《完善网络安全立法加强网络空间法治保障》,载《社会科学报》2020 年 4 月 16 日第 3 版。

人民群众利益也难以得到保障。"《网路安全法》必须在实践中不断磨练,及时改进自身的缺陷,才能更好地与《国家安全法》衔接。首先,必须明确执行的具体依据。例如,在落实实名制之前,对个人信息的采集内容进行明确规定,对个人信息进行分级保护。《民法典》、最高人民法院《关于审理利用信息网络侵害人身权益民事纠纷案件适用法律若干问题的规定》、中国国家标准化管理委员会《信息安全技术个人信息安全规范》等法律法规已经对个人信息保护作出规定,《网络安全法》可以考虑将其纳入。此外,可参考欧盟 GDPR 等立法成果,吸收其中的积极经验,在《网络安全法》中确立个人信息分类分级保护制度。将个人信息按照性质、内容等标准进行分类,并对信息的敏感度进行分级,从而可以针对不同类别和层级的个人信息进行差别化保护,实现信息保护与利用的平衡。[①] 其次,明确网络安全应急管理措施。网络安全应急管理措施应当具备完整的应急演练业务流程和相关业务标准,拥有统一的标准规范、管理办法和相关配套措施,如此才能形成规范体系。在这个体系之内还必须拥有系统的管理机构。建议设立专门的国家级网络安全应急中心,对特别重大网络安全突发事件进行统一指导、统一协调、统一督促。同时建立跨区域、跨部门的联动机制,共同应对网络安全突发事件。[②] 再者,明确网络运营商的管理义务。针对不同级别的数据信息设置不同等级的访问、改写权限。对国家级安全数据应当禁止远程访问操作。组建专门的网络安全管理团队,监控数据访问与使用的情况。建立应急管理机制防范安全数据泄露的次生危害,及时上报国家网络安全管理机构。制定更为细致的处罚措施倒逼网络运营商强化安全保护意识与能力,规范网络管理程序,提高员工的安全防范意识,预防网络安全风险。[③]

三、《行政处罚法》与《国家安全法》

《行政处罚法》是维护我国行政安全的重要法律,也是行政机关行使行政处罚权的重要依据。行政处罚是国家安全机关在预防和打击危害国家安全违法活动中运用最广、最具代表性、最重要的手段,是维护国家安全重要的组

[①] 参见叶青:《完善网络安全立法加强网络空间法治保障》,载《社会科学报》2020 年 4 月 16 日第 3 版。
[②] 资料来源:https://www.sohu.com/a/198792302_490113,2022 年 9 月 30 日访问。
[③] 参见叶青:《完善网络安全立法加强网络空间法治保障》,载《社会科学报》2020 年 4 月 16 日第 3 版。

成部分。自1996年颁布施行至今,《行政处罚法》为我国行政职能的正常运行贡献了巨大力量。然而,随着《国家安全法》《反恐怖主义法》《反间谍法》等一系列新法律的诞生,《行政处罚法》的内容与《国家安全法》也存在一些衔接的问题。

(一) 国家安全机关的行政处罚权不明确

《国家安全法》第42条第1款规定:"国家安全机关、公安机关依法搜集涉及国家安全的情报信息,在国家安全工作中依法行使侦查、拘留、预审和执行逮捕以及法律规定的其他职权。"第52条规定:"国家安全机关、公安机关、有关军事机关根据职责分工,依法搜集涉及国家安全的情报信息。"第75条规定:"国家安全机关、公安机关、有关军事机关开展国家安全专门工作,可以依法采取必要手段和方式,有关部门和地方应当在职责范围内提供支持和配合。"但其并未对国家安全机关是否具有行政处罚权以及具有何种行政处罚权作出明确说明。通常情况下"法律规定的其他职权"似乎可以理解为包括行政处罚权,但《行政处罚法》第三章行政处罚的实施机关中并未明确指明国家安全机关。虽然从宏观层面来看,国家安全机关也属于行政机关,直接套用《行政处罚法》的内容也并无不妥,但是涉及部分特别规定的权力时,如不采用"明示"的条文进行表述,必然导致实践执法中出现问题。例如,在2015年《国家安全法》出台前,1993年《国家安全法》及其实施细则对国家安全机关是否具有罚款权没有作出明示规定,理论界与实践界对此早已产生了争议。而这个问题在2015年《国家安全法》与其实施细则中仍然没有得到解决。任何一项公权力的行使必须有明确的法律依据,否则就是非法的越权行为。国家安全机关是否具有行政罚款权应当得到法律的明确规定。尤其在国家安全机关已被《国家安全法》明列为特殊的行政机关之背景下,其行政处罚权的行使更应该体现透明、合法的特点。因此,有必要强化国家安全机关行政处罚权的合法性与透明性。可以考虑在《行政处罚法》中对国家安全机关的行政处罚权进行单独规定,也可以考虑在《国家安全法》或其实施细则中对国家安全机关的行政权力进行具体规定,以防止国家安全机关履行行政处罚职责出现争议。

(二) 驱逐出境的适用主体存在误解

驱逐出境亦称逐出国境,指强制在中国境内犯罪的外国人或无国籍人离开中国境内的刑罚或治安处罚。《公安机关办理行政案件程序规定》第251条第 1 款规定："外国人违反治安管理或者出境入境管理，情节严重，尚不构成犯罪的，承办的公安机关可以层报公安部处以驱逐出境。公安部作出的驱逐出境决定为最终决定，由承办机关宣布并执行。"由此可见，驱逐出境属于公安机关行使的行政处罚，且对应了《行政处罚法》第 42 条"法律规定的其他职权"的规定。那么对于危害国家安全的外国人是否可以适用这种行政处罚呢？《最高人民法院、最高人民检察院、公安部、外交部、司法部、财政部关于强制外国人出境的执行办法的规定》第 2 条第 5 款规定："我国政府已按照国际条约或《中华人民共和国外交特权与豁免条例》的规定，对享有外交或领事特权和豁免的外国人宣布为不受欢迎的人或者不可接受并拒绝承认其外交或领事人员身份、责令限期出境的人，无正当理由逾期不自动出境的，凭外交部公文由公安部指定的公安机关负责执行或者监督执行。"显然，实施了危害国家安全违法行为的外国人也可以适用驱逐出境。那么国家安全机关是否有权行使驱逐出境的权力呢？《国家安全法》对此没有规定，但是《中华人民共和国反间谍法实施细则》第 24 条规定："对涉嫌间谍行为的人员，国家安全机关可以决定其在一定期限内不得出境。对违反《反间谍法》的境外个人，国务院国家安全主管部门可以决定限期离境或者驱逐出境，并决定其不得入境的期限。被驱逐出境的境外个人，自被驱逐出境之日起 10 年内不得入境。"可见国家安全机关有权行使驱逐出境这项权力。然而，如果仅参照《国家安全法》和《行政处罚法》的规定，很难查证国家安全机关的驱逐出境权。事实上，旧《国家安全法》第 30 条明确规定："境外人员违反本法的，可以限期离境或者驱逐出境。"而现行《国家安全法》却删除了这一规定，如果不结合《中华人民共和国反间谍法实施细则》，容易使人产生国家安全机关的驱逐出境权已被收回的误解。

驱逐出境对维护国家主权来说不仅只是一种处罚的手段，它在维护国家安全与主权方面有着特殊的意义。一方面，驱逐出境是维护国家安全的必要手段。驱逐出境将在一国国土内实施危害本国安全的外国罪犯驱逐出本国国境，并对其限期入境或永久不得入境，以切断外国罪犯与驱逐国的联系，还要限制其再次入境的权利，以预防其再次实施危害国家安全的犯罪。另一方面，驱逐出境同时向其他国家宣誓本国的政治主权。尽管政治主权不像国土主权一般拥有较为明确的物理载体，但是它同样是一国独立的重要特征，同样需要采取必要的手段进行维护。驱逐出境通过禁止被认为威胁本国政治秩序的人继续留在本国,对实施危害国家安全行为的罪犯进行驱逐,正是响应这种需求的手段。同时,这种手段只针对外国人,而不适用于本国公民,充分体现了"公民"标志着一个人拥有不可剥夺的权利,即归属于这个国家的权利。[1] 因此,国家安全机关拥有驱逐出境权完全符合其维护国家安全职责的要求。我国《国家安全法》和《行政处罚法》未在法条表述上进行明示,不便于群众理解,存在一定的瑕疵。同时,也与《行政处罚法》第 5 条"行政处罚遵循公正、公开的原则"的规定存在一定的抵触。建议《行政处罚法》或《国家安全法》对国家安全机关的驱逐出境权作出明确规定,以便消除误解,与《中华人民共和国反间谍法实施细则》形成呼应,保证国家安全法律保障体系的连贯性。

---

[1] 参见杜少尉:《我国刑事驱逐出境完善研究——以国家安全为视角》,载《法学杂志》2020 年第 8 期。

第十四章 国家安全党内法规

第一节 国家安全党内法规概述

一、国家安全党内法规的概念及分类

从广义社会规范角度来看,我国存在两套规范体系,一个是国家法律体系,另一个是中国共产党的党内法规体系。中国共产党是中华人民共和国的执政党,截至2021年6月5日,中国共产党党员总数达到9514.8万名,基层党组织486.4万个[1],分布在全国的各行各业。党在国家的政治、经济、文化、社会、生态文明等领域的建设中,发挥着领导核心的作用,而党内法规是调整党组织、党员工作和活动的重要规范来源。经过百年的党建工作,党内法规已经发展成为一个"内容科学、程序严密、配套完备、运行有效"的精致体系,逐渐形成了党内法规与国家法律"各行其道、并行不悖、相辅相成、共襄法治"的二元法治格局。[2] 党内法规与宪法、法律等国家法律体系共同成为中国特色社会主义法治体系的重要组成部分。

1990年《中国共产党党内法规制定程序暂行条例》对"党内法规"概念的内涵和外延作出明确界定,并规定了党内法规的制定程序。其后随着党内法规体系和程序的不断发展,党内法规的定义也不断完善,2012年出台、2019年修订的《中国共产党党内法规制定条例》第3条第1款将"党内法规"概念的定义明确规定为"党内法规是党的中央组织,中央纪律检查委员会以及党中央工作机关和省、自治区、直辖市党委制定的体现党的统一意志、规范党的领导和党的建设活动、依靠党的纪律保证实施的专门规章制度"。从党内法规的定义出发,党内法规应具备四个特征:其一,党内法规在本质上是党的统一意志的体现;其二,党内法规在功能上属于规范党的领导和党的建设活动的

---

[1] 资料来源:https://baijiahao.baidu.com/s?id=1703958085941534695&wfr=spider&for=pc,2022年9月25日访问。

[2] 欧爱民:《党内法规与国家法律关系论》,社会科学文献出版社2018年版,第1页。

行为规范;其三,党内法规在形态上表现为专门规章制度;其四,党内法规在实现方式上依靠党的纪律来保障实施。

截至 2021 年 7 月 1 日,全党现行有效党内法规共 3615 部。其中,党中央制定的中央党内法规 211 部,中央纪律检查委员会以及党中央工作机关制定的部委党内法规 163 部,省、自治区、直辖市党委制定的地方党内法规 3241 部。党内法规使用党章、准则、条例、规定、办法、规则、细则 7 类名称,现行有效党内法规中共有党章 1 部,准则 3 部,条例 43 部,规定 850 部,办法 2034 部,规则 75 部,细则 609 部。① 党内法规体系以"1+4"为基本框架,即在党章之下分为党的组织法规、党的领导法规、党的自身建设法规、党的监督保障法规四大版块。党章是最根本的党内法规,是制定其他党内法规的基础和依据。对党的性质和宗旨、路线和纲领、指导思想和奋斗目标、组织原则和组织机构、党员义务和权利以及党的纪律等作出根本规定,全面阐明党的政治立场、政治目标、政治路线、政治方针,集中反映党的重大理论创新、实践创新、制度创新成果,是党和人民实践经验和集体智慧的结晶,是党的统一意志最集中体现,是统一全党思想和行动、引领全党前进的"一面公开树立起来的旗帜"。党的组织法规是调整党的各级各类组织产生、组成、职权职责等的党内法规,为党管党治党、执政治国提供组织制度保障;党的领导法规是规范和保障党对各方面工作实施领导,明确党与人大、政府、政协、监察机关、审判机关、检察机关、武装力量、人民团体、企事业单位、基层群众性自治组织、社会组织等领导与被领导关系的党内法规,为党发挥总揽全局、协调各方的领导核心作用提供制度保障;党的自身建设法规是调整党的政治建设、思想建设、组织建设、作风建设、纪律建设等的党内法规,为提高党的建设质量、永葆党的先进性和纯洁性提供制度保障;党的监督保障法规是调整党的监督、激励、惩戒、保障等的党内法规,为保证党组织和党员干部履行好党和人民赋予的职责提供制度保障。

在党的领导和党的建设活动中,国家安全工作是重中之重。2014 年 4 月 10 日,习近平总书记在首个全民国家安全教育日之际作出重要指示,"实现中华民族伟大复兴的中国梦,保证人民安居乐业,国家安全是头等大事""…建立集中统一、高效权威的国家安全体制,加强对国家安全工作的领导"②。而

---

① 资料来源:https://www.ccdi.gov.cn/toutiao/202108/t20210804_247639.html,2022 年 9 月 30 日访问。

② 习近平:《习近平谈治国理政》,外文出版社 2014 年版,第 200 页。

贯彻落实习总书记的指示,加强党对国家安全工作的领导,制定和完善国家安全党内法规是必要措施。党章与其他多部涉及国家安全工作领导、实施等方面规定的党内法规共同组成了国家安全党内法规体系。总结来看,所谓的国家安全党内法规体系,就是指党内法规中有关国家安全事项的规范组成的有机整体。涉及国家安全的党内法规分为以下几类:

一是对国家安全工作的原则性规定。党的十九大报告指出,坚持总体国家安全观,必须坚持国家利益至上,以人民安全为宗旨,以政治安全为根本,统筹外部安全和内部安全、国土安全和国民安全、传统安全和非传统安全、自身安全和共同安全,完善国家安全制度体系,加强国家安全能力建设,坚决维护国家主权、安全、发展利益。党的十九大于2017年10月24日审议修改了党章,在原有"加强社会治安综合治理,依法坚决打击各种危害国家安全和利益、危害社会稳定和经济发展的犯罪活动和犯罪分子,保持社会长期稳定"的论述后面,增加了"坚持总体国家安全观,坚决维护国家主权、安全、发展利益"。对党坚持总体国家安全观、领导国家安全工作进行了原则性的规定。对比来看,修改前党章中对"国家安全"的表述仅涉及打击危害国家安全犯罪活动,范围和领域均较为局限。而总体国家安全观以一系列紧密联系、相互贯通的基本观点,科学回答了中国这样一个发展中的社会主义大国如何维护和塑造国家安全的一系列基本问题,总体国家安全观写入党章,标志着中国共产党对国家安全基本规律和基本原则的认识达到了新高度。2022年10月22日,党的二十大审议修改党章,在"坚持总体国家安全观"之后加入"统筹发展与安全",对总体国家安全观进行了进一步的完善和细化,进一步丰富了总体国家安全观的原则内涵。

二是对国家安全工作的领导类法规。总体国家安全观之下,国家安全的维护是一个综合系统工程。国家安全涵盖的领域,既包含政治、国土、军事等传统安全领域,也包括经济、文化、社会、科技、网络、生态等非传统安全领域。中国共产党是中国特色社会主义事业的领导核心,国家安全工作涵盖领域范围广泛决定了国家安全工作领导法规亦涉及各个领域,难以尽述,但聚焦较为具体、直接规范领导国家安全工作的党内法规主要如下:

(1)党领导国家安全的总体性规定。《中国共产党领导国家安全工作条例》坚持以习近平新时代中国特色社会主义思想为指导,深入贯彻总体国家安全观,坚持党中央对国家安全工作的集中统一领导,把党的领导贯穿于国家安全工作全过程各方面,是新时代党领导国家安全工作的根本遵循。

(2) 党领导国家安全执法、司法工作的法规。国家安全的执法和司法工作是国家安全工作的前线。《中国共产党政法工作条例》《保护司法人员依法履行法定职责规定》《党政主要负责人履行推进法治建设第一责任人职责规定》《法治政府建设与责任落实督察工作规定》等法规的出台完善了党领导执法、司法的体制机制,把党对国家安全工作的领导落实到依法治国全过程各方面。

(3) 党领导政治安全工作的法规。如《中国共产党统一战线工作条例》《社会主义学院工作条例》等,加强了党对统一战线工作的集中统一领导,巩固和发展了最广泛的爱国统一战线。

(4) 党领导意识形态安全的法规。《中国共产党宣传工作条例》等对加强党对宣传工作的全面领导作出了明确规定,为党和国家事业发展提供了有力的思想保证和强大的精神力量。《党委(党组)意识形态工作责任制实施办法》《党委(党组)网络意识形态工作责任制实施细则》等确立了严格的意识形态工作责任制度,有效地维护了我国的意识形态安全和文化安全。

(5) 党领导网络安全建设的法规。2017年8月15日实施的《党委(党组)网络安全责任制实施办法》是针对网络安全领域的党内法规,对厘清网络安全责任、落实保障措施、推动网信事业发展具有重要作用。该办法从责任主体、责任范围、责任事项、问责主体、启动问责的条件、问责措施等角度对网络安全工作责任制进行了明确规定。

(6) 党领导社会安全建设的法规。如《地方党政领导干部食品安全责任制规定》《地方党政领导干部安全生产责任制规定》《健全落实社会治安综合治理领导责任制规定》等。

(7) 党领导生态安全建设的法规。《中央生态环境保护督察工作规定》《领导干部自然资源资产离任审计规定(试行)》《党政领导干部生态环境损害责任追究办法(试行)》等压实了生态文明建设和生态环境保护政治责任,推动生态安全建设。

(8) 党领导国防安全建设的法规。《中国共产党军队党的建设条例》《军队政治工作条例》等,强调了党对军队的绝对领导,为全面深入贯彻军委主席负责制,实现国防安全提供了有力保证。

三是提高党自身领导国家安全能力的法规(自身建设法规)。党对国家安全工作的绝对领导需要通过党的干部、党的各级组织和广大党员来实施。从这个意义上来看,党加强党内组织纪律、强化党的领导能力的党的自身建设法规事实上强化了党对国家安全的领导。如党的二十大审议修改了党章,增加了"党的自我革命永远在路上""不断健全党内法规体系"等重要表述,将"强化治党管党主体责任和监督责任"修改为"强化全面从严治党主体责任和监督责任",体现了全面从严治党、强化党自身领导能力的决心。《中国共产党重大事项请示报告条例》规定了重大事项党内请示报告体制机制和方式方法,规范了向党中央请示报告制度,规定国家安全、港澳台侨、外交、国防、军队等党中央领导和决策的重大事项,必须向党中央请示报告,特别确保包括国家安全的政令畅通、令行禁止。十九届中央国家安全委员会第一次会议审议通过了《党委(党组)国家安全责任制规定》,明确了各级党委(党组)维护国家安全的主体责任,进一步强化了党领导国家安全的自身建设。

二、国家安全党内法规与国家安全法律的关系

在我国针对国家安全工作的"法律—党内法规"二元法治格局下,正确认识和处理党内法规同国家法律的关系、实现两者的协调和协同是关键所在。十八大以来,随着"四个全面"战略布局的形成,党内法规同国家法律的关系问题日益凸显。党的十八届四中全会通过的《中共中央关于全面推进依法治国若干重大问题的决定》明确指出,要"注重党内法规同国家法律的衔接和协调,提高党内法规执行力,运用党内法规把党要管党、从严治党落到实处,促进党员、干部带头遵守国家法律法规"。习近平总书记也多次谈及这一问题,强调"要完善党内法规制定体制机制,注重党内法规同国家法律的衔接和协调,构建以党章为根本、若干配套党内法规为支撑的党内法规制度体系,提高党内法规执行力。党章等党规对党员的要求比法律要求更高,党员不仅要严格遵守法律法规,而且要严格遵守党章等党规,对自己提出更高要求"[①]。具体到国家安全领域,更要正确认识党内法规和国家法律的关系,达到二者的相互协同、相辅相成,为国家安全工作提供可靠的规范体系保障。

(一)国家安全党内法规与国家法律的密切联系

第一,二者在根本方向和指导思想上的一致性。无论是出台《国家安全

---

① 习近平:《加快建设社会主义法治国家》,载《求是》2015年第1期。

法》《反间谍法》《国家情报法》等关涉国家安全的法律法规,还是制定调整党领导国家安全工作的党内法规,目的都是通过社会规范体系建设来强化和保障国家安全。2017年2月17日,习近平在国家安全工作座谈会上明确提出,"坚持党对国家安全工作的领导,是做好国家安全工作的根本原则"①。2018年4月17日,习近平总书记在中央国家安全委员会第一次会议上再次强调,要"坚持党对国家安全工作的绝对领导"②。这里强调"绝对领导",凸显出国家安全工作的极端重要性。党内法规是党用来规范党组织和党员活动的规范,直接体现党的意志,加强党对国家安全工作的领导,强化国家安全党内法规体系的构建是必要途径。党领导国家安全立法也是为了以法律的强制力保障国家安全利益,保障中国特色社会主义事业的发展,因此国家法律体现了党的意志,体现了党治国理政的基本理念和为人民服务的根本宗旨。《国家安全法》明确提出"国家安全工作应当坚持总体国家安全观"③,而总体国家安全观亦作为国家安全党内法规的指导思想被写入了党章。因此,不论是国家安全法律还是国家党内法规,背后体现党的意志进而体现人民意志这一点是一致的。

第二,二者在规范对象上的重合性。党章"总纲"明确规定:"党必须在宪法和法律的范围内活动。党必须保证国家的立法、司法、行政、监察机关,经济、文化组织和人民团体积极主动地、独立负责地、协调一致地工作。"对于党员则规定要"自觉遵守党的纪律,首先是党的政治纪律和政治规矩,模范遵守国家的法律法规,严格保守党和国家的秘密,执行党的决定,服从组织分配,积极完成党的任务"。由此可见,对于党组织和党员来说,遵守党规与模范遵守国家法律法规都是基本义务。由于党规体现党的意志,而党又是在宪法和法律范围内活动的,因此党规必然与宪法和法律存在内在的一致性。具体到国家安全工作中,党不但是领导自身的党,也是领导政府机关、司法机关、国家安全机关等具体维护国家安全的国家机器的党,为了实现党对国家安全的总体领导,党内法规不仅需要对党组织、党员涉及国家安全的工作进行调整,还需要对非党组织和党外群众关涉国家安全的行为进行约束,所以国家安全

---

① 中共中央党史和文献研究院编:《习近平关于总体国家安全观论述摘编》,中央文献出版社2018年版,第13页。
② 习近平:《论坚持党对一切工作的领导》,中央文献出版社2019年版,第246页。
③ 参见《国家安全法》第3条。

党内法规的调整对象不仅仅局限于党组织与党员,还包括非党组织与社会群众。但国家安全党内法规调整非党组织和社会群众的前提是其调整的关系中至少有一方是党组织或党员,党内法规不能脱离党组织的工作、活动和党员的行为,像国家安全法律一样直接规范公民、法人和其他组织的行为。由此可见,原则上国家安全党内法规调整的对象范围被包含在国家安全法律调整的对象范围之内,其范围小于国家安全法律的调整范围。不过也应当注意到,由于国家安全的极端重要性,也由于党对国家安全工作的绝对领导性,国家安全法律与国家安全党内法规的调整范围虽然并不完全一致,但却具有比其他领域更高的重合度。

第三,二者在实施执行过程中的互相依存性。首先,国家安全法律的实施需要依规治党来保障。1978年12月,邓小平在《解放思想,实事求是,团结一致向前看》的著名讲话中,最早对党规与国法关系进行了深刻的阐述,明确提出:"国要有国法,党要有党规党法。党章是最根本的党规党法。没有党规党法,国法就很难保障。"①上述讲话深刻阐明了党内法规对国家法律的保障关系。国家安全法律的实施需要党内法规的支撑与推进。2015年7月1日,第十二届全国人大常委会第十五次会议审议通过了新的《国家安全法》,明确了政治安全、国土安全、军事安全、文化安全、科技安全等11个领域的国家安全任务。随后为了加强党对国家安全工作的领导,为《国家安全法》的实施提供党规保障,党在一系列党内法规中均对国家安全问题给予了特别的规定,从不同层面对维护国家安全、党领导国家安全工作作出了调整和规范。其次,国家安全党内法规的执行也需要国家安全法律的配合。以《中国共产党政法工作条例》为例,其制定目的在于加强党对政法工作的绝对领导,做好新时代党的政法工作,而国家安全工作则是政法工作的重中之重,公安机关、国家安全机关、检察机关、审判机关和司法行政机关等是政法工作的主力单位,同时也是国家安全执法和司法的主要机构,如果国家安全法律的执行不力,功能发挥不彰,侵害国家安全利益的行为得不到有效的防范和惩处,那么党内法规的监督和预防功能也不可能得到有效的发挥。因此,国家安全法律的严格执行,也是国家安全党内法规得到贯彻实施的必要条件,国家安全党内法规功能的发挥依靠国家安全法律相关条文的配合。

---

① 邓小平:《邓小平文选》第二卷,人民出版社1994年版,第147页。

（二）国家安全党内法规与国家安全法律的差异性

第一，在制度理念和内容上，国家安全党内法规严于国家安全法律。法律的调整对象较党内法规更宽泛，主要面对社会和公民，面对公民权利的保障需求，更多强调"权利与义务"的平衡。党内法规的调整对象主要是党组织和党员，《中共中央关于全面推进依法治国若干重大问题的决定》明确指出："党规党纪严于国家法律，党的各级组织和广大党员干部不仅要模范遵守国家法律，而且要按照党规党纪以更高的标准严格要求自己。"党的十八大以来，党中央全面推进"六个从严"，即抓思想从严、抓管党从严、抓执纪从严、抓作风从严、抓反腐从严。可见党内法规对党组织和党员的要求必然要高于法律，党内法规在权利和义务的配置上，则是以义务、职责的履行为主，遵循义务优先原则。这一点在党的自身建设上体现得尤为明显，对党员领导干部的义务要求和道德要求均高于普通群众。国家安全法律将国家安全工作落实到具体的国家机关，而党内法规出台了一系列落实责任的制度规定，将责任直接落实到党委（党组）甚至是落实到党员领导干部。例如，针对国家安全中的网络安全，《党委（党组）网络安全工作责任制实施办法》规定了对于党委（党组）领导干部的问责机制，"追究集体责任时，领导班子主要负责人和主管网络安全的领导班子成员承担主要领导责任，参与相关工作决策的领导班子其他成员承担重要领导责任"[1]。而类似的责任追究机制在国家安全党内法规中普遍存在，对于党组织和党员干部提出了更高的义务要求和更严厉的追责原则。

第二，在调整力度上，国家安全党内法规与国家安全法律侧重点不同。宪法和法律是国家意志的体现，国家安全法律可以对国家主权范围内的一切涉及国家安全的活动进行调整，对政治安全、国土安全、军事安全、经济安全、文化安全、社会安全、科技安全、网络安全、生态安全、资源安全、核安全、海外利益安全、生物安全、太空安全、极地安全、深海安全等各方面各环节的活动作出规定。相比之下，党内法规只能对党的领导和执政活动与党的自身建设活动作出规定，不能越界对经济社会发展事务直接作出规定。在具体国家安全事务中，党内法规聚焦在政治领域、思想领导、组织领导等层面，其规定相对原则和抽象，而法律则更为具体。但在党的领导领域，国家安全党内法规

---

[1] 参见《党委（党组）网络安全工作责任制实施办法》第9条。

的调整则较国家安全法律更为具体。作为社会关系的调节器,国法既可规范公民、法人和其他组织等权利义务主体的行为,也可规范国家政权机关的行使国家权力的职权职责活动。但对于党的领导则是抽象确认领导原则,党的领导的具体内涵、基本途径、保障手段等则有赖于党内法规进行详细规定。① 如《国家安全法》第 58 条规定:"对可能即将发生或者已经发生的危害国家安全的事件,县级以上地方人民政府及其有关主管部门应当立即按照规定向上一级人民政府及其有关主管部门报告,必要时可以越级上报。"而 2019 年制定的《重大事项请示报告条例》就对包括国家安全在内的重大信息报告制度进行了详细规范,从而强化了党的具体领导。

(三) 国家安全党内法规与国家安全法律关系的处理原则

关涉国家安全的党内法规和法律具有内在的密切联系,同时又各自独立、各有侧重、相互促进、相互保障。要处理好二者的关系,需遵循以下原则:

一是确保关涉国家安全的党内法规内容不与国家法律相抵触。党内法规体系建设存在一个逐渐完善的过程,长期以来,存在个别党内法规同国家法律相抵触,特别是部委党规和地方党规与宪法和法律、行政法规的规定相抵触的现象,这无疑违反了党在宪法和法律范围内活动的基本要求。而国家安全领域的规范具有极端重要性,必须在总体国家安全观之下,党内党外一盘棋,党作为绝对的领导力量,既领导国家安全法律的制定,又领导党内法规的制定,因此需要进行科学的顶层设计,严格执行中国共产党党内法规制定条例中关于"党必须在宪法和法律的范围内活动,不得与国家法律相抵触"的规定,坚持遵循宪法和法律确立的指导思想、基本原则,保证关涉国家安全的党内法规在总体国家安全观的指导下,充分体现党章和宪法精神要求。

二是确保关涉国家安全的党内法规与国家法律功能互补。《中华人民共和国立法法》第 8 条确定了 11 个方面的法律保留事项,这些事项只能制定法律,不能制定行政法规、地方性法规、规章以及其他规范性文件,党内法规亦不能对这些问题作出规定。法律保留事项包括:国家主权的事项;各级人民大会、人民政府、人民法院和人民检察院的产生、组织和职权;民族区域自治制度、特别行政区制度、基层群众自治制度;犯罪和刑罚;对公民政治权利的剥夺、限制人身自由的强制措施和处罚;税种的设立、税率的确定和税收征收

---

① 参见欧爱民:《党内法规与国家法律关系论》,社会科学文献出版社 2018 年版,第 54—55 页。

管理等税收基本制度;对非国有财产的征收;民事基本制度;基本经济制度以及财政、税收、海关、金融和外贸的基本制度;诉讼和仲裁制度;必须由全国人民代表大会及其常务委员会制定法律的其他事项。具体到国家安全领域,上述法律保留事项涉及国家安全职责、国家安全制度、国家安全的执法、司法、保障等各个方面,国家安全党内法规不得直接设定或者改变国家安全法律对上述法律保留事项的规定。同时法律法规没有规定且也不宜规定的党内事务事项,也应该遵守"党规保留原则",由党内法规来予以调整。党内法规的功能在于在党的领导方面对国家安全法律的规定加以细化,或者通过党内纪律、责任制等制度形式对国家安全法律的运行予以保障,实现与国家安全法律的功能互补。

三是确保关涉国家安全的党内法规与国家法律运行相衔接。党是国家安全工作的领导主体,仅对国家机关及其工作人员设定法律责任,会导致相关责任主体的缺位,使责任主体与法治责任出现不匹配的现象,造成法治责任体系的失衡与漏洞。如在生态安全领域,依据相关法律受到责任追究的仅是政府的主要负责人与具体的责任人员,而真正做出决策的党委及其负责人却可能不被追究,造成党委决策权与责任担当不够匹配,出现"决策者不负责,执行者挨板子"的不合理现象。党的十八大以来,为了夯实党组织的主体责任,制定了混合性党规①,在环境保护等领域推进"党政同责"。中共中央办公厅与国务院办公厅印发的《党政领导干部生态环境损害责任追究办法(试行)》第3条规定:"地方各级党委和政府对本地区生态环境和资源保护负总责,党委和政府主要领导成员承担主要责任,其他有关领导成员在职责范围内承担相应责任。中央和国家机关有关工作部门、地方各级党委和政府的有关工作部门及其有关机构领导人员按照职责分别承担相应责任。"环境保护和生态安全领域"党政同责"的创设弥补了责任追究的漏洞,强化了党对生态安全的领导。因此具有中国特色的二元法治责任体系,即党规责任体系与国法责任体系符合中国的实际与国情。但二元法治责任体系必然横跨党纪国法两大领域,在某些特定领域,会衍生出党规与国法的衔接协调问题。因此,必须在"宪法之上、党章为本"原则下,在总体国家安全观的指导下,在执行国家安全法规和党内法规时注重二者的执行主体、执行程序的衔接,不断完

---

① 参见欧爱民:《党内法规与国家法律关系论》,社会科学文献出版社2018年版,第98—106页。

善党纪处分、政纪处分、行政责任、刑事责任之间的衔接内容与衔接程序。

第二节 中国共产党政法工作条例解读

总体国家安全观之下,与国家安全相关的领域众多、内容繁杂,涉及党政工作的方方面面,根据国家安全法的规定,一切国家机关都有维护国家安全的责任和义务,但同时也对国家机关维护国家安全的职责进行了规定,其中国家安全机关、公安机关是维护国家安全的专门机关,依法搜集涉及国家安全的情报信息,在国家安全工作中依法行使侦查、拘留、预审和执行逮捕以及法律规定的其他职权,审判机关和检察机关分别针对危害国家安全犯罪行使司法权。因此公安、国安、检察、法院等政法机关是国家安全执法和司法的重要主体。2019年1月,中共中央颁布的《中国共产党政法工作条例》(以下简称《政法工作条例》)是一部较为重要的关涉国家安全工作的党内法规[①],本节对其进行详细的解读。

一、明确了党对政法工作的绝对领导

《政法工作条例》强调了党对政法工作绝对领导的基本原则,其第1条强调"为了坚持和加强党对政法工作的绝对领导,做好新时代党的政法工作",凸显了坚持党的绝对领导、做到"两个维护"这一鲜明的政治主题。坚持党对政法工作的绝对领导,关键是要坚决维护习近平总书记党中央的核心、全党的核心地位,坚决维护党中央权威和集中统一领导。

《政法工作条例》明确了党通过中央和县级以上地方党委、党委政法委员会、政法单位党组(党委)领导和组织开展政法工作,对党领导政法工作的"四个层次"具体领导职责进行了细化。党中央对政法工作实施绝对领导、全面领导,决定和管理政法工作大政方针,决策部署事关政法工作全局和长远发展的重大举措,管理政法工作中央事权和由中央负责的重大事项。在国家安全方面具体列举了"研究部署政法工作中事关国家政治安全、社会大局稳定、社会公平正义和人民安居乐业的重大方针政策、改革措施、专项行动等重大举措"的领导内容。在党中央集中统一领导下,各级党委领导本地区政法工

[①] 最直接调整国家安全工作的当属《中国共产党领导国家安全工作条例》,但该条例内容目前并未公开。

作,贯彻落实党中央关于政法工作的大政方针,执行党中央以及上级党组织关于政法工作的决定、决策部署、指示等事项。研究事项中直接关涉国家安全的事项为"统筹政法工作中事关维护国家安全特别是以政权安全、制度安全为核心的政治安全重要事项";党委政法委作为党委领导和管理政法工作的职能部门,职责为把握政治方向、协调各方职能、统筹政法工作、建设政法队伍、督促依法履职、创造公正司法环境,带头依法依规办事,保证党的路线方针政策和党中央重大决策部署贯彻落实,保证宪法法律正确统一实施。《政法工作条例》详细规定了党委政法委全面履行"十项职责任务",其中直接关涉国家安全的职能为"落实中央和地方各级国家安全领导机构、全面依法治国领导机构的决策部署,支持配合其办事机构工作;指导政法单位加强国家政治安全战略研究、法治中国建设重大问题研究,提出建议和工作意见,指导和协调政法单位维护政治安全工作和执法司法相关工作"。政法单位党组(党委)领导本单位政法工作,贯彻党中央关于政法工作大政方针,执行党中央以及上级党组织关于政法工作的决定、决策部署、指示等事项。职责任务中直接关涉国家安全的一项为"研究影响国家政治安全和社会稳定的重大事项或者重大案件,制定依法处理的原则、政策和措施"。

二、明确了政法工作的主体及其相互关系

《政法工作条例》明确规定,党委政法委是党委领导和管理政法工作的职能部门,是实现党对政法工作领导的重要组织形式;政法单位是党领导下从事政法工作的专门力量,主要包括审判机关、检察机关、公安机关、国家安全机关、司法行政机关等单位。

(1)界定了党中央与中央政法委关系。《政法工作条例》明确规定,中央政法委员会、中央政法单位党组(党委)在党中央领导下履行职责、开展工作,对党中央负责,受党中央监督,向党中央和总书记请示报告工作,并对请示报告事项作了具体规定。我们要坚决贯彻执行,确保政法工作始终在以习近平同志为核心的党中央集中统一领导和习近平总书记直接指挥下。

(2)界定了党委与党委政法委的关系。《政法工作条例》规定,党委政法委在党委领导下履行职责、开展工作。一方面,要发挥好作为党委的参谋助手作用,加强对政法领域重大实践和理论问题调查研究,提出重大决策部署和改革措施的意见建议,协助党委决策和统筹推进政法改革发展和各项工

作。另一方面,要在党委领导下全面履职、敢于担当,坚决服从和执行党委决定,协调推动政法各单位执行党委决定,切实做到对党委负责、受党委监督、向党委请示报告工作。

(3)界定了上下级党委政法委之间的关系。《政法工作条例》规定,上下级党委政法委是指导关系。对上级党委政法委来讲,要着眼于增强党领导政法工作的针对性、实效性,指导下级党委政法委提高政治站位、理顺工作关系、落实决策部署、提升素质能力,帮助解决实际问题。对下级党委政法委来讲,要在同级党委领导下,自觉接受上级党委政法委指导,坚决贯彻执行上级党委政法委决策部署,主动做好请示报告工作,负责任地提出加强和改进政法工作的意见建议,确保上下贯通、执行有力。

(4)界定了党委政法委与政法各单位的关系。《政法工作条例》明确了党委政法委对政法工作的领导地位,规定了党委政法委指导、支持、监督政法单位在宪法法律规定的职责范围内开展工作。党委政法委要支持政法各单位依照宪法和法律独立负责、协调一致地开展工作,做到总揽不包揽、协调不替代。要把主要精力放在重要事项的牵头抓总、统筹协调上。政法单位党组(党委)要充分发挥职能作用,积极主动做好职责范围内的事情和日常业务工作。政法单位党组(党委)向同级党委请示报告重大事项和汇报重要工作,一般应当同时抄报同级党委政法委;同时,要主动向党委政法委请示报告有关重要事项。

三、明确了政法工作的基本职能和主要任务

(1)基本职能方面,《政法工作条例》规定了政法机关的三项基本职能,即专政职能、管理职能、服务职能。政法机关作为人民民主专政的国家政权机关,必须在党的领导下,依法履行专政职能,坚决捍卫党的执政地位和社会主义制度。政法机关作为社会管理的职能部门,是国家治理体系的重要组成部分,必须在党的领导下,依法履行管理职能,加强和创新社会治理,推进社会治理体系和治理能力现代化。政法机关的根本宗旨是全心全意为人民服务,必须在党的领导下,依法履行服务职能,推出更多利民惠民安民的政策措施,不断增强人民群众获得感、幸福感、安全感。

(2)主要任务方面,《政法工作条例》规定政法工作的主要任务是在以习近平同志为核心的党中央坚强领导下开展工作,推进平安中国、法治中国建

设,推动政法领域全面深化改革,加强过硬队伍建设,深化智能化建设,严格执法、公正司法,履行维护国家政治安全、确保社会大局稳定、促进社会公平正义、保障人民安居乐业,创造安全的政治环境、稳定的社会环境、公正的法治环境、优质的服务环境,增强人民群众获得感、幸福感、安全感。

四、明确了政法工作的指导思想和工作原则

(1)指导思想方面,《政法工作条例》规定政法工作必须坚持以马克思列宁主义、毛泽东思想、邓小平理论、"三个代表"重要思想、科学发展观、习近平新时代中国特色社会主义思想为指导,牢固树立政治意识、大局意识、核心意识、看齐意识,坚定中国特色社会主义道路自信、理论自信、制度自信、文化自信,坚决维护习近平总书记党中央的核心、全党的核心地位,坚决维护党中央权威和集中统一领导,围绕统筹推进"五位一体"总体布局和协调推进"四个全面"战略布局,坚持党的领导、人民当家作主、依法治国有机统一,坚决捍卫党的领导和中国特色社会主义制度,维护宪法法律权威,支持政法单位依法履行职责,保证司法机关依法独立公正行使职权,确保政法队伍全面正确履行中国特色社会主义事业建设者、捍卫者的使命。其中可以看到以下两对关系的统一:

一是充分体现了坚持党的领导与依法治国有机统一的政治要求。《政法工作条例》明确规定,坚持党的领导、人民当家作主、依法治国有机统一。在我国,党和法、党的领导与依法治国是高度统一的,习近平总书记曾对党的领导和依法治国的关系作出过重要论述,"党的领导是中国特色社会主义最本质的特征,是社会主义法治最根本的保证。把党的领导贯彻到依法治国全过程和各方面,是我国社会主义法治建设的一条基本经验"[1]。法是党的主张和人民意愿的集中体现,党的主张和人民意愿是高度一致的,因此坚持党的领导、人民当家作主、依法治国三者的内在逻辑是一致的。

二是充分体现了坚持党的领导与司法机关依法独立公正行使职权有机统一的法治要求。《政法工作条例》明确规定,中央和地方各级党委政法委指导、支持、监督政法单位在宪法法律规定的职责范围内开展工作,保证司法机关依法独立公正行使职权。要坚持把党的领导与司法机关依法独立公正行

---

[1] 中共中央宣传部编:《习近平新时代中国特色社会主义思想学习问答》,学习出版社 2021 年版,第 182 页。

使职权统一起来,旗帜鲜明地坚持党对司法工作的领导,确保党的路线方针政策和宪法法律正确统一实施。

三是充分体现了党内法规与国家法律之间的有机统一。《政法工作条例》第1条就明确其制定依据为宪法和党章,在指导思想中也明确了政法工作在党的领导之下,要维护宪法和法律的权威。从中可见我国宪法基础上的法律体系与党章之下的党内法规体系是内在统一的,政法机关接受党的领导以及党内法规的调整与执法、司法、维护宪法与法律的权威之间并不是矛盾的,而是相辅相成的。

(2)工作原则方面,《政法工作条例》规定了政法工作应当遵循的十项原则,其中第五项原则是对国家安全直接相关的原则,具体内容为:① 坚持党的绝对领导,把党的领导贯彻到政法工作各方面和全过程;② 坚持以人民为中心,专门工作和群众路线相结合,维护人民群众合法权益;③ 坚定不移走中国特色社会主义法治道路,建设社会主义法治国家;④ 坚持服务和保障大局,为推动经济持续健康发展和保持社会长期稳定提供法治保障;⑤ 坚持总体国家安全观,维护国家主权、安全、发展利益;⑥ 严格区分和正确处理敌我矛盾和人民内部矛盾这两类不同性质的矛盾,准确行使人民民主专政职能;⑦ 坚持走中国特色社会主义社会治理之路,推动形成共建共治共享的社会治理格局;⑧ 坚持改革创新,建设和完善中国特色社会主义司法制度和政法工作运行体制机制;⑨ 政法单位依法分工负责、互相配合、互相制约,确保正确履行职责、依法行使权力;⑩ 坚持政治过硬、业务过硬、责任过硬、纪律过硬、作风过硬的要求,建设信念坚定、执法为民、敢于担当、清正廉洁的新时代政法队伍。

五、明确了党领导政法工作的工作方式

《政法工作条例》规定了请示、报告、决策、执行等基本制度,构建了涵盖政法工作各方面和全过程的党领导政法工作运行体系。

一是请示制度。《政法工作条例》在党章和有关党内法规既有规定基础上,着重从责任主体、请示对象、请示事项等方面,对政法领域重大事项请示工作作出了清单化的规定,明确了分别向党中央、向中央政法委请示的内容、程序等,具有鲜明的现实针对性。在中央政法委员会、中央政法单位党组(党委)应当及时向党中央请示的事项清单中,就包括"维护国家安全特别是以政

权安全、制度安全为核心的政治安全重大事项"。在中央政法单位党组（党委）和省（自治区、直辖市）党委政法委员会应当向中央政法委员会请示的事项清单中，也包括"政法工作中涉及国家安全特别是政治安全等重大事项的相关政策措施问题"。

二是报告制度。《政法工作条例》规定了各级政法委员会向各级党委报告、最高人民法院党组、最高人民检察院党组向党中央报告工作的制度。并对各级的报告内容作出清单化规定，具有很强的可操作性。在中央政法单位党组（党委）和省（自治区、直辖市）党委政法委员会应当向中央政法委员会报告的事项清单中，包括"政法工作中涉及国家安全特别是政治安全的重大事项处理情况"。

三是决策制度。《政法工作条例》对决策主体、决策原则、决策事项作出了明确规定，对决策程序、决策环节、决策方法提出了明确要求。

四是执行制度。《政法工作条例》对执行制度作出了明确规定，并分别明确了各级党委、党委政法委、政法单位党组（党委）的执行责任和具体要求，有利于把党对政法工作的领导落到实处。

六、明确了党对政法工作的监督和责任

《政法工作条例》规定了监督和责任制度，从监督制约、督促检查、考评考核、督导整改、责任追究等五个方面，构建了党领导政法工作的监督保障体系。

一是监督制约。各级党委将领导和组织开展政法工作情况纳入党内监督体系，党委政法委指导、推动政法单位建立健全与执法司法权运行机制相适应的监督制约体系，政法单位党组（党委）完善政法单位之间的监督制约机制。

二是督促检查。党委加强对党委政法委、政法单位党组（党委）和下一级党委领导和组织开展政法工作情况的督促检查，必要时开展巡视巡察；党委政法委运用规定的制度机制，开展形式多样的监督检查；政法单位党组（党委）建立健全向批准其设立的党委全面述职制度和重大决策执行情况的督查反馈机制。

三是考评考核。党委应当加强对党委政法委、政法单位党组（党委）和下一级党委常委会履职情况的考评考核，其结果作为对有关领导班子、领导干部综合考核评价的重要内容和依据：① 结合领导班子年度考核、民主生活会等,定期检查和考评考核党委政法委员会履职情况;② 建立健全听取政法单位党组(党委)主要负责人述职制度,加强对政法单位党组(党委)及其成员履职情况的考评考核;③ 在考核下一级党委常委会领导开展工作情况时,注重了解领导开展政法工作的情况。党委政法委员会应当建立健全委员述职制度,全面了解、掌握委员履职情况,及时提出指导意见。

四是督导整改。党委政法委员会在统筹推动政法单位开展常态执法司法规范化检查中,对发现的政法单位党组(党委)及其成员不履行或者不正确履行职责,或者政法干警执法司法中的突出问题,应当督促加大整改力度,加强执法司法制度建设,保证全面正确履行职责。

五是责任追究。有关地方和部门领导干部在领导和组织开展政法工作中,违反政法工作条例和有关党内法规制度规定职责的,视情节轻重,由党委政法委员会进行约谈、通报、挂牌督办等;或者由纪检监察机关、组织人事部门按照管理权限,办理引咎辞职、责令辞职、免职等。因违纪违法应当承担责任的,给予党纪政务处分;涉嫌犯罪的,依法追究刑事责任。

总结来看,《政法工作条例》将坚持总体国家安全观确立为政法工作的原则之一,在各级党委、党委政法委员会、政法单位党组(党委)职责任务中,都对维护国家安全、维护政治安全作了相应规定。在各级政法委和政法机关向各级党委请示和报告的事项中,关涉国家安全的事项亦是其中的重要内容。并为了保证这些工作内容和事项的实现,规定了决策、执行、监督、追责等保障机制,为党强化包括国家安全事项在内的政法工作的领导作出全面系统的制度安排。

第十五章 国家安全执法

第一节 国家安全执法概述

一、国家安全执法的概念

执法,顾名思义,即法的贯彻和执行。广义的国家安全执法是指具有维护国家安全职责的国家机关及其公职人员,贯彻和执行国家安全法律的活动。依据《国家安全法》,具有维护国家安全职责的国家机关范围较为广泛,包括全国人民代表大会及其常务委员会、国务院、中央军委等中央机关、地方各级人民代表大会及其常务委员会、地方各级人民政府、人民法院、人民检察院等,上述国家机关根据职责划分,分别负有决定战争和和平、宣布战争状态、紧急状态、发布动员令、发布有关国家安全的决定、命令、贯彻执行国家安全方针政策和法律法规、预防和处置危害国家安全事件、依法打击和惩治危害国家安全的违法犯罪等重要职责,包括关涉维护国家安全的各种立法活动、司法活动、行政活动等,范围十分宏大。

狭义的国家安全执法是指具有维护国家安全职责的专门执法机关及其公职人员,依据法定的内容和程序,处理关涉国家安全事项的活动。根据《国家安全法》,具有维护国家安全职责的专门执法机关包括国家安全机关、公安机关、有关军事机关。通常所说的国家安全执法,一般是狭义上的概念。依据执法领域的不同,国家安全执法分为国家安全刑事执法和国家安全行政执法。国家安全刑事执法,是指执法机关依据刑事法律对危害国家安全的违法犯罪行为进行追诉的活动。国家安全行政执法是指执法机关依据国家安全法律,在行政管理过程中对涉及国家安全的具体事项和相对人作出具体行政行为的活动。国家安全刑事执法和国家安全行政执法在执法主体上是相同的,即国家安全机关、公安机关、有关军事机关等国家安全专门执法机关。国家安全机关和公安机关都是行使国家行政权的机关,有关军事机关是在军队内部行使刑事案件侦查、搜集涉及国家安全的情报信息等与国家安全机关、公安机关职责性质相同的专门部门。因此国家安全行政执法是其行政机关属性和行政主体地位决定的基本职责。国家安全刑事执法则是刑事追诉活动的重要组成部分,其后续对接国家安全司法活动,因实施主体是行政机关而非司法机关,因此其本质上并非司法权,而是行政权,故属于执法而非司法。同时因其属于刑事追诉活动而非行政追究活动,因此属于刑事执法,与行政执法存在区分。国家安全刑事执法和国家安全行政执法中,国家安全机关是主管机关,公安机关和有关军事机关主要是在情报活动中享有执法权。

国家安全执法的特征有:

一是国家安全执法具有国家权威性。国家安全执法是国家机关以国家的名义贯彻国家安全法律、维护国家安全的活动,执法主体是具有维护国家安全职责的国家机关及其公职人员,依据的国家安全法律体系亦是立法机关根据党和人民的意志制定的,因此国家安全执法是有职权的国家机关,接受国家赋权、以国家名义、执行国家安全法律、维护国家安全利益的过程,具有权威性。

二是国家安全执法具有强制性。由于国家安全利益的极端重要性,无论是广义上决定战争和和平、宣布战争状态、紧急状态、发布动员令、发布有关国家安全的决定、命令及其他贯彻执行国家安全方针政策和法律法规的活动,还是狭义上享有国家安全专门执法权的国家安全机关、公安机关、有关军事机关进行的搜集涉及国家安全的情报信息,在国家安全工作中进行依法行使侦查、拘留、预审和执行逮捕以及法律规定的其他职权,均由国家强制力保障实施。

三是国家安全执法具有主动性和单方面性。由于国家安全工作的重要性和特殊性,国家安全执法既是国家机关的权力,更是对国家、社会、人民承担的义务和职责。因此,国家安全执法中如果被动履行职责将会给国家安全造成损失,必须以积极的行动主动执行国家安全法律、履行维护国家安全的职责。在狭义的国家安全执法中存在执法相对人的情况下,亦不需要取得执法相对人的请求和同意。

二、国家安全执法的原则

法律原则是指为法律规则提供基础或本源的综合性、指导性的原理和准则,是贯穿于法律之中的指导思想,是法律的基本价值和主旨精神的浓缩,也是理解和判断法律规则的出发点和归宿。依据《国家安全法》，国家安全执法必须坚持以下原则：

（一）维护国家安全原则

《国家安全法》第 43 条第 1 款规定："国家机关及其工作人员在履行职责时，应当贯彻维护国家安全的原则。"这是对所有国家机关及其工作人员履职的总体要求，是履职中所要遵循的基本原则。维护国家安全原则的内涵在于强调国家安全（利益）的优先性，要求国家安全执法机关必须以维护国家安全为首要宗旨，体现"国家利益高于一切"的理念。一是坚持党对国家安全执法的绝对领导。中国的事情关键在党，党的领导关系到根本的国家安全利益和政治安全利益，因此必须坚持以总体国家安全观为指导，走中国特色国家安全道路，坚持党对国家安全工作的绝对领导。二是执法必须与贯彻实施国家安全战略相统一。国家安全包括政治安全、国土安全、军事安全、经济安全、文化安全、社会安全、科技安全、信息安全、生态安全、资源安全、核安全等多个领域。国家安全执法的同时，需要密切关注国家安全战略的重点政策和重点领域，及时体现国家安全战略对于执法工作的指导作用。三是国家安全执法的各个环节要有"目的导向"，以维护国家安全利益为目的。国家安全法律、党内法规等对国家安全执法的职责和执法内容均进行了细致的规定，而立法机关对其赋权的出发点就是维护国家安全，在执法过程中，也必须要以维护国家安全这一根本目的为导向，完成维护国家安全的各项具体执法任务，通过履行法定职能将维护国家安全落到实处，保证履职的合目的性。

（二）依法履职原则

《国家安全法》第 43 条第 2 款规定："国家机关及其工作人员在国家安全工作和涉及国家安全活动中，应当严格依法履行职责，不得超越职权、滥用职权，不得侵犯个人和组织的合法权益。"体现了依法履职的原则。一切国家机关及其工作人员，在履行维护国家安全的职责时都必须遵守宪法和法律，都要自觉在宪法和法律范围内开展国家安全工作和活动，严格依照法定权限和程序行使权力、履行职责，既不能超越职权，也不能滥用职权，不得侵犯个人和组织的合法权益。具体到狭义的国家安全执法，不论是行政执法还是刑事执法，均存在具体的执法相对人（犯罪嫌疑人），直接涉及对个人或组织主体权利的限制和剥夺，更需要强调遵循严格依法履职原则，即国家安全执法的合法性原则。

(三) 保护人权原则

尊重和保障人权体现为两个方面，一方面，对公权力进行约束；另一方面，对公民权利进行保护。在国家安全立法中，这两个方面均得到了体现。例如，《国家安全法》第 83 条规定，"在国家安全工作中，需要采取限制公民权利和自由的特别措施时，应当依法进行，并以维护国家安全的实际需要为限度"。体现出了对公权力进行限制的立法意图。

保护人权原则与维护国家安全原则、依法履职原则是内在统一的。坚持国家安全利益高于一切与尊重和保障人权并不矛盾，国家安全工作法治化，将国家安全执法限定在法律的范围之内，目的就是更好地维护国家安全和保护人权。

首先，国家安全执法对公民权利进行限制具有正当性。法治国家的经验表明，各国宪法无不在确认公民基本权利的同时，又以国家利益、公共利益为由对公民基本权利进行必要限制。国家安全执法的根本目的即在于维护国家安全这一最重要利益，国家安全执法机关为实现此目的而对公民的个人权利和个人利益进行必要限制也因此获得了正当化根据。[①]《国家安全法》第 111 条关于"中华人民共和国公民、一切国家机关和武装力量、各政党和各人民团体、企业事业组织和其他社会组织，都有维护国家安全的责任和义务"的规定，第 13 条第 2 款关于"任何个人和组织违反本法和有关法律，不履行维护国家安全义务或从事危害国家安全活动的，依法追究刑事责任"的规定等，均体现了维护国家安全需要对公民设置义务性和禁止性的规定。

其次，在强调国家利益的同时，必须通过法律平衡保护公民的基本权利。当国家安全与公民个人权利发生冲突时，正确做法不是片面强调国家利益优先而忽视基本权利保障，而应以比例原则对此加以审查。比例原则可分为适当性原则、必要性原则和相称性原则。适当性原则要求国家安全执法过程中对个人权利的剥夺要符合维护国家安全这一目的，是实现这一目的的适当手段。必要性原则要求国家安全执法中限制和剥夺相对人的权利等强制性职权的行使，以仅达目的为止，不可过度侵害相对人的权利，应使侵害控制在最低限度之内。相称性原则要求国家安全机关在执法中采取强制性、惩罚性措施时必须与所追究的危害国家安全行为程度相适应。根据其对相对人人身、

[①] 参见施亚芬：《论从权利视野中解读国家安全机关刑事执法权》，载《河北法学》2010 年第 10 期。

财产、隐私等强制程度的不同而采取严厉程度有别的措施。

（四）权力制约原则

权力制约原则即各国家权力机关之间相互监督以保障公民权利的原则。在国家安全立法中，《国家安全法》第三章"维护国家安全的职责"，规定了全国人大及其常委会、国家主席、国务院、中央军委、中央国家机关各部门等维护国家安全的职责，《反恐怖主义法》第8条关于"公安机关、国家安全机关和人民检察院、人民法院、司法行政机关以及其他有关国家机关，应当根据分工，实行工作责任制，依法做好反恐怖主义工作"的规定等，都体现了权力制约的原则。

第二节　维护国家安全职责分工

《国家安全法》对国家机关维护国家安全中的职责进行了明确的规定，各层级的国家机关各司其职，在职责范围内履职，体现了国家安全执法的体系性。

一、中央国家机关维护国家安全职责

（一）全国人大及其常委会维护国家安全的主要职责

全国人民代表大会作为最高国家权力机关，在中央国家机关中处于核心地位，国家的行政机关、审判机关和检察机关由其产生，向其负责，受其监督。全国人大及其常委会作为最高国家权力机关，具有立法、监督、人事任免、重大事项决定等重要职权，在维护国家安全方面的职责是不言而喻的。《国家安全法》第35条规定："全国人民代表大会依照宪法规定，决定战争和和平的问题，行使宪法规定的涉及国家安全的其他职权。全国人民代表大会常务委员会依照宪法规定，决定战争状态的宣布，决定全国总动员或者局部动员，决定全国或者个别省、自治区、直辖市进入紧急状态，行使宪法规定的和全国人民代表大会授予的涉及国家安全的其他职权。"

1. 全国人民代表大会维护国家安全的职责

我国宪法规定，应当由全国人民代表大会行使的职权共有十六项。其中与国家安全相关的主要有两项：一是决定战争和和平的问题。战争和和平的问题是政治的最高形式，直接关系国家的根本利益。既涉及国家的主权和领

土完整,也涉及国家履行的国际义务。而且国家在进入战争状态后,其政权运行方式和政治、军事、经济体制都可能进入特殊形态,公民的基本权利也可能受到一定程度的克减,因此必须由最高国家权力机关来决定。二是宪法规定的其他职权。包括立法权、人事任免权等职权。

2. 全国人民代表大会常务委员会维护国家安全的职责

我国宪法规定,应当由全国人大常委会行使的职权共有二十二项。与国家安全相关的主要有四项:一是决定战争状态的宣布。全国人大常委会"决定战争状态的宣布"与全国人大"决定战争和和平的问题"有所不同,有两个明确条件限制。其一是必须在全国人民代表大会闭会期间;其二是已经发生了国家遭受武装侵犯或者必须履行共同防止侵略的条约义务的情况。二是决定全国总动员或者局部动员。全国总动员或者局部动员,一般是指国家在面临或者已经遭受外敌侵略或者发生严重内乱时所采取的一种紧急措施。动员令一经发出,国家或者局部地区将从平时体制转入战时体制,全国人民或者局部地区的人民都必须全力以赴地投入到抵抗侵略或者制止内乱的行动中去,一切工作都要服从动员的需要。全国总动员或者局部动员对国家经济建设和其他建设都会产生重要影响,所以必须由全国人大常委会决定。全国人大常委会决定全国总动员或者局部动员后,由国家主席发布动员令。三是决定全国或者个别省、自治区、直辖市进入紧急状态。紧急状态是指突发性的现实危机或者预期可能发生的危机,在较大空间范围或者较长时间内威胁到公民生命、健康、财产安全,影响国家机关正常行使权力,必须采取特殊的应急措施才能恢复正常秩序的特殊状态。在全国或者个别省、自治区、直辖市宣布进入紧急状态,涉及对公民、组织基本权利的克减,影响面较大,必须由全国人大常委会来作出决定。四是行使宪法规定的其他职权。包括立法权、监督权、人事任免权等。

(二) 国家主席维护国家安全的主要职责

中华人民共和国主席是重要的国家机构,国家主席的职权,有一部分是与全国人大及其常委会共同行使,主要是在法律程序上起到宣告或宣布作用。另一部分是国家主席独立行使的职权,主要是进行国事活动方面的职权。《国家安全法》第 36 条规定:"中华人民共和国主席根据全国人民代表大会的决定和全国人民代表大会常务委员会的决定,宣布进入紧急状态,宣布战争状态,发布动员令,行使宪法规定的涉及国家安全的其他职权。"

1. 宣布进入紧急状态，宣布战争状态，发布动员令

全国人大作出关于战争和和平的问题的有关决定，全国人大常委会决定战争状态的宣布，决定全国总动员或者局部动员，决定全国或者个别省、自治区、直辖市进入紧急状态后，只有国家主席依照法定程序正式对外宣布，才能发生相应的法律效力。宣布是以文告形式通知公众，内容一般应当包括实施紧急状态的原因、地域范围、开始时间和结束时间、实施机关、国家采取的措施、对公民权利的限制等。宣布的意义在于使公民了解其在战争状态、紧急状态、实施动员期间的权利和义务，既有效维护自己的合法权益，又切实履行自己应尽的义务，并将政府在此期间的活动置于公众的监督之下，防止权力的滥用。

2. 宪法规定的其他职权

一是代表中华人民共和国，进行国事活动，接见外国使节。二是根据全国人大常委会的决定，派遣和召回驻外全权代表，批准和废除同外国缔结的条约和重要协定。三是根据全国人大和全国人大常委会的决定，公布法律，任免国务院总理、副总理、国务委员、各部部长、各委员会主任、审计长、秘书长，授予国家的勋章和荣誉称号，发布特赦令等。

（三）国务院维护国家安全的主要职责

国务院，即中央人民政府，是最高国家权力机关的执行机关，是最高国家行政机关。国务院的机构性质和定位，决定了其在维护国家安全方面，承担着重要职责。《国家安全法》第 37 条规定："国务院根据宪法和法律，制定涉及国家安全的行政法规，规定有关行政措施，发布有关决定和命令；实施国家安全法律法规和政策；依照法律规定决定省、自治区、直辖市的范围内部分地区进入紧急状态；行使宪法法律规定的和全国人民代表大会及其常务委员会授予的涉及国家安全的其他职权。"

由此，国务院维护国家安全的主要职责有四个方面：（1）根据宪法和法律，制定涉及国家安全的行政法规，规定有关行政措施，发布有关决定和命令。《立法法》对国务院制定行政法规的权限范围作了规定：一是为执行法律的规定需要制定行政法规的事项；二是宪法第 89 条规定的国务院行政管理职权的事项；三是全国人大及其常委会授权立法的事项。国务院可以依据宪法、法律、行政法规等，针对特定的具体事项，在一定时期内采取一定的行政措施，发布有关决定和命令，领导和管理经济、城乡建设、教育、科学、文化、卫

生、体育、计划生育、民政、公安、司法行政和监察等方面的工作。(2) 实施国家安全法律法规和政策。就国务院实施涉及国家安全的法律来讲,一是要在具体工作中坚决遵守和严格执行这些法律,二是可以制定配套的行政法规来更好地执行这些涉及国家安全的法律。此外,在国家安全方面,党中央、国务院和中央国家安全领导机构还会出台一系列起指导作用的重要安全政策,这些政策的具体落实和实施,也是国务院的重要职责之一。(3) 依照法律规定决定省、自治区、直辖市的范围内部分地区进入紧急状态。与全国人大常委会决定全国或者个别省、自治区、直辖市进入紧急状态不同,国务院决定进入紧急状态的地域范围有一定限制,只能决定省、自治区、直辖市的范围内部分地区进入紧急状态。(4) 行使宪法法律规定的和全国人大及其常委会授予的涉及国家安全的其他职权。

(四) 中央军事委员会维护国家安全的主要职责

我国宪法规定,中央军事委员会是最高国家军事机关,它的职权是领导全国武装力量。中央军委还行使统一指挥全国武装力量;决定军事战略和武装力量的作战方针等职权。中央军委在维护国家安全工作中具有十分重要的地位。《国家安全法》第 38 条规定:"中央军事委员会领导全国武装力量,决定军事战略和武装力量的作战方针,统一指挥维护国家安全的军事行动,制定涉及国家安全的军事法规,发布有关决定和命令。"

具体而言:(1) 中央军事委员会领导全国武装力量。我国的武装力量包括中国人民解放军现役部队和预备役部队、中国人民武装警察部队和民兵。依照法律规定,除了由中央军委与国务院共同领导的一些工作外,全国武装力量由中央军委领导和指挥。(2) 中央军委决定军事战略和武装力量的作战方针。军事战略是筹划和指导军事力量建设和运用的总方略,服务于国家战略目标,站在新的历史起点上,军队应尽快适应国家安全环境新变化,贯彻新形势下积极防御军事战略方针,加快推进国防军队现代化,坚决维护国家主权、安全、发展利益。(3) 统一指挥维护国家安全的军事行动。在维护国家安全的军事行动中,军队是骨干力量,武警部队和民兵依法履行相关职责,在中央军委统一指挥下开展行动,保持行动步调一致。当前,我国军队主要承担以下战略任务:应对各种突发事件和军事威胁,有效维护国家领土、领空、领海主权和安全;坚决捍卫祖国统一;维护新型领域安全和利益;维护海外利益安全;保持战略威慑,组织核反击行动;参加地区和国际安全合作,维护地区和世界和平;加强反渗透、反分裂、反恐怖斗争,维护国家政治安全和社会稳定;担负抢险救灾、维护权益、安保警戒和支援国家经济社会建设等任务。(4)制定涉及国家安全的军事法规,发布有关决定和命令。

(五)中央国家机关各部门维护国家安全的主要职责

维护国家安全是全党全社会共同的职责。中央国家机关各部门根据宪法和法律的规定,负责本领域的方针、政策、计划和重大行政措施的研究制定、组织实施和监督管理,肩负着本部门职责范围内贯彻执行国家各项重大方针政策和法律法规,管理指导本系统、本领域工作的重要职责。《国家安全法》第39条规定:"中央国家机关各部门按照职责分工,贯彻执行国家安全方针政策和法律法规,管理指导本系统、本领域国家安全工作。"

具体而言:(1)中央国家机关各部门要按照职责分工,贯彻执行国家安全方针政策和法律法规。有关文件对于中央国家机构各部门的职责都有明确分工,各部门应当严格按照自身职责范围贯彻执行国家安全方针政策和法律法规,开展国家安全工作。一是组织本机关、本单位人员学习党和国家有关国家安全工作的文件、法律法规;二是对本机关、本单位的人员进行维护国家安全的教育,动员、组织本机关、本单位的人员防范、制止危害国家安全的行为,履行维护国家安全的义务;三是组织本机关、本单位人员在依法履行职责的日常工作当中,贯彻执行维护国家安全的原则;四是组织本机关、本单位人员依法支持、配合有关专门机关维护国家安全的专门工作;五是在依法履行社会管理职能过程中,充分考虑维护国家安全的因素,指导、管理企事业组织根据国家安全工作的要求,依法配合有关部门采取相关安全措施,提供数据、信息等必要的支持和协助等。(2)中央国家机关各部门要按照职责分工,管理指导本系统、本领域国家安全工作。《宪法》第90条规定:"国务院各部部长、各委员会主任负责本部门的工作召集和主持部务会议或者委员会会议、委务会议,讨论决定本部门工作的重大问题。各部、各委员会根据法律和国务院的行政法规、决定、命令,在本部门的权限内,发布命令、指示和规章。"同时,《中华人民共和国地方各级人民代表大会和地方各级人民政府组织法》第83条规定:"省、自治区、直辖市的人民政府的各工作部门受人民政府统一领导,并且依照法律或者行政法规的规定受国务院主管部门的业务指导或者领导;自治州、县、自治县、市、市辖区的人民政府的各工作部门受人民政府统一领导,并且依照法律或者行政法规的规定受上级人民政府主管部门的业务指导或者领导。"因此,中央国家机关各部门不仅要按照职责分工,组织开展本机关、本单位贯彻执行国家安全方针政策和法律法规,而且要依法管理指导本系统、本领域国家安全工作。

二、地方国家机关维护国家安全职责

(一)地方各级人大及县级以上地方人大常委会维护国家安全主要职责

地方各级人大是地方国家权力机关,县级以上的地方各级人大设立常务委员会。县级以上的地方各级人大常委会是本级人民代表大会的常设机关,对本级人大负责并报告工作。地方各级人大和县级以上地方各级人大常委会,在本行政区内,保证宪法、法律、行政法规的遵守和执行。《国家安全法》第40条第1款规定:"地方各级人民代表大会和县级以上地方各级人民代表大会常务委员会在本行政区域内,保证国家安全法律法规的遵守和执行。"

主要通过三种方式履行上述职责:一是制定地方性法规。宪法和立法法规定,为执行法律、行政法规的规定,需要根据本行政区域的实际情况作具体规定的事项,省、自治区、直辖市的人大及其常委会根据本行政区域的具体情况和实际需要,在不同宪法、法律、行政法规相抵触的前提下,可以制定地方性法规。设区的市、自治州的人大及其常委会根据本市的具体情况和实际需要,在不同宪法、法律、行政法规和本省、自治区的地方性法规相抵触的前提下,可以对城乡建设与管理、环境保护、历史文化保护等方面的事项制定地方性法规。为维护本地区国家安全的需要,实践中一些地方制定了相关地方性法规,如《山东省国家安全技术保卫条例》《江苏省反间谍安全防范工作条例》等。二是行使重大事项的决定权。县级以上地方人大及其常委会有权讨论、决定本行政区域内的政治、经济、教育、科学、文化、卫生、环境和资源保护、民政、民族等工作的重大事项。三是行使监督权。如听取和审议人民政府、人民法院、人民检察院的专项工作报告;审查和批准预算,听取和审议国民经济和社会发展计划、预算的执行情况报告,听取和审议工作报告;法律法规实施情况的检查;规范性文件的备案审查,特定问题调查等。

(二)地方各级人民政府维护国家安全主要职责

地方各级人民政府是地方各级人民代表大会的执行机关,是地方各级国家行政机关,对本级人大及其常委会和上一级国家行政机关负责并报告工作;地方各级人民政府都是国务院统一领导下的国家行政机关,服从国务院领导。维护国家安全也是地方人民政府的重要职责。《国家安全法》第 40 条第 2 款规定:"地方各级人民政府依照法律法规规定管理本行政区域内的国家安全工作。"地方各级人民政府包括省、自治区、直辖市、自治州、县、自治县、市、市辖区、乡、民族乡、镇的人民政府。根据宪法和地方组织法的相关规定,县级以上的地方各级人民政府执行本级人大及其常委会的决议,以及上级国家行政机关的决定和命令,规定行政措施,发布决定和命令;乡、民族乡、镇的人民政府执行本级人大的决议和上级国家行政机关的决定和命令,发布决定和命令。各级地方人民政府依照法律规定的权限,管理本行政区域内的经济、教育、科学、文化、卫生、体育事业、环境和资源保护、城乡建设事业和财政、民政、公安、民族事务、司法行政等行政工作。地方各级人民政府管理本行政区域内的国家安全工作要依照法律法规进行,这里"法规"既包括国务院制定的行政法规,也包括地方人大及其常委会制定的地方性法规。

另外,《国家安全法》第 40 条第 3 款规定:"香港特别行政区、澳门特别行政区应当履行维护国家安全的责任。"香港、澳门特别行政区是直辖于中央人民政府享有高度自治权的地方行政区域,特别行政区政府亦肩负在其行政区域内依法维护国家安全的重要责任。

三、审判机关和检察机关维护国家安全主要职责

人民法院是国家的审判机关,依照法律规定独立行使审判权;人民检察院是国家的法律监督机关,依照法律规定独立行使检察权。从职权性质来看,二者均是国家的司法机关,人民法院和人民检察院主要通过行使审判权和检察权惩治危害国家安全的犯罪。法院和检察院执行国家安全法律、维护国家安全被包含在广义的国家安全执法中,但在狭义层面,属于国家安全司法的内容,本书的第十六章将用专章对国家安全司法予以论述,此处不再详述。

四、国家安全机关、公安机关、有关军事机关维护国家安全主要职责

国家安全机关、公安机关和有关军事机关是国家安全执法的专门机关,在维护国家安全方面负有重要职责,主要有依法搜集涉及国家安全的情报信息、防范、制止和惩治间谍行为以及在追诉危害国家安全的刑事犯罪中的刑事侦查、拘留、预审和执行逮捕等职能,其执法属于狭义的国家安全执法。执法依据内容和性质不同可以分为国家安全刑事执法和国家安全行政执法,以下两节将对此展开论述。

第三节　国家安全刑事执法

国家安全刑事执法是指执法机关依据刑事法律对危害国家安全的违法犯罪行为进行追诉的活动。执法对象是危害国家安全的违法犯罪活动,是国家通过刑事诉讼程序对危害国家安全的行为予以规制的必要手段,主要内容是国家安全执法主体依据刑法、刑事诉讼法等法律规定,对危害国家安全犯罪行为人采取强制措施、开展侦查工作等。

《国家安全法》第42条第1款规定:"国家安全机关、公安机关依法搜集涉及国家安全的情报信息,在国家安全工作中依法行使侦查、拘留、预审和执行逮捕以及法律规定的其他职权。"其中侦查、拘留、预审、执行逮捕等均涉及国家安全执法机关刑事执法的内容。因国家安全刑事执法权是国家安全机关、公安机关较为传统的执法权能之一,在此之前,我国法律已经对国家安全刑事执法进行了较为系统的规定。

我国《宪法》第28条规定:"国家维护社会秩序,镇压叛国和其他危害国家安全的犯罪活动,制裁危害社会治安、破坏社会主义经济和其他犯罪的活动,惩办和改造犯罪分子。"在根本大法当中明确了国家对危害国家安全的违法犯罪活动要予以制裁。而具体贯彻宪法要求的任务则由部门法来完成,实体方面,《刑法》专章规定了危害国家安全罪,并在其他章节中,规定了多项涉及危害各领域国家安全的罪名。程序法方面,《刑事诉讼法》规定了惩治包括危害国家安全犯罪在内的各种犯罪的刑事诉讼程序。对一般刑事案件的侦查、拘留、执行逮捕、预审、采取技术侦查措施等由公安机关负责;国家安全机关依照法律规定,办理危害国家安全的刑事案件,行使与公安机关相同的职权;军队保卫部门对军队内部发生的刑事案件行使侦查权,军队保卫部门办理刑事案件,亦适用刑事诉讼法的有关规定。其中,国家安全机关是国家安全工作集中专门管理机关,是国家安全刑事执法任务的主力,本章主要针对国家安全机关的刑事执法权能予以展开。

根据国家安全机关在查处危害国家安全犯罪案件工作中的需要,1983年9月2日,全国人大常委会通过了《关于国家安全机关行使公安机关的侦查、拘留、预审和执行逮捕的职权的决定》,规定国家安全机关"承担原由公安机关主管的间谍、特务案件的侦查工作,是国家公安机关的性质,因而国家安全机关可以行使宪法和法律规定的公安机关的侦查、拘留、预审和执行逮捕的职权"。该规定最早确立了国家安全机关的刑事执法权,但仅将国家安全机关的刑事执法权范围限于间谍、特务案件,具有一定的局限性。1993年2月22日,《国家安全法》颁布实施,其中第6条规定"国家安全机关在国家安全工作中依法行使侦查、拘留、预审和执行逮捕以及法律规定的其他职权",进一步明确了国家安全机关的刑事执法权。该法对国家安全机关管辖案件的范围进行列举,突破了原有间谍、特务案件的限制,将10余种危害国家安全的行为纳入管辖。1996年3月17日,第八届全国人大第四次会议修正的《刑事诉讼法》第4条规定:"国家安全机关依照法律规定,办理危害国家安全的刑事案件,行使与公安机关相同的职权。"至此,国家安全机关的刑事执法权能进行了完整的规定,赋予了其与公安机关相同的刑事诉讼主体地位。

总体来看,国家安全执法专门机关的刑事执法权能如下:

一、侦查

侦查是指享有侦查权的机关为收集证据,查明、证实犯罪和抓获犯罪嫌疑人而依法采取的专门调查工作和有关的强制性措施。[①] 根据我国刑事诉讼法的精神,国家安全刑事侦查的任务为惩罚危害国家安全的犯罪以及保障人权的统一。打击危害国家安全犯罪、依法保障国家安全的同时依法保护公民的合法权益,保障无罪的人不受刑事追究。刑事诉讼活动侦查阶段的具体目的应当是收集确实充分的证据、查明案件事实、查获犯罪嫌疑人。为达到侦查目的,依据刑事诉讼法的规定,侦查工作主要有以下两个方面:

一是依照法律进行的收集证据、查明案情的工作。这是指刑事诉讼法规定的讯问犯罪嫌疑人、询问证人、被害人、勘验、检查、搜查、扣押物证、书证、鉴定和通缉等为收集证据、查明案件事实而进行的调查工作。

二是采取强制性措施。这是指刑事诉讼法规定的为了保证专门调查工作的顺利进行,在必要的时候采取的诸如强制检查、强制搜查、强制查封、强制扣押等强制性方法。

---

① 叶青主编:《刑事诉讼法学(第四版)》,中国人民大学出版社2020年版,第245页。

国家安全执法专门机关侦查终结后,根据查明的事实和证据,犯罪事实清楚,证据确实、充分,应当制作起诉意见书,连同案卷材料、证据一并移送同级人民检察院审查决定,进入后续的国家安全刑事司法程序。在侦查过程中,发现不应对犯罪嫌疑人追究刑事责任的,应当撤销案件。遇有危害国家安全的犯罪嫌疑人长期潜逃或者身患重大疾病不能接受讯问,从而使侦查不能继续进行的情况时,可以中止侦查,但不能撤销案件,应当分别采取通缉或者取保候审措施。在中止条件消失后,应当恢复侦查,直至侦查终结。

二、刑事拘留

刑事拘留,是指侦查机关在对受理案件的侦查中,遇有法定的紧急情况,暂时限制现行犯或重大嫌疑人的人身自由并予以羁押的一种强制方法。[①]《刑事诉讼法》第 82 条关于公安机关拘留的规定同等适用于国家安全机关和有关军事机关办理关涉国家安全的刑事案件,故国家安全执法专门机关对于涉嫌关涉国家安全犯罪的现行犯或者重大嫌疑分子,如果有下列情形之一的,可以先行拘留:(1) 正在预备犯罪、实行犯罪或者在犯罪后即时被发觉的;(2) 被害人或者在场亲眼看见的人指认他犯罪的;(3) 在身边或者住处发现有犯罪证据的;(4) 犯罪后企图自杀、逃跑或者在逃的;(5) 有毁灭、伪造证据或者串供可能的;(6) 不讲真实姓名、住址,身份不明的;(7) 有流窜作案、多次作案、结伙作案重大嫌疑的。

国家安全执法专门机关拘留犯罪嫌疑人,应当填写呈请拘留报告书,经县级以上国家安全机关负责人批准,制作拘留证。执行拘留时,必须出示拘留证并责令被拘留人在拘留证上签名、捺指印,拒绝签名、捺指印的,侦查人员应当注明。在紧急情况下,对于符合先行拘留条件的,应当将犯罪嫌疑人带至国家安全机关后立即审查,办理法律手续。拘留后,应当立即将被拘留人送看守所羁押,最长不得超过 24 小时。异地执行拘留的,应当在到达管辖地后 24 小时以内将犯罪嫌疑人送看守所羁押。

刑事拘留一般应在 24 小时以内制作拘留通知书,通知被拘留人的家属。拘留通知书应当写明拘留原因和羁押处所。《刑事诉讼法》对危害国家安全犯罪作出了特别的规定,"除无法通知或者涉嫌危害国家安全犯罪、恐怖活动

[①] 叶青主编:《刑事诉讼法学(第四版)》,中国人民大学出版社 2020 年版,第 184 页。

犯罪通知可能有碍侦查的情形以外,应当在拘留后24小时以内,通知被拘留人的家属"[1]。据此,国家安全机关办理危害国家安全的案件时,以下两个法定事由可以排除24小时内通知被拘留人家属的义务,分别为:

一是无法通知的情形,包括:(1)不讲真实姓名住址、身份不明的;(2)没有家属的;(3)提供的家属联系方式无法取得联系的;(4)因自然灾害等不可抗力导致无法通知的。

二是有碍侦查的情形,包括:(1)可能毁灭、伪造证据,干扰证人作证或者串供的;(2)可能引起同案犯逃避、妨碍侦查的;(3)犯罪嫌疑人的家属与犯罪有牵连的。

无法通知、有碍侦查的情形消失以后,应当立即通知被拘留人的家属。对于没有在24小时以内通知家属的,应当在拘留通知书中注明原因。

对被拘留的人,应当在拘留后24小时以内进行讯问。发现不应当拘留的,应当经县级以上公安机关负责人批准,制作释放通知书,看守所凭释放通知书发给被拘留人释放证明书,将其立即释放。

国家安全机关对被拘留的人,认为需要逮捕的,应当在拘留后的3日以内,提请人民检察院审查批准。在特殊情况下,提请审查批准的时间可以延长1日至4日。也就是说,在一般情况下拘留时间最多为7日。对于流窜作案、多次作案、结伙作案重大嫌疑的,提请审查批准的时间可以延长至30日。

人民检察院应当自接到国家安全机关提请批准逮捕书后的7日以内,作出批准逮捕或者不批准逮捕的决定。人民检察院不批准逮捕的,国家安全机关应当在接到通知后立即释放被拘留人,并且将执行情况及时通知人民检察院。对于需要继续侦查,并且符合取保候审、监视居住条件的,依法取保候审或者监视居住。

三、预审

预审是指专门机关为准确认定犯罪、惩罚犯罪,保证刑事诉讼活动的正常进行,对侦查中收集、调取的各种证据材料予以核实审查的活动,是揭露和证实犯罪的一项专门性工作,是国家安全机关侦查权能之一。根据《刑事诉讼法》第116条:"公安机关经过侦查,对有证据证明有犯罪事实的案件,应当

---

[1] 参见《刑事诉讼法》第85条第2款。

进行预审,对收集、调取的证据材料予以核实。"《公安机关办理刑事案件程序规定》第 192 条规定,"公安机关经过侦查,对有证据证明有犯罪事实的案件,应当进行预审,对收集、调取的证据材料的真实性、合法性、关联性及证明力予以审查、核实"。国家安全机关、有关军事机关办理关涉国家安全刑事案件的预审权能,与公安机关的上述权能相同。

预审工作一般是在侦查终结之前,对侦查搜集的证据材料进行全面审查。既要在程序上,审查证据的调取、侦查措施与强制措施的适用是否合法,亦要在实体上根据在案证据危害国家安全的犯罪是否已经事实清楚、证据确实充分,达到移送审查起诉的标准。通过预审确认已经依法全面收集证据并查清犯罪事实,确需追究犯罪嫌疑人刑事责任,则案件可侦查终结,并移送检察机关审查起诉。

四、执行逮捕

逮捕是公安机关、国家安全机关等侦查机关、人民检察院和人民法院,为防止犯罪嫌疑人、被告人逃避侦查、起诉和审判,进行妨害刑事诉讼的行为,或者发生社会危险,依法在一定时间内完全剥夺犯罪嫌疑人、被告人人身自由并予以羁押的强制措施。[1] 逮捕权能分为批准逮捕权、决定逮捕权和执行逮捕权。批准逮捕权由人民检察院行使,决定逮捕权由人民检察院和人民法院行使,执行逮捕权由公安机关和国家安全机关行使。在危害国家安全犯罪案件中,不论是被依法批准逮捕还是被依法决定逮捕,逮捕的执行均由国家安全机关负责,其他刑事案件执行逮捕均由公安机关负责。

对于侦查阶段的危害国家安全案件,国家安全机关认为需要提请批准逮捕犯罪嫌疑人的,应当经县级以上国家安全机关负责人批准,制作提请批准逮捕书,连同案卷材料、证据,一并移送同级人民检察院审查批准。人民检察院应当在接到提请批准逮捕书后的 7 日内,作出批准逮捕或不批准逮捕的决定。对于批准逮捕的决定,交由国家安全机关立即执行,并且将执行情况及时通知人民检察院。人民检察院不批准逮捕的,国家安全机关应当在接到通知后立即释放,并且将执行情况及时通知人民检察院。对于需要继续侦查,并且符合取保候审监视居住条件的,依法取保候审或者监视居住。

---

[1] 叶青主编:《刑事诉讼法学(第四版)》,中国人民大学出版社 2020 年版,第 188 页。

对于审查起诉和审判阶段的危害国家安全犯罪案件,如果承办案件的检察机关或审判机关认为犯罪嫌疑人、被告人符合逮捕的条件且有逮捕必要的,由检察机关或审判机关自行决定逮捕,但仍交由国家安全机关执行逮捕。

执行逮捕的程序为:(1)执行逮捕时,必须出示逮捕证,并责令被逮捕人在逮捕证上签名、捺指印,拒绝签名、捺指印的,侦查人员应当注明。(2)逮捕后,应当立即将被逮捕人送看守所羁押。(3)执行逮捕的侦查人员不得少于2人。(4)对被逮捕的人,必须在逮捕后的二十四小时以内进行讯问。发现不应当逮捕的,经县级以上国家安全机关负责人批准,制作释放通知书,送看守所和原批准逮捕的人民检察院。看守所凭释放通知书立即释放被逮捕人,并发给释放证明书。(5)对犯罪嫌疑人执行逮捕后,除无法通知的情形以外,应当在逮捕后二十四小时以内,制作逮捕通知书,通知被逮捕人的家属,逮捕通知书应当写明逮捕原因和羁押处所。需注意,逮捕的通知家属与拘留的通知家属存在区别,拘留中有危害国家安全犯罪案件通知可能存在有碍侦查的情形的,可不予通知的规定,但逮捕通知家属则没有此等关于危害国家安全犯罪案件的例外规定。(6)人民法院、人民检察院决定逮捕危害国家安全犯罪嫌疑人、被告人的,由县级以上国家安全机关凭人民法院、人民检察院决定逮捕的法律文书制作逮捕证并立即执行。必要时,可以请人民法院、人民检察院协助执行。执行逮捕后,应当及时通知决定机关。

第四节 国家安全行政执法

国家安全行政执法是指执法机关依据国家安全法律,在行政管理过程中对涉及国家安全的事项和相对人作出具体行政行为的活动。国家安全行政执法内容包括但不限于防范、制止和惩治间谍行为、国家安全情报信息等专门工作。国家安全执法的主要职能有:

一、行政监督检查

国家安全行政监督检查,是指国家安全行政执法主体依法对行政相对人遵守国家安全法律、法规、规章等情况进行督促检查。国家安全行政监督检查的具体内容主要是通过验证、调查等方式,确认有关组织或个人是否有违反国家安全法律的情形。

1. 查验

查验是指国家安全执法主体根据维护国家安全的需要，依据国家安全法律对相对人的人身、物品、身份等个人信息等进行检查、验证的行政执法行为。如根据《反间谍法》第 13 条第 1 款，国家安全机关因反间谍工作需要，可以依照规定查验有关组织和个人的电子通信工具、器材等设备、设施。查验中发现存在危害国家安全情形的，国家安全机关应当责令其整改；拒绝整改或者整改后仍不符合要求的，可以予以查封、扣押。

2. 调查

调查是指国家安全执法主体在国家安全行政管理的过程中，依据国家安全法律搜集信息、证据以证实有关事实的行政执法行为。如根据《反间谍法》第 10 条，"国家安全机关的工作人员依法执行任务时，依照规定出示相应证件，可以进入有关场所、单位；根据国家有关规定，经过批准，出示相应证件，可以进入限制进入的有关地区、场所、单位，查阅或者调取有关的档案、资料、物品"。在调查过程中，法律给予国家安全机关一些优先权和免检权，如优先通行权和提请免检权，这是基于间谍工作和情报工作的特殊性，为保障其调查侦察的顺利进行给国家安全机关赋予的特别行政权。

二、行政许可

国家安全行政许可是指在法律一般禁止且可能关涉国家安全的情况下，国家安全行政执法主体根据行政相对人的申请，依法赋予其从事某种活动或实施某种行为的权利或资格的行政行为。典型的如"涉及国家安全的建设项目审批"，《中华人民共和国行政许可法》规定直接涉及国家安全的特定活动，需要按照法定条件予以批准的，可以设定行政许可。[①] 根据《国务院对确需保留的行政审批项目设定行政许可的决定》（国务院第 412 号令）附件序号第 66 号，涉及国家安全的建设项目被列为确需行政审批的对象，执法机关为安全部及地方各级国家安全机关。

三、行政命令、禁令

国家安全行政命令、禁令是指国家安全执法机关根据维护国家安全的需

---

① 参见《中华人民共和国行政许可法》第 12 条。

要,依据国家安全法律强制要求相对方作出一定行为或禁止作出一定行为的行政行为。如《反间谍法》第22条规定,"在国家安全机关调查了解有关间谍行为的情况、收集有关证据时,有关组织和个人应当如实提供,不得拒绝"。根据此规定,国家安全机关要求有关组织和个人提供证据的行为就是行政命令,相对方必须执行。《中华人民共和国出境入境管理法》第44条规定,"根据维护国家安全、公共安全的需要,公安机关、国家安全机关可以限制外国人、外国机构在某些地区设立居住或者办公场所;对已经设立的,可以限期迁离"。根据此规定,对设立居住或者办公场所的限制就是一种行政禁令。

四、行政确认

国家安全行政确认是指国家安全行政执法机关根据维护国家安全的需要,依据国家安全法律对行政相对方的法律地位、法律关系或有关法律事实进行甄别,给予确定、认定、证明(或证伪)并予以宣告的具体行政行为。如《反间谍法》第25条规定,"任何个人和组织都不得非法持有、使用间谍活动特殊需要的专用间谍器材。专用间谍器材由国务院国家安全主管部门依照国家有关规定确认"。

五、行政奖励

国家安全行政奖励是指国家安全行政执法机关为了表彰先进、激励后进,充分调动和激发组织和个人维护国家安全的积极性和创造性,依照法定条件和程序,对为维护国家安全作出突出贡献的相对方,给予物质的或精神的奖励的具体行政行为。如《国家安全法》第12条规定,"国家对在维护国家安全工作中作出突出贡献的个人和组织给予表彰和奖励"。《国家情报法》第9条规定,"国家对在国家情报工作中作出重大贡献的个人和组织给予表彰和奖励"。《反间谍法》第7条规定,"国家对支持、协助反间谍工作的组织和个人给予保护,对有重大贡献的给予奖励"。

六、行政征用

国家安全行政征用是指国家安全行政执法主体出于维护国家安全的需要,依据国家安全法律的规定,强制性地取得相对方财产使用权并给予合理经济补偿的一种具体行政行为。如《国家情报法》第17条规定,"国家情报工作机构工作人员因执行紧急任务需要,经出示相应证件,可以享受通行便利。国家情报工作机构工作人员根据工作需要,按照国家有关规定,可以优先使用或者依法征用有关机关、组织和个人的交通工具、通信工具、场地和建筑物,必要时,可以设置相关工作场所和设备、设施,任务完成后应当及时归还或者恢复原状,并依照规定支付相应费用;造成损失的,应当补偿"。

七、行政补偿

国家安全行政补偿是指国家安全行政执法主体在维护国家安全过程中,因合法的国家安全工作给公民、法人或其他组织的合法权益造成了损失,由国家依法予以补偿的制度。行政补偿主要包括:一是对生命权、人身权损失的补偿。如《国家情报法》第25条第1款规定,"对因开展国家情报工作或者支持、协助和配合国家情报工作导致伤残或者牺牲、死亡的人员,按照国家有关规定给予相应的抚恤优待"。二是对财产损失的补偿。如《国家情报法》第25条第2款规定,"个人和组织因支持、协助和配合国家情报工作导致财产损失的,按照国家有关规定给予补偿"。前述行政征用给相对人造成损失进行补偿的,事实上亦是行政补偿。

八、行政强制

国家安全行政强制是指国家安全行政执法主体为了实现维护国家安全的目的,依据法定职权和程序做出的对相对方的人身、财产和行为采取的强制性措施。国家安全行政执法中,强制措施的种类主要有:

1. 搜查

国家安全行政执法主体为了收集违法证据、查获赃物,依法对违法相对人以及可能隐藏违法相对人或违法证据的主体的身体、物品、住处和其他有关地方进行搜寻和检查的强制方法。如《反间谍法》第32条规定,"对非法持有属于国家秘密的文件、资料和其他物品的,以及非法持有、使用专用间谍器材的,国家安全机关可以依法对其人身、物品、住处和其他有关的地方进行搜查;对其非法持有的属于国家秘密的文件、资料和其他物品,以及非法持有、使用的专用间谍器材予以没收。非法持有属于国家秘密的文件、资料和其他物品,构成犯罪的,依法追究刑事责任;尚不构成犯罪的,由国家安全机关予以警告或者处十五日以下行政拘留"。

2. 查封、扣押、冻结

国家安全行政执法主体在执法过程中,依据法定职权和程序对违法相对人的财物予以封存、扣留或对账户上的资金予以冻结。查封一般针对的是不动产或不宜转移到执法机关指定场所予以扣留的财物;扣押一般针对的是动产,由执法机关或其指定的保管场所予以扣留;冻结一般针对的是银行、保险、理财等账户中的资金,表现为禁止支取、转账。查封、冻结的效力均是限制原权利人对违法所得、用于违法的财物或其他证明违法事实的财物的使用和处分权能,扣押在此基础上还排除原权利人的占有权能,以保障执法活动的顺利进行及后续行政处罚措施的执行。根据《反间谍法》第 15 条,"国家安全机关对用于间谍行为的工具和其他财物,以及用于资助间谍行为的资金、场所、物资,经设区的市级以上国家安全机关负责人批准,可以依法查封、扣押、冻结"。国家安全行政执法机关对依法查封、扣押、冻结的财物,必须妥善保管,并按照下列情形分别处理:(1)涉嫌犯罪的,依照刑事诉讼法的规定处理;(2)尚不构成犯罪,有违法事实的,对依法应当没收的予以没收,依法应当销毁的予以销毁;(3)没有违法事实的,或者与案件无关的,应当解除查封、扣押、冻结,并及时返还相关财物。

九、行政处罚

国家安全行政处罚是指国家安全行政执法主体对于违反国家安全法律的公民、法人或者其他组织依法予以制裁的具体行政行为。根据国家安全法律法规的具体规定,国家安全行政处罚的种类主要有:

1. 警告

警告是指国家安全行政执法主体对于违反国家安全法律的行为主体提出告诫的制裁措施。警告在行政处罚的措施体系中,属于最轻的一种制裁,针对的一般是行为情节、手段较为轻微或行为后果并不严重的违法行为。在国家安全法律中,警告一般与其他制裁措施选科出现,由执法主体在具体的国家安全行政执法过程中,根据相对方的行为严重程度及其对国家安全的危害性予以选择适用。如《国家情报法》第 29 条规定,"泄露与国家情报工作有关的国家秘密的,由国家情报工作机构建议相关单位给予处分或者由国家安全机关、公安机关处警告或者十五日以下拘留;构成犯罪的,依法追究刑事责任"。

2. 没收

没收是指国家安全行政执法主体对于违反国家安全法律的相对方基于违法行为取得或者与违法行为相关的财物予以剥夺的具体行政行为。没收主要包括两类，一类为行政违法所得没收。如针对非法获取的国家秘密的文件、资料和其他物品予以没收；另一类是用于违法的相关财物没收，典型的包括对违法行为的工具、经费等予以没收。如《反间谍法》第32条规定，"对非法持有属于国家秘密的文件、资料和其他物品的，以及非法持有、使用专用间谍器材的，国家安全机关可以依法对其人身、物品、住处和其他有关的地方进行搜查；对其非法持有的属于国家秘密的文件、资料和其他物品，以及非法持有、使用的专用间谍器材予以没收。非法持有属于国家秘密的文件、资料和其他物品，构成犯罪的，依法追究刑事责任；尚不构成犯罪的，由国家安全机关予以警告或者处十五日以下行政拘留"。其中针对非法获取并持有的国家秘密的文件、资料和其他物品属于违法所得没收，针对用于实施危害国家安全行为的专用间谍器材等工具的没收，就属于对用于违法相关财物的没收。国家安全行政执法没收的财物，一律上缴国库。

3. 行政拘留

行政拘留指国家安全行政执法主体对于违反国家安全法律的相对人在短期内剥夺人身自由的一种行政处罚。行政拘留期限最长不超过15日。根据《反间谍法》和《国家情报法》的相关规定，国家安全行政执法中，可以采取行政拘留予以制裁的违法行为主要有：(1) 阻碍国家情报工作机构及其工作人员依法开展情报工作的；(2) 泄露与国家情报工作有关的国家秘密的；(3) 明知他人有间谍犯罪行为，在国家安全机关向其调查有关情况、收集有关证据时，拒绝提供的；(4) 故意阻碍国家安全机关依法执行任务，未使用暴力、威胁方法，情节较轻的；(5) 非法持有属于国家秘密的文件、资料和其他物品，尚不构成犯罪的。

4. 限期离境或者驱逐出境

限期离境或者驱逐出境指国家安全行政执法主体对于违反国家安全法律的相对人在中华人民共和国境内的居留权予以限制和剥夺的制裁措施。如《反间谍法》第34条规定，"境外人员违反本法的，可以限期离境或者驱逐出境"。

除上述行政处罚之外，国家安全行政执法主体在行政执法过程中，根据相对人行为性质、轻重程度可以建议其所在单位或者上级主管部门予以处分。但应明确,这种处置是一种行政处分,并不属于行政处罚的一种。与行政处罚相比,行政处分的程度要轻于行政处罚,并具有内部性和隶属性的特征,要求处分者与处分决定机关之间存在职务上的隶属关系,处分机关依据内部行政规范对其工作人员的违反行为予以处分。对于国家安全违法行为采取行政处分代表违法行为人的违法行为极其轻微,对其免予行政处罚,而是通过行政处分予以惩戒。如《国家情报法》和《反间谍法》中,均规定了可以由其所在单位或者上级主管部门予以处分的情形。

第十六章 国家安全司法

第一节 国家安全司法概述

一、总体国家安全观的基本内涵

国家安全是国家生存发展的前提、人民幸福安康的基础、中国特色社会主义事业的重要保障。① 党的十八大以来,以习近平同志为核心的党中央创造性地提出了一系列关于国家安全的新思想、新理念、新战略,开辟了新时代中国特色国家安全道路。2014年4月15日,习近平总书记在中央国家安全委员会第一次会议上首次正式提出"总体国家安全观";2018年4月17日,习近平总书记在十九届中央国家安全委员会第一次会议上指出,"中央国家安全委员会成立4年来,坚持党的全面领导,按照总体国家安全观的要求,初步构建了国家安全体系主体框架,形成了国家安全理论体系"②。党的十九大进一步明确将坚持总体国家安全观确定为习近平新时代中国特色社会主义思想的重要组成部分,成为新时代发展中国特色社会主义的基本方略。2022年10月,党的二十大报告首次将国家安全作为报告的独立部分进行系统阐述,对党和政府在当前统筹好发展和安全两件大事,构建现代化的国家安全体系,增强现代化的维护国家安全的能力,有效保障国家安全和社会稳定,具有重要指导作用。

总体国家安全观具有显著的"总体性"特征。③ 其一,国家安全体系涵盖要素的综合性。强调要构建包括政治安全、国土安全、军事安全、经济安全、文化安全、社会安全、科技安全、信息安全、生态安全、资源安全、核安全、生物

---

① 钟国安:《以习近平总书记总体国家安全观为指引谱写国家安全新篇章》,载《求是》2017年第8期。
② 《全面贯彻落实总体国家安全观开创新时代国家安全工作新局面》,载《人民日报》2018年4月18日第1版。
③ 刘远亮:《新时代我国国家安全治理的创新理路——学习习近平总书记关于国家安全的重要论述》,载《社会主义研究》2021年第2期。

安全等多种安全要素的国家安全体系,这其中既包括了传统安全要素,也包括了非传统安全要素,体现出了综合性特点,突出的是一种"大安全"理念。其二,国家安全治理布局的系统性。在总体国家安全观涵盖的多个安全要素中,人民安全是宗旨,政治安全是根本,经济安全是基础,军事、文化、社会安全是保障,国际安全是依托。这种系统的国家安全治理布局,强调科学统筹,更有利于应对复杂的国家安全问题。其三,国家安全治理内容的全面性。贯彻总体国家安全观,要"既重视外部安全又重视内部安全、既重视国土安全又重视国民安全、既重视传统安全又重视非传统安全、既重视发展问题又重视安全问题、既重视自身安全又重视共同安全"[①]。

二、"司法"的概念及司法功能

(一)"司法"的概念

一般认为,司法是指国家司法机关依照法定职权和法定程序,具体应用法律处理案件的专门活动。[②] 司法是国家行使司法权的一种活动,是国家通过司法机关处理案件,适用法律,解决争讼的专门活动。但上述对"司法"或"司法权"的理解过于强调国家对司法的垄断性,突出了司法的国家强制性以及国家意志的主宰性,在内涵上略显单一和闭塞,并未穷尽"司法"或"司法权"的全部应有之义。[③] 有学者认为,"司法既是一个以审判为核心的、结构清晰、内容确定、层次分明的开放性体系,又是一个处于不断发展中的概念。司法的开放性可以划分为两个最基本的层次:核心与外围。司法的核心部分是比较确定的,它是指以法院、法官为主体的对各种案件的审判活动。司法的外围则不那么确定,甚至是不确定的。这部分内容可以划分为两个基本类型:其一是基本功能、运行机制和构成要素与法院类似的'准司法'活动,主要包括行政裁判、仲裁和调解;其二是围绕着审判和准司法而开展或者以此为最终目的而出现的参与、执行、管理、服务、教育、宣传等'涉诉'性活动。从传统意义上来讲,司法仅指与立法和行政相对应的法院审判活动;而在现代意义上,司法是指包括基本功能与法院相同的仲裁、调解、行政裁判、司法审

---

① 中共中央党史和文献研究院编:《习近平关于总体国家安全观论述摘编》,中央文献出版社 2018 年版,第 7 页。
② 张文显主编:《马克思主义法理学:理论、方法和前沿》,高等教育出版社 2003 年版,第 276 页。
③ 崔永东:《司法学论纲》,人民出版社 2014 年版,第 3 页。

查、国际审判等解纷机制在内,以法院为核心并以当事人的合意为基础和国家强制力为最后保障的、以解决纠纷为基本功能的一种法律活动。"①

(二)司法的功能

司法的功能大体分为两类:裁判功能和社会功能。其中裁判功能主要是审理和裁决,该功能针对案件当事人,是司法活动的内核;社会功能主要是化解、影响和预期,是司法活动对其他公民和社会所产生的客观影响。② 司法的法理功能或者裁判功能是司法活动内部的、本身固有的功能,它主要包括两个方面的功能,一是辨是别非,二是释法补漏。其对象分别是事实和规则。"辨是别非"是查清证据和事实,根据法律和证据规则进行事实方面的判断。"释法补漏"是指法官在个案中为建构判断大前提所进行的法律解释活动以及填补法律漏洞的法律续造活动。但司法的法理功能没有将司法功能置于司法作为社会系统的要素以及司法与其他社会关系的交互关系中进行探讨。当代法学的一个思潮或趋势正是强调这种社会功能,典型表现是以美国实用主义哲学为指导思想的现实主义法学,他们强调社会功能和效果,强调法官超越法律,强调对法律的创新和法官造法。③

司法权是国家权力的重要组成部分,在国家和社会治理体系现代化中占有重要地位,治理体系与治理能力现代化建设,赋予了司法功能以全新的内涵。为了维护现有社会秩序和法律权威,实现社会的治理性整合结果,司法社会功能早已突破定分止争的范围。在传统司法中,司法的作用被认为是将法律适用于案件的制度机制,司法机关成为法律适用机关,司法机关的作用限于适用法律解决具体纠纷。而在司法参与社会治理的语境下,司法机关需要在法律适用和纠纷解决功能的基础上,通过调解、司法解释、司法建议、指导案例发布等形式,将司法权延伸至纠纷解决的范畴之外去直面社会问题。

(三)司法的职能及任务

在司法的基本职能方面,《政法工作条例》规定了政法机关的三项基本职能,即专政职能、管理职能、服务职能。政法机关作为人民民主专政的国家政权机关,必须在党的领导下,依法履行专政职能,坚决捍卫党的执政地位和社

---

① 杨一平:《司法正义论》,法律出版社1999年版,第25—26页。
② 宋保振:《司法的社会功能及其实现》,载《济南大学学报(社会科学版)》2020年第6期。
③ 孙笑侠:《论司法多元功能的逻辑关系——兼论司法功能有限主义》,载《清华法学》2016年第6期。

会主义制度。政法机关作为社会管理的职能部门,是国家治理体系的重要组成部分,必须在党的领导下,依法履行管理职能,加强和创新社会治理,推进社会治理体系和治理能力现代化。政法机关的根本宗旨是全心全意为人民服务,必须在党的领导下,依法履行服务职能,推出更多利民惠民安民的政策措施,不断增强人民群众获得感、幸福感、安全感。

在司法的主要任务方面,《政法工作条例》规定政法工作的主要任务是在以习近平同志为核心的党中央坚强领导下开展工作,推进平安中国、法治中国建设,推动政法领域全面深化改革,加强过硬队伍建设,深化智能化建设,严格执法、公正司法,履行维护国家政治安全、确保社会大局稳定、促进社会公平正义、保障人民安居乐业的主要职责,创造安全的政治环境、稳定的社会环境、公正的法治环境、优质的服务环境,增强人民群众获得感、幸福感、安全感。

三、国家安全司法的原则

法律原则是指为法律规则提供基础或本源的综合性、指导性的原理和准则,是贯穿于法律之中的指导思想,是法律的基本价值和主旨精神的浓缩,也是理解和判断法律规则的出发点和归宿。依据《国家安全法》,国家安全司法必须坚持以下原则:

（一）维护国家安全原则

《国家安全法》第43条第1款规定:"国家机关及其工作人员在履行职责时,应当贯彻维护国家安全的原则。"这是对所有国家机关及其工作人员履职的总体要求,是履职中所要遵循的基本原则。维护国家安全原则的内涵在于强调国家安全（利益）的优先性,要求国家安全执法机关必须以维护国家安全为首要宗旨,体现"国家利益高于一切"的理念。

（二）尊重和保障人权原则

我国《宪法》第33条第3款规定:"国家尊重和保障人权。"尊重和保障人权是社会主义法治的基本原则,也必然成为国家安全维护工作所应当遵守的基本原则之一,《国家安全法》第7条也强调要尊重和保障人权,依法保护公民的权利和自由。因此,在强调国家利益的同时,必须通过法律平衡保护公民的基本权利。当国家安全与公民个人权利发生冲突时,正确做法不是片面强调国家利益优先而忽视基本权利保障,而应以比例原则对此加以审查。

（三）法治原则

维护国家安全应当坚持法治原则。《国家安全法》第7条规定:"维护国家安全,应当遵守宪法和法律,坚持社会主义法治原则,尊重和保障人权,依法保护公民的权利和自由。"法治原则要求在国家安全工作中应当遵守宪法与法律的规定,依法维护国家安全。在国家安全维护过程中,任何组织与个人都不能超越宪法和法律的规定,必须维护宪法与法律的权威,依照宪法与法律的规定行使维护国家安全的权力或权利、履行维护国家安全的义务。此外,法治原则不仅体现为遵守宪法与法律的规定,还体现为在维护国家安全的工作中重视运用法治思维和法治方式,发挥法治的引领与推动作用。这就要求我们在国家安全维护工作中首先要建立起以宪法、国家安全法为基本法律的国家安全法律规范体系,在此基础上加强国家安全领域的司法工作,进而增强全民国家安全法治观念,推进全民守法。

第二节 国家安全司法功能的具体分析

一、法院、检察院在维护国家安全中的角色定位

《国家安全法》第41条规定,"人民法院依照法律规定行使审判权,人民检察院依照法律规定行使检察权,惩治危害国家安全的犯罪"。

根据《政法工作条例》,政法系统作为维护国家政治安全的骨干力量,应当积极参与每个部分和环节的治理事项,而不仅局限于《国家安全法》规定的人民法院、人民检察院惩治危害国家安全犯罪,以及公安机关、国家安全机关的相关专门职能。从《国家安全法》的立法目的、基本精神和法律内容来看,政法系统全方位参与国家政治安全维护是合乎法律规定和要求的。因此,按照前述国家政治安全治理的综合性框架,政法系统可以通过不同方式参与国家政治安全风险治理、应急管理、危机治理各个环节的工作。[①]

二、国家安全司法的法理功能

(一)国家安全刑事司法适用

1993年《国家安全法》虽然并未明确"国家安全"的内涵和外延,但该法明确了危害国家安全的行为,包括:分裂国家、对抗政府和社会主义制度的行

---

① 党东升:《国家政治安全的综合性治理框架及司法治理机制》,载《上海法学研究》2021年第1卷。

为,间谍行为,针对国家秘密实施的行为,诱发国家工作人员叛变的行为,针对国家安全的其他破坏行为。由此可见,那时的国家安全还停留在传统国家安全的范畴,是狭义的国家安全。与保护狭义的国家安全法益密切相关的是我国《刑法》分则首章的罪名体系,即危害国家安全罪。

危害国家安全罪是指危害国家主权、领土完整和安全,分裂国家、颠覆人民民主专政的政权和推翻社会主义制度的行为。危害国家安全罪是一个概括性罪名,是对各种危害国家安全的犯罪行为共同特征的概括,各种具体罪名则各有其具体构成要件和特征。

危害国家安全罪包括:背叛国家罪、分裂国家罪、煽动分裂国家罪、武装叛乱、暴乱罪、颠覆国家政权罪、煽动颠覆国家政权罪、资助危害国家安全犯罪活动罪、投敌叛变罪、叛逃罪、间谍罪、为境外窃取、刺探、收买,非法提供国家秘密、情报罪、资敌罪。上述12个具体罪名可分为3类:(1)危害国家主权、领土完整和安全、国家政权和社会主义制度罪;(2)叛变、叛逃罪;(3)间谍、资敌罪。

但总体国家安全观具有显著的"总体性"特征,当前传统国家安全和非传统安全问题同时存在、相互交织、互相影响。《国家安全法》第2条明确规定:"国家安全是指国家政权、主权、统一和领土完整、人民福祉、经济社会可持续发展和国家其他重大利益相对处于没有危险和不受内外威胁的状态,以及保障持续安全状态的能力。"因此,所有关涉到国家存立、社会发展、国民福祉的可能事项都应被纳入国家安全的范畴。

因此,在总体国家安全观下,危害国家安全的犯罪并不仅限于我国《刑法》分则首章的罪名体系。除了传统国家安全罪名外,涉及网络安全、生物安全、科技安全、金融安全、文化安全等非传统安全的领域,也可能存在危害国家安全的犯罪。但是,刑法法益的应受保护性特征与国家法益、社会法益、个人法益的实质类分决定了刑法不可能将国家安全与社会安全、个人安全混为一体。刑法中的国家法益是与社会法益、个人法益相区别的国家安全利益。[①]因此,某种犯罪类型能否被视为非传统安全犯罪的关键在于其对非传统安全的侵害程度或者危险是否达到了侵害国家安全的高度。与非传统安全存在一定关系的犯罪属于危害国家安全的犯罪需要具备以下条件:

---

① 李凤梅:《危害国家安全罪的规范缺失及立法补正》,载《法商研究》2017年第5期。

一是该犯罪能对整体性的非传统安全或者其安全保障的某个环节形成直接威胁。二是指该犯罪危害性得到包括司法机关在内的政府机构、社会机构以及公众的普遍认可,对人的安全、国家安全和国际安全造成威胁或者侵害的情形。① 三是非传统安全犯罪作为一种非传统安全威胁因素,在危害手段、后果上的跨国性、弥散性特征决定了其应对措施亦不可能单纯依靠片面化、单一化的一国力量,国际刑事司法合作既是逻辑必然亦是实践必须。②

(二)国家安全其他法律司法适用

国家安全是定国安邦的重要基石。国家安全法律制度是中国特色社会主义法治体系的重要组成部分,是维护国家安全利益的基础性保障。当前我国国家安全法律制度框架是以《国家安全法》为核心,与重点单行法并列的模式,内容涉及行政法、民事法、经济法、国际法等多个领域。在国家安全法治体系的法律适用方面,在刑事法律适用问题上,《国家安全法》与我国《刑法》罪名的衔接得到了学界的重视,有关研究成果对我国《刑法》适用的自洽与周延也作出了回应;在行政法律适用上,研究热点多集中于行政处罚的措施、程序和执行等问题;在经济法律适用上,研究者紧扣外商投资的安全审查、金融风险的策略性应对等问题;在国际法律适用上,学界则提出要避免网络空间军事化、促进网络空间国际立法等。

从已有成果来看,学界倾向于对国家安全法律体系建构、立法模式选择、部门法关系辨析等问题进行研究,对国家安全法律适用问题的研究相对较少。在法律适用问题上倾向于结合国家安全法治的政策、制度、意义对某一具体问题进行阐释,其内容较为分散。而且在法律适用问题上更多集中于国家安全、社会安全等传统安全领域的法律适用研究,对于文化安全、科技安全、生态安全、能源安全、信息安全等非传统安全的法律适用研究相对较少。

国家安全相关法律法规涉及的法律领域众多,民法、行政法、刑法、经济法、国际法等多个领域都存在法律适用问题。在民法中,维护国家安全机制的适用问题包含了禁止滥用权利损害国家利益、国家所有权的实现路径、涉国家安全的民事合同管理等问题。在行政法中,根据行政责任后果的不同可以提炼出不同的法律后果模型,其中维护国家安全机制的适用问题包含了法律概念界定标准的泛化、适用条件不明的低实操性、管辖主体职权范围的杂

---

① 王君祥:《非传统安全犯罪解析》,载《河南科技大学学报(社会科学版)》2016年第2期。
② 阎二鹏:《非传统安全犯罪:范畴厘定与刑法教义学转型》,载《法治研究》2017年第2期。

糅、行政处罚措施适用的失衡等。在经济法中,对宏观调控领域规范以及市场规制领域规范的理解将影响国家安全内容的适用。在国际法中,网络安全困境、国际文化安全冲突等问题也需充分理解其相关法律的适用问题,其中我国法的域外适用问题、国际法与国内法关系、本国利益与他国利益界定、本国法律目标与政策目标的平衡等问题的研究最为迫切。在其他法律规范中,如在生态安全领域规范的适用中,生态安全中"生态""生态安全"的内涵需要明确,生态安全事件的识别标准尚需探讨;在能源安全领域的规范的适用中,国家经济利益、社会利益和生态利益的协调问题需要研究;在科技安全领域规范的适用中,科技发展与安全保障的平衡需要研究,科技风险的司法控制需要分析。

三、国家安全司法的社会功能

(一)诉源治理

社会公平正义是影响整个社会共同体中各阶层、各群体协调与否的最为根本的问题,进而成为决定整个社会安全稳定与否的最为关键和直接的问题。[①] 司法是维护社会公平正义的最后一道防线,人民法院作为社会矛盾和争议解决的关键点,在多元化纠纷解决机制中起到不可或缺的作用。[②] 2016年1月18日,习近平总书记在省部级主要领导干部学习贯彻党的十八届五中全会精神专题培训班上的讲话,深刻阐述了各领域风险危机向政治领域延伸和汇集的规律:"各种矛盾风险挑战源、各类矛盾风险挑战点是相互交织、相互作用的。如果防范不及、应对不力,就会传导、叠加、演变、升级,使小的矛盾风险挑战发展成大的矛盾风险挑战,局部的矛盾风险挑战发展成系统的矛盾风险挑战,国际上的矛盾风险挑战演变为国内的矛盾风险挑战,经济、社会、文化、生态领域的矛盾风险挑战转化为政治矛盾风险挑战,最终危及党的执政地位、危及国家安全。"

总体国家安全观下的司法工作,必须进一步延伸司法职能,强化案前预防和案后补漏。最好的治理莫过于防患于未然。司法以办案为中心,但司法绝不是就案办案、机械办案。习近平总书记指出,当前我国国家安全内涵和

---

① 吴忠民:《社会公正与中国现代化》,载《社会学研究》2019年第5期。
② 牛正浩、潘剑锋:《论检察机关化解政治安全风险的维度》,载《甘肃政法大学学报》2021年第4期。

外延比历史上任何时候都要丰富,时空领域比历史上任何时候都要宽广,包括政治、国土、军事、经济、文化、社会、科技、信息、生态、资源、核等方方面面。各个领域的安全要素相互交织,牵一发而动全身。为此,司法触角必须向前向后向外延伸,做好矛盾疏解、漏洞补牢等工作。

2019年2月,诉源治理被最高人民法院"五五改革纲要"明确列为今后五年人民法院一项非常重要的改革任务。"以源头预防为先,非诉机制挺前,法院裁判终局"为核心的诉源治理维度成为新时代推进基层社会治理体系和治理能力现代化的应有之义。源头预防为先,是立足预防,最大限度使纠纷止于未发、止于萌芽。非诉机制挺前,是因为解决纠纷的一般规律是越往后端风险越多、难度越大、程序越繁、成本越高,因此最好在进入国家司法之前由社会性解纷机制完成解纷。法院裁判终局主要解决未能预防和社会解纷而不可避免进入诉讼的纠纷,实现繁简分流、合理配置司法资源。同时,司法裁判的终局性、权威性必须得到服从和履行,强化司法裁判的指引、评价作用和裁判终局性、权威性,同样是诉源治理的应有之义。①

(二)对外司法协作

总体国家安全观下的司法工作,必须具有国际视野,统筹内部安全和外部安全,加强对外司法协作。近年来,我国司法外事工作取得了长足进步,对外交往与协作更加广泛而深入。但在总体国家安全观统领下,今后司法工作尚需在以下方面发力:加强双边司法协助条约的谈判缔结和管理执行,促进双边司法协助合作的发展;积极参与重大涉外案件的协调办理和对腐败分子的境外缉捕,进一步提高办案工作的质量和水平;坚持以人为本、外事为民,加强涉外专业法律服务,为我国企业和个人在国外进行民商事活动和维护自身合法权益,提供及时高效的法律服务;积极组织参与联合国预防犯罪和刑事司法领域的活动,积极参与有关国际组织、国际会议等活动,提高参与国际组织活动的专业化水平,深化参与程度,增强参与效果。②

(三)应对司法风险

政法系统作为矛盾纠纷化解的骨干力量,具有充分的职业敏感性,能够根据经验感知风险并作出准确评估。目前较为成熟的社会稳定风险评估机制已经具备评估政治安全风险的部分功能。除此之外,随着智慧司法建设的

---

① 薛永毅:《"诉源治理"的三维解读》,载《人民法院报》2019年8月11日第2版。
② 方略:《"总体国家安全"下的司法视野》,载《人民法院报》2014年4月22日第2版。

大力推进,应探索建立基于司法大数据的政治安全风险评估机制以及预警机制。早期的社会稳定风险预警机制偏重行政案件、刑事案件和突发事件等指标。实际上,从风险演化的过程来看,很多风险因素是以民事案件的方式显露出来的,民事案件对于研判风险态势和进行预警同样具有重要意义。尤其是随着立案登记制的实施、矛盾纠纷一体化信息系统建设的推进等,基于民事案件大数据的政治社会风险评估和预警具备独特优势。[①] 本轮司法体制改革推动了基层法院和检察院的司法权运行机制的重大变革,但也受到了一些挑战。如本轮司法体制改革的重要内容之一是"去行政化"改革,取消案件审批制,推行扁平化管理模式,这可能导致法院、检察院风险防控特别是风险识别发现能力的降低。改革前的审批制虽不符合司法规律,但在风险信息发现、传导上确有一定优势,审批制下每一层级的主管都会通过其在科层制中的位置与案件发生联系从而掌握案情,这为分析和研判案情中可能隐藏的风险创造了条件。而司法责任制在取消院庭长的审批权的同时,也弱化了院庭长掌握案情和研判风险的能力。又如法院和检察院的内设机构改革虽然提高了审判管理和行政事务管理的效率,但内设机构改革并未专门考虑风险防控的需要。为此,需把风险识别、提示等责任进行系统性分配,让法官对裁判的正确性和妥当性负责,让庭长、院长就管辖范围的司法风险负管理性责任,最大限度地发挥案件承办人、审判组织、管理人员的风险识别、防控作用。另外,可以考虑由现在承担信访化解职能的部门负责总体风险防控,审判、法警、宣传、监察等内设机构履行相应的专抓职责,并应向总抓部门报送司法风险情况。法院和检察院应进一步扩大司法的社会参与,并运用商谈、论辩的方式对司法政策乃至判决的结论予以论证,在多元对话过程中形成共识。[②]

(四)四大检察业务

《国家安全法》主要规定了惩治危害国家安全犯罪的职责,这属于检察机关传统"刑事检察"范畴,属于其传统业务范围。除此之外,在国家和社会治理现代化总体格局中,检察机关同样是社会治理的重要一环,司法实践中,检察机关的其他职能也同样肩负着维护国家安全的重任。

---

① 党东升:《国家政治安全的综合性治理框架及司法治理机制》,载《上海法学研究》2021年第1卷。
② 赵海永:《重大转型时期司法风险防控的发展进路》,载《山东法官培训学院学报》2020年第1期。

检察机关的主责主业通常可被概括为"四大检察",共包括四项职能领域,即:刑事检察、民事检察、行政检察与公益诉讼检察。除了打击危害国家安全的犯罪外,检察机关以"四大检察"为抓手,在维护政治安全工作中大有可为:

首先,在民事检察领域,我国《刑法》设置了滥用职权罪、徇私枉法罪、枉法裁判罪等罪名规制民事司法审判人员职务违法犯罪行为。我国刑事诉讼法规定检察机关有权对此类犯罪行使侦查权,还可以对已生效的民事裁判文书进行抗诉。通过行使检察监督权,检察机关可以纠正民事错误裁判。民事诉讼制度的根本价值就在于解决社会纠纷,而从风险演化的过程来看,很多风险因素是以民事案件的方式显露出来的,通过行使民事检察监督权,检察机关可以有效促进民事诉讼活动的公平公正,将积累的社会矛盾通过民事程序这一"稳定器"加以化解,进而维护国家安全。

其次,在行政检察领域,我国《行政诉讼法》《行政处罚法》《行政复议法》等行政法律法规明确规定了检察机关对于政府依法行政的监督权力,通过行政检察建议和抗诉,纠正有错误的行政裁判,促进政府依法行政,从而不断推动优化完善我国行政制度体系建构,有效减少诸如因"合村并居"等行政机关征地拆迁补偿等问题造成的群众信访类群体性事件,增强人民群众的安全感、获得感、幸福感,从而有助政府公信力的提升,改善人民群众对于政府依法行政的满意度,有效维护中国特色社会主义制度,促进以各级政府为主导的国家治理体系和治理能力现代化进程,最终维护党中央集中统一领导下以政府为主导的执政安全。①

此外,在公益诉讼检察领域,十八届四中全会提出探索建立公益诉讼制度,2015年全国人大常委会决定开展公益诉讼试点,2017年《行政诉讼法》正式确立了检察行政公益诉讼制度。近年来,公益诉讼成为检察机关推进司法为民、社会治理的创新举措,检察机关瞄准损害国家和社会公共利益、百姓反映强烈的环境污染等重点领域突出问题加大办案力度。随着检察公益诉讼范围不断拓展,我国已经形成了涵盖生态环境和资源保护、食品药品安全、国有财产保护、国有土地使用权出让、英雄烈士姓名、肖像、名誉、荣誉保护等领域的"4+1"检察公益诉讼新格局。其中,在新增的英烈保护方面,突出强调

---

① 牛正浩、潘剑锋:《论检察机关化解政治安全风险的维度》,载《甘肃政法大学学报》2021年第4期。

了检察机关对共产主义意识形态安全的高度重视与全方位保护,检察机关通过公益诉讼,能够切实维护意识形态安全。

国家政治安全利益具有典型的公共利益属性,具备纳入公益诉讼的可能性。从检察公益诉讼制度发展历程看,很多公共安全利益和国家安全利益保护工作已经纳入检察公益诉讼范围,未来应进一步探索基于检察公益诉讼的国家政治安全利益维护机制,拓展司法机构维护国家政治安全的途径和方式。①

第三节 我国国家安全司法实践

2016年,总体国家安全观被写入最高人民法院工作报告,且在突出、醒目的位置提出"贯彻总体国家安全观",表明最高人民法院已充分认识到在司法领域推动总体国家安全观法治化的重要意义,对危害国家安全的认识由狭义转为广义。② 2016年最高人民检察院的工作报告在回顾2015年主要工作时,也将总体国家安全观写入第一个大标题内。以上变化实质上反映出的是人民法院和人民检察院在办理危害国家安全案件方面司法理念的悄然转变,其逐渐意识到国家安全是包括政治安全、经济安全、网络安全等多领域的综合性概念。

总体国家安全观被写入各省(自治区、直辖市)高级人民法院工作报告的情况,大体可分为三种类型,这反映出各地区法院对于总体国家安全观法治化认识上的显著差异。第一种,写入工作回顾部分第一个大标题,如天津、黑龙江、安徽等5个高院,占比16%。这一类型的法院与最高人民法院将总体国家安全观写入工作报告的模式一致,反映出其及时转变了国家安全司法理念,准确把握了总体国家安全观对国家安全的广义界定。第二种,写入工作回顾部分的二级标题或正文部分,如北京、陕西等13个高院,占比42%。这一类型的法院对于总体国家安全观法治化的认识仍不充分,虽然在工作报告中写入总体国家安全观,但往往与《刑法》分则第一章规定的危害国家安全罪联系在一起,对于国家安全概念仍然停留在狭义认识。第三种,未写入工作

---

① 党东升:《国家政治安全的综合性治理框架及司法治理机制》,载《上海法学研究》2021年第1卷。
② 刘林波:《从法院工作报告透视国家安全司法》,载《太原理工大学学报(社会科学版)》2020年第5期。

回顾部分,如江苏等 13 个高院均属此类情况,占比 42%。这一类型的法院,在工作报告中未提及总体国家安全观,显示出对于总体国家安全观如何在司法领域予以落实的认识缺位。① 总体国家安全观被写入各省(自治区、直辖市)人民检察院工作报告的情况跟各省高级人民法院工作报告的情形基本类似。

可见,最高人民法院和最高人民检察院在办理危害国家安全案件方面的司法理念已经明显转变,但各省(自治区、直辖市)高级人民法院和人民检察院对于总体国家安全观法治化的认识存在区域性差异,而且与最高人民法院和最高人民检察院也存在一定距离,认识尚不到位,国家安全的司法理念仍需转变,部分法院和检察院仍将"危害国家安全的犯罪"狭义地理解为我国《刑法》分则第一章规定的"危害国家安全罪"。国家安全司法观念的滞后,可能导致部分地区法院和检察院不能更好地履行维护国家安全的法定职责。因此,需继续开展总体国家安全观和《国家安全法》的宣传教育,促进司法理念转变。

另有学者对中国裁判文书网中 83 份援引《国家安全法》的涉及非传统安全领域的案例进行实证考察发现,公开的裁判文书中援引《国家安全法》的案例均涉及非传统安全领域,《国家安全法》的司法适用存在疏漏,主要表现为适用主体对《国家安全法》司法适用均呈现一定程度误读:审判机关及公诉机关在援引《国家安全法》时混淆《国家安全法》与生产生活具体领域安全法规;当事人则普遍对《国家安全法》没有清晰认知,不仅混淆《国家安全法》与生产生活具体领域安全法规,而且将国家安全、公民安全与其个人权利相混淆,在认为其生命健康权利及财产权利遭受侵害的场合引用《国家安全法》,而非援引其他更贴合案件基本情况、更具针对性的法律法规;在一些裁判文书提及的案件材料中,公安局、住建局、综合执法局等行政机关在执法过程中亦有错误援引《国家安全法》的情况。②

我国的国家安全法为构建中国特色国家安全法律制度体系,推进国家安全各项工作法治化提供了基础支撑,是一部维护国家安全的综合性、全局性、

---

① 刘林波:《从法院工作报告透视国家安全司法》,载《太原理工大学学报(社会科学版)》2020 年第 5 期。
② 蔡艺生、翁春露:《非传统安全视域下〈国家安全法〉司法适用实证调查——以 2015 年至 2020 年 83 篇裁判文书为分析样本》,载《北京警察学院学报》2021 年第 5 期。

基础性的法律,在国家安全法律制度体系中起统领、支撑作用。[1] 作为国家安全领域的基本法律,《国家安全法》的主要功能系对国家安全领域基本关系进行全面规定和宏观指导,因此,《国家安全法》的内容多为原则性规定和宣示性条款,从而为国家安全各具体领域专门法律的制定和完善提供基础性框架。因此,无论是传统安全领域的规制还是能源安全、文化安全、网络安全、生态安全等非传统安全领域的规制,都需要在《国家安全法》的原则指导下制定专门立法来实现。因此,在具体的司法裁判中,对涉及能源安全、文化安全、网络安全、生态安全等非传统安全领域的案件,应当适用该领域国家安全专门立法进行裁判,而非直接援引《国家安全法》中的原则性规定和宣示性条款。在诉讼中,当事人援引《国家安全法》作为主张其权益的依据,在此情境下法官就应当向当事人说明《国家安全法》司法适用的正确场域。当然,限于审判程序及法官工作压力,此种说明应仅体现为裁判文书上的文本说明,这也凸显了法官需在裁判文书中充分说理的审判改革要求。将普法寓于与群众个人权益休戚相关的司法程序之中,才会使群众加深对《国家安全法》的理解。[2]

---

[1] 李建国:《全面实施国家安全法共同维护国家安全——在贯彻实施国家安全法座谈会上的讲话》,载《中国人大》2016年第8期。
[2] 蔡艺生、翁春露:《非传统安全视域下〈国家安全法〉司法适用实证调查——以2015年至2020年83篇裁判文书为分析样本》,载《北京警察学院学报》2021年第5期。

第十七章　国家安全保障

国家安全是安邦定国的重要基石。当前,我国发展仍处于并将长期处于重要战略机遇期,国家安全形势总体稳定,但面临的外部环境发生重大变化,国家安全形势复杂严峻,为更好地开展国家安全工作,国家需要加强国家安全总体保障。党的十八大以来,我国明确了国家安全战略方针和总体部署,成立了中央国家安全委员会,建立了集中统一、高效权威的国家安全体制,制定了《国家安全法》,设立了全民国家安全教育日,中国特色国家安全体系的"四梁八柱"逐步搭建起来,对国家安全的支撑作用日益显著。

第一节　党　的　领　导

习近平总书记在党的十九大报告中指出,中国特色社会主义最本质的特征是中国共产党领导,中国特色社会主义制度的最大优势是中国共产党领导,党是最高政治领导力量。[①] 这一鲜明论断,从中国特色社会主义最本质特征的高度强调了坚持党的领导的极端重要性,充分说明坚持党的领导是中国特色社会主义之所以成功的决定因素和根本保证。

习近平总书记在主持中央政治局第26次集体学习时,就贯彻总体国家安全观提出了十点要求,其中排在首位的要求就是"坚持党对国家安全工作的绝对领导,坚持党中央对国家安全工作的集中统一领导,加强统筹协调,把党的领导贯穿到国家安全工作各方面全过程,推动各级党委(党组)把国家安全责任制落到实处"。[②] 坚持中国共产党对国家安全工作的绝对领导是国家安全法治工作的根本保障和成败关键。

2018年4月17日,习近平总书记在十九届中央国家安全委员会第一次

[①] 习近平:《决胜全面建成小康社会夺取新时代中国特色社会主义伟大胜利——在中国共产党第十九次全国代表大会上的报告》,载《人民日报》2017年10月28日第1版。

[②] 习近平:《坚持系统思维构建大安全格局为建设社会主义现代化国家提供坚强保障》,载《人民日报》2020年12月13日第1版。

会议上论述了加强党对国家安全工作的集中统一领导的意义,并系统地总结了在中国共产党的领导下,国家安全委员会在维护国家安全工作方面取得的成绩,进一步明确了今后党对国家安全工作的领导方向。2022年10月,习近平总书记在党的二十大报告中也指出,"应坚持党中央对国家安全工作的集中统一领导"。

《宪法》是我国的根本大法,2018年3月11日通过的《宪法修正案》在第1条第2款增加规定"中国共产党领导是中国特色社会主义最本质的特征"。这是我国《宪法》中有关中国共产党的领导和执政地位的明确规范,使我国《宪法》中党的领导规范具有更强的制度约束力,为坚持和加强党的全面领导提供了根本法依据。

《国家安全法》第4条规定,"坚持中国共产党对国家安全工作的领导,建立集中统一、高效权威的国家安全领导体制"。《国家安全法》是国家安全领域的基本性法律制度,《国家安全法》的这一规定以基本法的形式将党的领导地位予以明确,这是《宪法》中党的领导地位在国家安全工作中的具体体现。

党对国家安全工作的领导,需要一个有力抓手和平台,这个抓手和平台就是国家安全委员会。党的十八届三中全会通过的《中共中央关于全面深化改革若干重大问题的决定》提出设立国家安全委员会,完善国家安全体制和国家安全战略,确保国家安全。国家安全委员会作为兼具领导、咨询、协调三大功能的综合性机构,其主要职责是制定和实施国家安全战略,推进国家安全法治建设,制定国家安全工作方针政策,研究解决国家安全工作中的重大问题。

习近平总书记还指出:"坚持党的领导,是社会主义法治的根本要求,是党和国家的根本所在、命脉所在,是全国各族人民的利益所系、幸福所系,是全面推进依法治国的题中应有之义。"[①]国家安全法治是国家整体法治的重要组成部分,是中国特色社会主义法治体系建设的重要环节,因此必须将党的领导贯穿于国家安全法治建设的全过程。2019年1月,中共中央颁布的《政法工作条例》强调了党对政法工作绝对领导的基本原则。该条例是建党以来关于政法工作的第一部党内法规,也是众多党内法规中关涉国家安全工作较为重要和直接的一部。

---

① 《中国共产党第十八届中央委员会第四次全体会议文件汇编》,人民出版社2014年版,第79页。

该条例明确规定,党委政法委是党委领导和管理政法工作的职能部门,是实现党对政法工作领导的重要组织形式;政法单位是党领导下从事政法工作的专门力量,主要包括审判机关、检察机关、公安机关、国家安全机关、司法行政机关等单位。

《政法工作条例》规定了政法工作应当遵循的十项原则,其中第五项原则是对国家安全直接相关的原则,具体内容为:(1)坚持党的绝对领导,把党的领导贯彻到政法工作各方面和全过程;(2)坚持以人民为中心,专门工作和群众路线相结合,维护人民群众合法权益;(3)坚定不移走中国特色社会主义法治道路,建设社会主义法治国家;(4)坚持服务和保障大局,为推动经济持续健康发展和保持社会长期稳定提供法治保障;(5)坚持总体国家安全观,维护国家主权、安全、发展利益;(6)严格区分和正确处理敌我矛盾和人民内部矛盾这两类不同性质的矛盾,准确行使人民民主专政职能;(7)坚持走中国特色社会主义社会治理之路,推动形成共建共治共享的社会治理格局;(8)坚持改革创新,建设和完善中国特色社会主义司法制度和政法工作运行体制机制;(9)政法单位依法分工负责、互相配合、互相制约,确保正确履行职责、依法行使权力;(10)坚持政治过硬、业务过硬、责任过硬、纪律过硬、作风过硬的要求,建设信念坚定、执法为民、敢于担当、清正廉洁的新时代政法队伍。

另外,该条例还规定了请示、报告、决策、执行等基本制度,构建了涵盖政法工作各方面和全过程的党领导政法工作运行体系。也规定了监督和责任制度,从监督制约、督促检查、考评考核、督导整改、责任追究等五个方面,构建了党领导政法工作保障体系。

从具体实践情况看,部分地方党的领导保障作用尚未充分发挥。一些地方的国安委建立后尚未实现常态化、制度化运行,国家安全工作受原有工作方式的影响,尚存在碎片化治理的习惯。除此之外,对于网络安全、金融安全、生态安全等新兴重点安全领域的法治实施工作,很多地方的重视程度尚需提高,实施效果不佳。"大安全观"的真正实现需要大安全体制的有效支撑,党的集中统一领导是关键。因此,加强党领导国家安全工作的制度建设,加强国安委的常态化、制度化运行,经常性研究国家安全法治实施当中出现的问题,对进一步推动国家安全法治实施意义重大。

第二节 法制保障

当前我国国家安全内涵和外延比历史上任何时候都要丰富,时空领域比历史上任何时候都要宽广,内外因素比历史上任何时候都要复杂。因此,以国家安全法为基础和依据,加快国家安全法治建设,完善国家安全法律制度体系,十分必要、紧迫。党的十八大以来,我国颁布了新《国家安全法》,为构建中国特色国家安全法律制度体系,推进国家安全各项工作法治化提供了基础支撑,是一部维护国家安全的综合性、全局性、基础性的法律,在国家安全法律制度体系中起统领、支撑作用。[①] 除《国家安全法》外,我国还先后颁行了《反间谍法》(2014)、《反恐怖主义法》(2015)、《网络安全法》(2016)、《国家情报法》(2017)等重要法律。据统计,我国已有 190 多部法律法规涉及国家安全问题,内容涵盖国家安全各领域,已初步搭建起我国国家安全法律制度体系框架。

但同时也要看到,我国国家安全立法还存在一些突出问题。主要表现为:一些重要领域,如生物、电磁、太空、极地、深海、海外军事行动以及维护我国海外利益安全等方面还存在立法空白;一些安全领域,如国土、信息、核等领域缺乏支撑性法律,立法位阶偏低,约束力不足;一些法律法规陈旧过时、操作性不强,已不适应现实需要;一些法律法规相互之间衔接不畅、配套法规制度不健全等。[②] 为此,需要进一步健全国家安全法律规范体系,具体如下:

一、横向上:全面开展各个领域的国家安全立法

(一)满足核心安全需求的立法

目前,我国的《国家安全法》等专门法律,在维护国土安全、遏制"台独"、打击"三股势力"方面发挥了重要的法律保障作用。但国家安全具有总体性和全面性的特征,因此要求国家安全立法应该覆盖国家安全的所有领域。随着经济全球化的深入推进,我国在贸易、投资、旅游等方面的国际交往密切,亟须加强海外军事行动、海外利益保护等方面的安全立法。[③]

[①] 李建国:《全面实施国家安全法共同维护国家安全——在贯彻实施国家安全法座谈会上的讲话》,载《中国人大》2016 年第 8 期。
[②] 李忠:《加快构建国家安全法律制度体系》,载《光明日报》2016 年 4 月 25 日第 4 版。
[③] 赵庆寺:《新时代国家安全法治体系的优化路径》,载《上海法学研究》2021 年第 1 卷。

(二)维护网络安全的立法

我国于 2017 年 6 月施行的《网络安全法》,是首个明确对网络空间领域中的安全治理事项加以系统规范的基础性法律,具有重要意义。但人工智能、5G、物联网和量子计算等新兴技术将为违法犯罪分子提供大量利用机会,从而为立法带来独特的挑战,后续研究必须进行前瞻性探讨,分析这些新技术对立法领域产生的深远影响。例如,"新基建"中加密货币、物联网等的安全风险防范存在立法漏洞,不法分子的洗钱、窃取数据等犯罪行为屡禁不止。立法是打击新型网络数字犯罪的有力保障,但"新基建"中部分领域的违法犯罪行为欠缺立法规定。因此,应就人工智能犯罪进行前瞻性立法。还应借鉴美国和欧盟有关加密货币和物联网方面的安全法案,健全我国加密货币和物联网法律法规。

(三)防御生物安全风险的立法

近年来,全国人大常委会制定了《传染病防治法》等多部有关生物安全的法律,在防控生物安全方面发挥了重要的法律支撑和保障作用。然而伴随着生物技术的迅猛发展,生物安全防御的范畴已由狭义的"对有害生物体和生物风险操作的防控"扩展到"对所有现代生物技术引发的生物风险的预防和控制",范围涉及从科学研究到产业化生产,从技术开发到经济活动,从个人安全到国家安全等,我国已建立的生物安全法律制度体系正面临着巨大的冲击和挑战。[1]

二、纵向上:推动国家安全立法的专业化、精细化

(一)把《国家安全法》升格为基本法,并细化一些具体的规定

《国家安全法》是国家安全领域的顶层设计性的法律,系统统领国家安全领域的立法,但该法由全国人大常委会制定发布,而非全国人大。因此,《国家安全法》在效力上低于维护国家安全的其他专门性法律。例如,《反分裂国家法》是维护国土完整和安全的专门性法律,但《反分裂国家法》却由全国人大制定发布,因此,《国家安全法》在层级和效力上都低于《反分裂国家法》。

应将《国家安全法》升格为基本法,可参照德国《反国际恐怖主义法》立法模式,将我国《反间谍法》《反恐怖主义法》《境外非政府组织境内活动管理法》

---

[1] 资料来源:https://www.sohu.com/a/387198924_620823?,2022 年 9 月 30 日访问。

《网络安全法》《国家情报法》和《核安全法》等涉及国家安全专门领域的法律归并在现行《国家安全法》中,由全国人大审议通过,真正赋予《国家安全法》基本法地位,使其统领传统和非传统领域国家安全法律,为完善国家安全法律体系提供依托和参照点。① 此外,《国家安全法》的大部分内容只是其他法律规定的重申,而无实质性的内容。如第 2 章"维护国家安全的任务"中很多规定都是原则性的,而第 3 章"维护国家安全的职责"所规定的有关国家机关的职责在其他法律中已有规定。

(二)把某些专门领域的国家安全法规、规章升格为非基本法,并增强其可操作性

我国立法受"宜粗不宜细"原则的影响,不少非基本法规定比较粗疏,缺乏可操作性,还必须依靠法规、规章来进行说明。随着立法技术的提高,"宜粗不宜细"立法指导原则应该转变。我国需要制定专门领域的国家安全法律,做到具体化、明晰化,能够直接用来处理现实问题。这样才能避免法律运行过于繁琐,提高法律实施的效率。

(三)在某些特定的国家安全领域加强制定相关的法规、规章等规范性文件

某些具有地方色彩的国家安全制度可以制定成地方性法规或者地方政府规章,在《立法法》扩大了地方立法的主体范围之后,地方立法机关在这方面可以有更大的作为。只有那些眼下无法制定法律的重要国家安全领域,才应当由国务院制定成行政法规。法规和规章是国家安全法律制度的重要组成部分,但它们的数量不宜过多,否则会冲淡法律的分量,降低维护国家安全法律活动的效力和效益。法规和规章应当非常精细,能够被有关法律实施机关直接拿来运用,这样才能达到维护国家安全的效果。

第三节 人才保障

一、国家安全人才保障的法律规定

《国家安全法》第 74 条规定:"国家采取必要措施,招录、培养和管理国家

---

① 郭永辉、李明:《论完善我国国家安全法律体系的路径》,载《甘肃政法大学学报》2021 年第 2 期。

安全工作的专门人才和特殊人才。根据维护国家安全工作的需要,国家依法保护有关机关专门从事国家安全工作人员的身份和合法权益,加大人身保护和安置保障力度。"

在国家安全人才的招录方面,《国家情报法》第 21 条规定,"国家建立适应情报工作需要的人员录用、选调、考核、培训、待遇、退出等管理制度"。

在国家安全人才的培养方面,我国《突发事件应对法》第 36 条规定,"国家鼓励、扶持具备相应条件的教学科研机构培养应急管理专门人才,鼓励、扶持教学科研机构和有关企业研究开发用于突发事件预防、监测、预警、应急处置与救援的新技术、新设备和新工具"。我国《国防法》第 36 条规定,"国家创造有利的环境和条件,加强国防科学技术人才培养,鼓励和吸引优秀人才进入国防科研生产领域,激发人才创新活力"。

在国家安全人才的管理方面,我国《保守国家秘密法》规定国家对于涉密人员实行分类管理,根据《保守国家秘密法》的规定,任用、聘用涉密人员应当按照有关规定进行审查。涉密人员上岗应当经过保密教育培训,掌握保密知识技能,签订保密承诺书,严格遵守保密规章制度,不得以任何方式泄露国家秘密。涉密人员出境应当经有关部门批准,有关机关认为涉密人员出境将对国家安全造成危害或者对国家利益造成重大损失的,不得批准出境。此外,对涉密人员离岗离职实行脱密期管理,涉密人员在脱密期内,应当按照规定履行保密义务,不得违反规定就业,不得以任何方式泄露国家秘密。

为了确保能够顺利开展反恐怖主义工作,应当建立相应的保障机制,《反恐怖主义法》第八章专门规定了对反恐相关人员的保护与补偿措施。《反恐怖主义法》第 76 条规定,"因报告和制止恐怖活动,在恐怖活动犯罪案件中作证,或者从事反恐怖主义工作,本人或者其近亲属的人身安全面临危险的,经本人或者其近亲属提出申请,公安机关、有关部门应当采取下列一项或者多项保护措施:(一)不公开真实姓名、住址和工作单位等个人信息;(二)禁止特定的人接触被保护人员;(三)对人身和住宅采取专门性保护措施;(四)变更被保护人员的姓名,重新安排住所和工作单位;(五)其他必要的保护措施。公安机关、有关部门应当依照前款规定,采取不公开被保护单位的真实名称、地址,禁止特定的人接近被保护单位,对被保护单位办公、经营场所采取专门性保护措施,以及其他必要的保护措施"。

二、构建我国国家安全人才支撑体系

根据教育部2012年印发的《普通高等学校本科专业目录(2012年)》,在12个本科专业学科门类中,法学门类下设公安学,工学门类下设安全科学与工程、公安技术、核工程和计算机,医学门类下设公共卫生与预防医学等专业,这些门类中有部分专业涉及传统意义下的国家安全相关的人才培养,但是院校或专业交叉少,条块分割严重,未形成针对总体国家安全人才的学科与培养体系。因此,现有的国家安全人才培养方式不能满足"总体国家安全观"下国家安全战略对人才队伍在知识、技能和经验等方面的新要求,更没有针对国家安全战略在选人、育人和用人等环节的平台、机制和制度。①

在人才招录方面,我国的人才管理体制存在一些障碍,有关国家安全人员岗位与能力尚不匹配的现象依然存在。在人才培养方面,国家安全类专业人才培养标准、培养目标、教学标准尚需明确,在人才培养层次和规格方面,尚存在大而全还是小而精的争议,在人才培养机制上,在政府主导的基础上,行业的指导作用和企业的参与作用需进一步体现,政府和行业协会尚未制定国家安全人才的相关认证标准,国家安全人才的培养和评价需要规范化。在人才管理方面,我国专业技术类公务员的相关规定已经出台,但是专业技术类公务员相应的晋升、薪酬激励制度尚未完善,政府综合管理部门的职能需进一步加强。②

由于研究领域的特殊性和就业方向的特定性,国家安全人才的培养应注重以需求为导向,以便合理地解决就业问题。应尽快成立包括国家安全相关的执行部门(包括军、警、地)和教育部门的管理者与专家组成的跨部门和跨机构团队,针对我国新的国家安全体系,调查与梳理人才资源需求(包括范围、数量和能力)及支撑体系的现状和问题,找出差距,探讨提升国家安全人才队伍素质的策略和途径。在此基础上,形成国家安全人才职业发展和国家安全学科发展调查报告。③ 在人才培养层次和规格方面,建议采取小而精、分步骤的人才培养模式,研究生教育先行,待条件成熟时再发展本科教育。鼓励有行业特色的高校,依托行业优势开展本科教育的先行试点工作。在此期

---

① 黄四民:《构建国家安全人才培养体系》,载《学习时报》2015年3月30日第6版。
② 刘洋:《美国网络安全人才培养机制对我国的启示》,载《电子政务》2018年第1期。
③ 黄四民:《构建国家安全人才培养体系》,载《学习时报》2015年3月30日第6版。

间探索国家安全人才培养和职业发展的规律和素质要求,尽快制定国家安全类专业人才培养标准和本科专业教学质量要求。国家和行业协会应制定国家安全人才培养框架,使之更好地把握国家安全人才所应具备的能力。在人才培养机制上,学校与业界应深度融合,采取联合培养的机制,具体包括两个方面的内容:一是根据学科的发展状况,采取联合学位授予制度,促成教学水平相近、学科方向相似的国家安全学社会科学类或国家安全学自然科学类的单位联合培养学生,加快国家安全学的人才培养和学科发展。① 二是高校和企业之间的联合培养,高校和企业应共同制定国家安全人才培养目标、联合开设有关国家安全课程和编写教材、共同实施培养过程、共同评价培养质量。

第四节 制度保障

国家安全的维护工作需要各种制度、机制予以保障。因此,我国《国家安全法》明确规定了国家安全制度与工作机制。《国家安全法》第 44 条规定了中央国家安全领导机构统分结合、协调高效的国家安全制度与工作机制。然后又进一步对建立工作协调机制、督促检查和责任追究机制、跨部门会商工作机制、协同联动机制、决策咨询机制等具体机制、情报工作制度、风险预防、评估及预警制度和危机管控制度等作出了具体的规定。

第一,建立统分结合、协调高效的国家安全制度与工作机制。总体国家安全工作所涉及的领域既包括传统安全也包括非传统安全,涵盖范围非常广泛,参与部门众多,"总体国家安全观"的真正落实需要统分结合、协调高效的国家安全制度与工作机制的支撑。各领域和各部门应履行国家安全工作职责,加强联动、协调,形成维护国家安全的合力。

第二,建立风险预防、评估与预警制度。《国家安全法》第 55 条规定,"国家制定完善应对各领域国家安全风险预案"。国家安全风险预案制度是针对国家安全工作所作的全面的、具体的实施方案,预先做好风险预案对于迅速识别风险和有效应对风险至关重要。《国家安全法》第 56 条规定,"国家建立国家安全风险评估机制,定期开展各领域国家安全风险调查评估。有关部门应当定期向中央国家安全领导机构提交国家安全风险评估报告"。迅速、精

---

① 郭一霖、靳高风:《国家安全学:学科建设现状与发展路径》,载《江汉论坛》2020 年第 9 期。

准的风险评估是科学作出国家安全决策的前提和基础。《国家安全法》第57条规定,"国家健全国家安全风险监测预警制度,根据国家安全风险程度,及时发布相应风险预警"。

国家安全风险监测预警制度是对国家安全风险和危机进行有效管控的前提。各部门应当根据风险的种类与特点的不同,进行相应的监测,并形成常态化的工作机制,这样才能实现对国家安全风险的实时监测与预警。

第五节 科技保障

一、国家安全科技保障的法律规定

"科技论"是总体国家安全观的重要组成部分。党的十八大以来,习近平总书记高度重视科学技术工作,坚持依靠科学技术维护国家安全。2013年3月4日,习近平总书记在参加全国政协十二届一次会议科协、科技界委员联组讨论时指出,核心技术是国家经济安全、国防安全和其他安全的根本保障。[①] 2013年11月5日,习近平总书记在视察国防科学技术大学时,突出了科技在国际军事斗争中的重要地位。2014年6月23日,习近平总书记指出,科技创新作为保障国家安全等的战略支撑,在国家发展全局中居于核心位置。习近平总书记多次强调,新时代科学技术深刻影响国家前途命运,关键核心技术对保障国家安全具有十分重要的意义,特别是要把原始创新能力提升摆在更加突出的位置。科技安全是国家安全体系中的重要组成部分,科技发展是维护国家安全的关键。加强科技创新,充分应用科技实力,可以为国家安全提供强大的科技支撑。

《国家安全法》第73条规定,"鼓励国家安全领域科技创新,发挥科技在维护国家安全中的作用"。《国防法》第33条规定,"国家建立和完善国防科技工业体系,发展国防科研生产,为武装力量提供性能先进、质量可靠、配套完善、便于操作和维修的武器装备以及其他适用的军用物资,满足国防需要"。第35条规定,"国家充分利用全社会优势资源,促进国防科学技术进步,加快技术自主研发,发挥高新技术在武器装备发展中的先导作用,增加技术储备,完

[①] 中共中央党史和文献研究院编:《习近平关于总体国家安全观论述摘编》,中央文献出版社2018年版,第154页。

善国防知识产权制度,促进国防科技成果转化,推进科技资源共享和协同创新,提高国防科研能力和武器装备技术水平"。《突发事件应对法》第36条规定,"鼓励、扶持教学科研机构和有关企业研究开发用于突发事件预防、监测、预警、应急处置与救援的新技术、新设备和新工具"。《中华人民共和国节约能源法》第四章专门就节能技术作出规定,该章第56条规定,"国务院管理节能工作的部门会同国务院科技主管部门发布节能技术政策大纲,指导节能技术研究、开发和推广应用"。《反恐怖主义法》第77条规定,"国家鼓励、支持反恐怖主义科学研究和技术创新,开发和推广使用先进的反恐怖主义技术、设备"。《保守国家秘密法》第8条规定,"国家对在保守、保护国家秘密以及改进保密技术、措施等方面成绩显著的单位或者个人给予奖励"。

二、健全科技安全工作体系

科技安全是国家安全的重要内容,科技自立自强也是国家发展的战略支撑,是国家安全的重要保障,需要不断增强科技支撑国家安全的能力,但目前我国主要面临以下三方面的科技安全风险:一是外部环境变化带来的不确定性风险,在单边主义、保护主义行径上升的大背景下,各国均加大了对核心技术的保护,全球正常的科技交流合作受到限制;二是关键核心技术受制于人的风险,目前我国关键核心技术受制于人的状况还没有根本改变,影响产业链、供应链安全;三是新兴技术的不可预知性带来的风险,不可预知性和不确定性是新科学新技术的内在属性,科技应用可能带来的负面效应也越来越难以预知。①

提高运用科学技术维护国家安全的能力,关键是加快提升自主创新能力,加大科技投入特别是基础研究投入,在投融资、税收减免等方面为企业从事基础研究提供资金支持,加大对基础研究领域突破的奖励力度,通过现金奖励、强化知识产权等多种形式调动广大科研工作者的主动性,营造全社会创新创业的良好氛围。

加强科技信息建设和管理、风险研判、预警监测、安全审查、处置管控和综合评估,打造科技安全工作完整链条。加强科技领域与其他领域国家安全工作协调,形成相互支撑的工作合力。建立健全科技安全预警体系。完善科

---

① 赵世军、董晓辉:《新时代我国科技安全风险的成因分析及应对策略》,载《科学管理研究》2021年第3期。

技安全预警监测指标,加强国际科技发展趋势、新兴领域、重大项目、前沿技术和颠覆性技术的动态监测,及时总结评估我国科技安全状况,建立相关部门分工合作的预警工作机制。[①]

要深度参与全球科技合作,以国际科技合作项目和创新平台建设为重要抓手,研究设立面向全球的科学研究基金,促进技术、人员、项目等方面的交流合作。支持国内外优秀科技人才合作研发;鼓励在国外工作的科学技术人员回国,吸引外籍科学技术人员到中国从事科学技术研究开发工作,并完善相关社会服务和保障措施。

第六节 学科保障

2018年4月,教育部发布《关于加强大中小学国家安全教育的实施意见》,提出推动国家安全学学科建设,设立国家安全学一级学科。随后批准一批在国家安全研究方面有基础的院校分别在一级学科下按照二级学科培育或设置国家安全学一级学科,并将国家安全学列入国家学科专业目录。2020年10月,教育部出台《大中小学国家安全教育指导纲要》。2020年11月,教育部启动国家安全教育教师国家级培训(第1期)工作。2020年12月30日,经国务院学位委员会批准,决定设置"交叉学科"门类(门类代码为"14"),设置"国家安全学"一级学科(学科代码为"1402")。

当前,我国大安全格局已经基本形成,但与之相适应的人才体系、法治体系还不完备,需要大量的专业人才投身事业,为维护国家安全,实现平安中国和法治中国贡献力量。党政机关、企事业单位等履行维护国家安全职责、防控国家安全法律风险、推进国家安全合规建设、开展国家安全研究、从事国家安全宣传教育等对国家安全人才具有广泛、长期的需求。如《政法工作条例》对各级党委、党委政法委、各政法单位维护政治安全、社会安全等工作提出很多明确要求,为更好贯彻实施该条例,需要补充大量专业化、交叉型的国家安全人才。

国家安全学是研究国家安全思想、理论、历史、战略、政策、法律、制度、技术等的综合性、交叉性学科。国家安全学一级学科属于"交叉学科门类",需

[①] 王志刚:《加强自主创新强化科技安全为维护和塑造国家安全提供强大科技支撑》,载《人民日报》2020年4月15日第11版。

要依托其他相关学科进行建设,为建设好这样一个学科,必须打破传统学科壁垒,组建一支专门从事国家安全学教学科研的交叉学科师资队伍。2018年以来,北京大学、清华大学、中国人民大学、中国政法大学、西南政法大学、西北政法大学、甘肃政法学院、复旦大学、上海交通大学等学校结合实际条件,先后成立各类国家安全学教学科研和智库机构,积极推进学科建设和人才培养。这些相关高等院校和科研机构均按照交叉学科概念建设国家安全学,同时结合自身的专业优势,力求将国家安全学打造为具有鲜明特色的新兴学科,而且已初步形成了国家安全学相关的学位制度和课程体系,国家安全学本科、硕士至博士培养方案均已相对完备。

西南政法大学、西北政法大学等高校的办学经验表明,国家安全学学科建设既要积极对接国家需求,也要结合地方和学校实际,走专业化、特色化办学道路。如西北政法大学对接国家边疆安全战略,充分发挥自身地缘优势和师资优势,形成以反恐、反恐法治为特色的国家安全学办学思路,取得显著成效,受到教育部、中宣部等有关部门的高度评价和大力支持。各高校应充分发挥区位优势,结合高校学科优势和智库师资特点,围绕重点研究方向加快推进专业化、特色化建设,加快形成各高校国家安全学学科和智库品牌,助推专业化、特色化、品牌化建设。

我国国家安全学一级学科建设刚刚起步,国务院学位委员会、教育部还未明确二级学科设置。近几年,相关研究人员就国家安全学二级学科设置问题提出了很多方案,其中一个广泛共识是应设置"国家安全法治"或"国家安全法学"二级学科。国家安全法学以习近平法治思想和总体国家安全观为指导,力求培养政治立场坚定,品行端正,能够胜任"大安全"格局下国家安全立法、执法、司法、合规、法学研究、法治教育等工作的高端复合型人才。国家安全法学本硕博学生需要适用专门的培养方案,在学好法学主干课或具备法学专业知识基础上,进一步增加国家安全学、国家安全法学方面的课程,强化对总体国家安全观、中外国家安全战略、政治学、国际关系、重要安全领域政策与法律等内容的学习和研究。

为保证生源质量和就业质量,迅速产出高水平研究成果,在全国迅速形成重要影响力,一些法学特色鲜明的高校应充分发挥法学学科优势,并依托政治学、公共管理等优势学科,首先在法学一级学科下自主设置交叉学科"国家安全法学",积极推进以法治为特色的国家安全学学科建设和人才培养,以国家安全法学作为国家安全学学科建设和人才培养的突破口,为后续进一步建设国家安全学一级学科打下坚实基础。

第七节 教育宣传保障

2014年4月,习近平总书记在中央政治局第十四次集体学习时强调加强国家安全教育,提高全民国家安全意识。2015年1月,《国家安全战略纲要》要求加强国家安全意识教育,培养国家安全专业队伍。2015年7月,《国家安全法》规定把国家安全教育纳入国民教育体系和公务员教育培训体系,设立全民国家安全教育日。2022年10月,党的二十大报告指出,应全面加强国家安全教育,提高各级领导干部统筹发展和安全能力,增强全民国家安全意识和素养,筑牢国家安全人民防线。

《国家安全法》规定了4条教育宣传路径:第一,国家增强有关国家安全方面的新闻宣传和舆论引导。《国家安全法》第14条规定,"每年4月15日为全民国家安全教育日"。要求每年要定期开展丰富多彩、形式多样的国家安全宣传教育活动。第二,将国家安全教育纳入国民教育体系。《国家安全法》第76条规定,"国家加强国家安全新闻宣传和舆论引导,通过多种形式开展国家安全宣传教育活动,将国家安全教育纳入国民教育体系和公务员教育培训体系,增强全民国家安全意识"。为落实"将国家安全教育纳入国民教育体系"的法定要求,2018年4月,教育部专门出台了《关于加强大中小学国家安全教育的实施意见》,明确了完善国家安全教育体系的根本要求和主要策略。教育部把国家安全法教育纳入《青少年法治教育大纲》,编写国家安全教育学生读本,系统规划和科学安排国家安全教育的目标定位、原则要求、实施路径。发挥课堂教学主渠道作用,分阶段、分层次安排国家安全教育内容,构建大中小学有效衔接的国家安全教育教学体系。会同有关部门研究建设国家安全教育教学资源库,已开设15门直接相关的在线开放课程,为学生提供更多的学习资源。[①] 第三,将国家安全教育纳入公务员教育培训体系。各地把全民国家安全教育纳入各级党校、行政学院等教育培训体系,纳入领导班子和领导干部考评体系。第四,实现国家安全教育的常态化和全覆盖。《国家安全法》第78条规定,"机关、人民团体、企业事业组织和其他社会组织应当对本单

---

① 刘利民:《把国家安全教育纳入国民教育体系》,载《光明日报》2016年4月16日第6版。

位的人员进行维护国家安全的教育,动员、组织本单位的人员防范、制止危害国家安全的行为"。在具体落实上,各机关、人民团体、企业事业组织和其他社会组织各负其责,负责对本单位的人员进行国家安全的教育动员工作,定期组织本单位的人员学习国家安全知识,增强防范、制止危害国家安全行为的意识和能力。

第十八章　危害国家安全的法律责任

要切实保障国家安全,必须明确哪些行为危害国家安全,确定识别危害国家安全行为的一般性标准,并依据法律追究这些行为的法律责任。只有将国家安全法律规范中的责任性条款贯彻到位,使侵害国家安全法益的行为得到制裁和惩罚,才能对社会公众起到警示作用,有效防范和遏制类似行为,从而有效保障国家安全。本章首先在国家总体安全观的指引下,阐释危害国家安全行为的一般构成要件,明确危害国家安全行为的识别标准。危害国家安全的法律责任可以分为行政责任和刑事责任两种类型。行政责任是危害国家安全法律责任的基础类型,很多危害国家安全行为的首要责任形态都是行政责任。当危害国家安全行为的危害性明显升级后,其法律责任会由原先的行政责任上升为刑事责任。通过追究刑事责任、处以刑罚的方式来实施强有力制裁。

第一节　危害国家安全行为的认定

一、以总体国家安全观为指导认定危害国家安全行为

认定危害国家安全的行为,前提是明确国家安全具体包括哪些法益。我国法律对国家安全的界定,是一个逐步拓展的过程。自《国家安全法》出台以来,我国一直秉持总体国家安全观,规定国家安全包括政权稳定、制度顺畅运行以及社会秩序平稳等内容,把政治安全、经济安全和社会安全都纳入国家安全范围。

1993年《国家安全法》对危害国家安全行为进行了明确规定,从其列举事项可以看出,当时立法者考虑的危害国家安全行为主要指向侵犯国家主权和危害政权稳定等政治层面的安全。该法第4条规定:"本法所称危害国家安全的行为,是指境外机构、组织、个人实施或者指使、资助他人实施的,或者境内组织、个人与境外机构、组织、个人相勾结实施的下列危害中华人民共和国国

家安全的行为:(一)阴谋颠覆政府,分裂国家,推翻社会主义制度的;(二)参加间谍组织或者接受间谍组织及其代理人的任务的;(三)窃取、刺探、收买、非法提供国家秘密的;(四)策动、勾引、收买国家工作人员叛变的;(五)进行危害国家安全的其他破坏活动的。"尽管从列举条款来看,该条所规定的危害国家安全行为主要指向政治安全,但该条第 5 款"危害国家安全的其他破坏活动"作了兜底条款解释。该条前面已经列举了社会主义制度和国家秘密作为国家安全法益的组成部分,意味着国家安全可以包括经济制度、社会保障制度和文化管理制度以及依据其形成的相应社会秩序,还包括政治、经济、科技和外交等层面的国家秘密,事实上已经广泛地囊括了政治安全、社会公共安全、经济安全、科技安全和信息安全等内容。依据同类解释规则,兜底条款中所规定的"其他"可以是列举未尽但和前述列举情形在性质上相当的事项,从而可以以兜底方式将多维度的危害国家安全法益行为列入进来予以调整。

新《国家安全法》对危害国家安全行为的界定更为具体和明确。《国家安全法》第 3 条规定:"国家安全工作应当坚持总体国家安全观,以人民安全为宗旨,以政治安全为根本,以经济安全为基础,以军事、文化、社会安全为保障,以促进国际安全为依托,维护各领域国家安全,构建国家安全体系,走中国特色国家安全道路。"该条以国家安全所包括的法益为依托,系统全面地规定了国家安全法的总体任务。与此相适应,侵害上述法益的行为也构成危害国家安全行为,依法应承担相应的法律责任。

二、依据制定法认定危害国家安全行为,追究法律责任

《国家安全法》是维护国家安全,保障国家安全法益的总纲性法律规定,对各类国家安全作了总体性规定。而惩治危害国家安全行为,保障国家安全,需要更多的具体化的规定。维护政治安全、国土安全和军事安全,是国家安全的最基本要求,与此相关的法律规定也最多。《国防法》《中华人民共和国反外国制裁法》《中华人民共和国国防教育法》《国家情报法》和《香港特别行政区维护国家安全法》等都是关于维护这一类安全法益的规定。维护经济安全和社会安全的规定一般体现在《刑法》和《行政处罚法》中,没有专门的单行法律。近年来,信息安全和网络安全的重要性日益凸显,与此相适应,这一类型的相关立法也逐步增加,形成了立体化的信息安全保护法律体系。包括《国家情报法》《保守国家秘密法》《数据安全法》《网络安全法》《中华人民共和

国密码法》《中华人民共和国邮政法》《中华人民共和国测绘法》等。

三、注意刑法与前置性法律之间的衔接与分工

危害国家安全的行为按照其类型分布于《国家安全法》《刑法》和上述各部单行法中。然而,这并不意味着这些法律之间构成平行关系。在《国家安全法》的总体架构之下,《国防法》《国家情报法》等规定了侵犯国家安全的相关行为类型。这些法律规定一般构成刑法的前置法,就违法行为的类型而言,上述法律已经作出了规定,并规定了行政处罚。当这些行为的社会危害性上升,对国家安全的危害明显加大时,其违法属性会由违反前述单行法上升为触犯刑法,构成由刑法所规定的犯罪行为。简言之,前述法律规定与刑法之间经常构成前置性法律与保障法之间的关系。前置性法律规定侵害国家安全的基本行为类型,明确其构成要件,规定了相应的法律责任,属于一种基础性规定。如果一个具体的危害国家安全行为,其危害性已达到不动用刑罚就无法遏制的程度时,国家就有意识地将其纳入刑法,作为犯罪行为来进行处罚。通过刑法处罚的方式,既能对危害国家安全的罪犯追究刑事责任,也能通过刑事裁判和刑罚执行,对社会公众起到一般威慑作用,警示和告诫公众实施该类违法行为将面临现实的刑罚处罚,从而有效地遏制相关犯罪行为的发生。

也有一些侵犯国家安全行为,只要一实施,其对国家安全法益的侵害就已经达到很严重的程度,如分裂国家、武装叛乱和暴乱等,只要实施了相应行为,其社会危害性即达到了动用刑罚予以制裁和惩罚的程度。对于这一类危害国家安全行为,很多都没有前置性法律规定,而是直接入刑,由刑法予以制裁,通过刑罚方式严厉惩治,有效威慑和遏制相关危害国家安全行为。

第二节 危害国家安全的行政责任

一、危害国家安全的行政责任概述

危害国家安全的行政责任,是指行政相对人因违反国家安全法律规范,依据行政法规定追究其法律责任,对其科处人身、财产或名誉和行政处分等方面的行政制裁。在触犯国家安全法律规范的各种行为中,追究行政责任是最为常见的责任形态。只有当追究行政责任不足以充分制裁触犯国家安全法律规范的行为,难以起到有效的惩戒作用时,国家才会动用刑法,以刑罚方式追究行为人的刑事责任。行政责任是触犯危害国家安全法的基本责任形态，刑事责任则是违法行为及其社会危害性升级的加重责任，二者之间存在着层次递进关系。

危害国家安全的行政责任，是由触犯国家安全法律规范引起的，以行政处罚作为责任实现形式，其处罚种类有人身罚、财产罚、行为罚和申诫罚。具体而言，危害国家安全的行政责任具有以下几方面特征：

第一，危害国家安全的行政责任，以触犯国家安全法律规范为前提。追究危害国家安全行为的行政责任的前提是该行为触犯了国家安全法律规范，构成了国家安全法领域的违法行为。与刑事责任规定基本由刑法规定不同，行政责任的规定具有明显的分散性。按照宪法规定，关于犯罪与刑罚的规定只能由全国人大及其常委会制定的"狭义"法律作出。当前，内地的犯罪与刑罚基本由刑法作出，香港和澳门特别行政区有相关的单行法规定作为追究刑事责任的成文法法源。与此形成鲜明对比，涉及国家安全的行政法规范层次丰富，相关法规范文件依据其调整范围形成相互分工与协作的格局，追究危害国家安全的行政责任经常需要依据各个相关单行法，考察行为人的违法性质，明确触犯了一个单行法的哪一条哪一款，依法确定并追究相关行政责任。追究行为人危害国家安全的行政责任，就得紧扣这些相关行政法规范，依法认定行政责任，实施行政处罚。具体而言，规定了危害国家安全行政责任的法律规范主要有《国家安全法》《反间谍法》《网络安全法》《国家情报法》《保守国家秘密法》《食品安全法》《测绘法》《出入境管理法》《军事设施保护法》《临海及毗邻区法》《专属经济区和大陆架法》《香港特别行政区维护国家安全法》（详见表 18.1）等。

第二，行政处罚和行政处分是危害国家安全行政责任的实现方式。危害国家安全的行政责任体现的是国家对触犯国家安全法律规范、危害国家安全行为的谴责，是追究危害国家安全行为的一种责任形态。对危害国家安全的行政相对人而言，对其追究行政责任的主要方式是处以行政处罚。对触犯国家安全法的国家机关工作人员而言，国家可对其予以行政处分，追究相关行政责任。对于保守国家秘密和维护军事设施等法益而言，涉及的主体大多是国家机关工作人员，当其触犯国家安全法规范时，对其追究行政责任的主要方式是行政处分。危害国家安全的行政责任通过行政处罚和行政处分来实现，二者都是实现危害国家安全行政责任的具体方式。

第三,危害国家安全的行政责任具有多元化实现形态。危害国家安全的行政责任有行政处罚和行政处分两种形态。在行政处罚中,又可分为人身罚、财产罚、行为罚和申诫罚。人身罚是以人身自由作为剥夺对象的行政处罚样态,其主要表现为行政拘留。财产罚是行政机关或相关授权组织对违反行政法规范的当事人所科处的罚款和没收财物等剥夺财产型行政处罚。行为罚是指以限制或者剥夺行政违法行为人特定行为资格之处罚,如暂扣或吊销营业执照、责令停产停业等。申诫罚是由行政机关向违法行为人做出警告,公示其违法行为,通过对其信誉的影响起到告诫作用,使其不再实施违法行为的处罚形态。行政处分的实现形态具体可分为警告、严重警告、记过、记大过等。

表 18.1 危害国家安全行政责任主要法条规定

序号	法条依据	具体内容
1	《反间谍法》第29条	明知他人有间谍犯罪行为,在国家安全机关向其调查有关情况、收集有关证据时,拒绝提供的,由其所在单位或者上级主管部门予以处分,或者由国家安全机关处十五日以下行政拘留;构成犯罪的,依法追究刑事责任
2	《反间谍法》第30条	以暴力、威胁方法阻碍国家安全机关依法执行任务的,依法追究刑事责任。故意阻碍国家安全机关依法执行任务,未使用暴力、威胁方法,造成严重后果的,依法追究刑事责任;情节较轻的,由国家安全机关处十五日以下行政拘留
3	《反间谍法》第31条	泄露有关反间谍工作的国家秘密的,由国家安全机关处十五日以下行政拘留;构成犯罪的,依法追究刑事责任
4	《反间谍法》第32条	对非法持有属于国家秘密的文件、资料和其他物品的,以及非法持有、使用专用间谍器材的,国家安全机关可以依法对其人身、物品、住处和其他有关的地方进行搜查;对其非法持有的属于国家秘密的文件、资料和其他物品,以及非法持有、使用的专用间谍器材予以没收。非法持有属于国家秘密的文件、资料和其他物品,构成犯罪的,依法追究刑事责任;尚不构成犯罪的,由国家安全机关予以警告或者处十五日以下行政拘留

(续表)

序号	法条依据	具体内容
5	《保守国家秘密法》第48条	违反本法规定，有下列行为之一的，依法给予处分；构成犯罪的，依法追究刑事责任： （一）非法获取、持有国家秘密载体的； （二）买卖、转送或者私自销毁国家秘密载体的； （三）通过普通邮政、快递等无保密措施的渠道传递国家秘密载体的； （四）邮寄、托运国家秘密载体出境，或者未经有关主管部门批准，携带、传递国家秘密载体出境的； （五）非法复制、记录、存储国家秘密的； （六）在私人交往和通信中涉及国家秘密的； （七）在互联网及其他公共信息网络或者未采取保密措施的有线和无线通信中传递国家秘密的； （八）将涉密计算机、涉密存储设备接入互联网及其他公共信息网络的； （九）在未采取防护措施的情况下，在涉密信息系统与互联网及其他公共信息网络之间进行信息交换的； （十）使用非涉密计算机、非涉密存储设备存储、处理国家秘密信息的； （十一）擅自卸载、修改涉密信息系统的安全技术程序、管理程序的； （十二）将未经安全技术处理的退出使用的涉密计算机、涉密存储设备赠送、出售、丢弃或者改作其他用途的。 有前款行为尚不构成犯罪，且不适用处分的人员，由保密行政管理部门督促其所在机关、单位予以处理
6	《测绘法》第50条	违反本法规定，县级以上人民政府测绘地理信息主管部门或者其他有关部门工作人员利用职务上的便利收受他人财物、其他好处或者玩忽职守，对不符合法定条件的单位核发测绘资质证书，不依法履行监督管理职责，或者发现违法行为不予查处的，对负有责任的领导人员和直接责任人员，依法给予处分；构成犯罪的，依法追究刑事责任
7	《测绘法》第51条	违反本法规定，外国的组织或者个人未经批准，或者未与中华人民共和国有关部门、单位合作，擅自从事测绘活动的，责令停止违法行为，没收违法所得、测绘成果和测绘工具，并处十万元以上五十万元以下的罚款；情节严重的，并处五十万元以上一百万元以下的罚款，限期出境或者驱逐出境；构成犯罪的，依法追究刑事责任

(续表)

序号	法条依据	具体内容
8	《测绘法》第52条	违反本法规定,未经批准擅自建立相对独立的平面坐标系统,或者采用不符合国家标准的基础地理信息数据建立地理信息系统的,给予警告,责令改正,可以并处五十万元以下的罚款;对直接负责的主管人员和其他直接责任人员,依法给予处分
9	《测绘法》第53条	违反本法规定,卫星导航定位基准站建设单位未报备案的,给予警告,责令限期改正;逾期不改正的,处十万元以上三十万元以下的罚款;对直接负责的主管人员和其他直接责任人员,依法给予处分
10	《测绘法》第54条	违反本法规定,卫星导航定位基准站的建设和运行维护不符合国家标准、要求的,给予警告,责令限期改正,没收违法所得和测绘成果,并处三十万元以上五十万元以下的罚款;逾期不改正的,没收相关设备;对直接负责的主管人员和其他直接责任人员,依法给予处分;构成犯罪的,依法追究刑事责任
11	《测绘法》第60条	违反本法规定,不汇交测绘成果资料的,责令限期汇交;测绘项目出资人逾期不汇交的,处重测所需费用一倍以上二倍以下的罚款;承担国家投资的测绘项目的单位逾期不汇交的,处五万元以上二十万元以下的罚款,并处暂扣测绘资质证书,自暂扣测绘资质证书之日起六个月内仍不汇交的,吊销测绘资质证书;对直接负责的主管人员和其他直接责任人员,依法给予处分
12	《测绘法》第61条	违反本法规定,擅自发布中华人民共和国领域和中华人民共和国管辖的其他海域的重要地理信息数据的,给予警告,责令改正,可以并处五十万元以下的罚款;对直接负责的主管人员和其他直接责任人员,依法给予处分;构成犯罪的,依法追究刑事责任
13	《测绘法》第62条	违反本法规定,编制、出版、展示、登载、更新的地图或者互联网地图服务不符合国家有关地图管理规定的,依法给予行政处罚、处分;构成犯罪的,依法追究刑事责任
14	《测绘法》第63条	违反本法规定,测绘成果质量不合格的,责令测绘单位补测或者重测;情节严重的,责令停业整顿,并处降低测绘资质等级或者吊销测绘资质证书;造成损失的,依法承担赔偿责任

(续表)

序号	法条依据	具体内容
15	《测绘法》第64条	违反本法规定,有下列行为之一的,给予警告,责令改正,可以并处二十万元以下的罚款;对直接负责的主管人员和其他直接责任人员,依法给予处分;造成损失的,依法承担赔偿责任;构成犯罪的,依法追究刑事责任: (一) 损毁、擅自移动永久性测量标志或者正在使用中的临时性测量标志; (二) 侵占永久性测量标志用地; (三) 在永久性测量标志安全控制范围内从事危害测量标志安全和使用效能的活动; (四) 擅自拆迁永久性测量标志或者使永久性测量标志失去使用效能,或者拒绝支付迁建费用; (五) 违反操作规程使用永久性测量标志,造成永久性测量标志毁损
16	《测绘法》第65条	违反本法规定,地理信息生产、保管、利用单位未对属于国家秘密的地理信息的获取、持有、提供、利用情况进行登记、长期保存的,给予警告,责令改正,可以并处二十万元以下的罚款;泄露国家秘密的,责令停业整顿,并处降低测绘资质等级或者吊销测绘资质证书;构成犯罪的,依法追究刑事责任。违反本法规定,获取、持有、提供、利用属于国家秘密的地理信息的,给予警告,责令停止违法行为,没收违法所得,可以并处违法所得二倍以下的罚款;对直接负责的主管人员和其他直接责任人员,依法给予处分;造成损失的,依法承担赔偿责任;构成犯罪的,依法追究刑事责任
17	《突发事件应对法》第63条	地方各级人民政府和县级以上各级人民政府有关部门违反本法规定,不履行法定职责的,由其上级行政机关或者监察机关责令改正;有下列情形之一的,根据情节对直接负责的主管人员和其他直接责任人员依法给予处分: (一) 未按规定采取预防措施,导致发生突发事件,或者未采取必要的防范措施,导致发生次生、衍生事件的; (二) 迟报、谎报、瞒报、漏报有关突发事件的信息,或者通报、报送、公布虚假信息,造成后果的; (三) 未按规定及时发布突发事件警报、采取预警期的措施,导致损害发生的; (四) 未按规定及时采取措施处置突发事件或者处置不当,造成后果的; (五) 不服从上级人民政府对突发事件应急处置工作的统一领导、指挥和协调的; (六) 未及时组织开展生产自救、恢复重建等善后工作的; (七) 截留、挪用、私分或者变相私分应急救援资金、物资的; (八) 不及时归还征用的单位和个人的财产,或者对被征用财产的单位和个人不按规定给予补偿的

(续表)

序号	法条依据	具体内容
18	《突发事件应对法》第64条	有关单位有下列情形之一的,由所在地履行统一领导职责的人民政府责令停产停业,暂扣或者吊销许可证或者营业执照,并处五万元以上二十万元以下的罚款;构成违反治安管理行为的,由公安机关依法给予处罚: (一)未按规定采取预防措施,导致发生严重突发事件的; (二)未及时消除已发现的可能引发突发事件的隐患,导致发生严重突发事件的; (三)未做好应急设备、设施日常维护、检测工作,导致发生严重突发事件或者突发事件危害扩大的; (四)突发事件发生后,不及时组织开展应急救援工作,造成严重后果的。 前款规定的行为,其他法律、行政法规规定由人民政府有关部门依法决定处罚的,从其规定
19	《突发事件应对法》第65条	违反本法规定,编造并传播有关突发事件事态发展或者应急处置工作的虚假信息,或者明知是有关突发事件事态发展或者应急处置工作的虚假信息而进行传播的,责令改正,给予警告;造成严重后果的,依法暂停其业务活动或者吊销其执业许可证;负有直接责任的人员是国家工作人员的,还应当对其依法给予处分;构成违反治安管理行为的,由公安机关依法给予处罚
20	《突发事件应对法》第66条	单位或者个人违反本法规定,不服从所在地人民政府及其有关部门发布的决定、命令或者不配合其依法采取的措施,构成违反治安管理行为的,由公安机关依法给予处罚
21	《核安全法》第75条	违反本法规定,有下列情形之一的,对直接负责的主管人员和其他直接责任人员依法给予处分: (一)国务院核安全监督管理部门或者其他有关部门未依法对许可申请进行审批的; (二)国务院有关部门或者核设施所在地省、自治区、直辖市人民政府指定的部门未依法公开核安全相关信息的; (三)核设施所在地省、自治区、直辖市人民政府未就影响公众利益的重大核安全事项征求利益相关方意见的; (四)国务院核安全监督管理部门或者其他有关部门未将监督检查情况形成报告,或者未建立档案的; (五)核安全监督检查人员执行监督检查任务,未出示有效证件,或者对获知的国家秘密、商业秘密、个人信息未依法予以保密的; (六)国务院核安全监督管理部门或者其他有关部门,省、自治区、直辖市人民政府有关部门有其他滥用职权、玩忽职守、徇私舞弊行为的

(续表)

序号	法条依据	具体内容
22	《核安全法》第76条	违反本法规定,危害核设施、核材料安全,或者编造、散布核安全虚假信息,构成违反治安管理行为的,由公安机关依法给予治安管理处罚
23	《核安全法》第77条	违反本法规定,有下列情形之一的,由国务院核安全监督管理部门或者其他有关部门责令改正,给予警告;情节严重的,处二十万元以上一百万元以下的罚款;拒不改正的,责令停止建设或者停产整顿: (一)核设施营运单位未设置核设施纵深防御体系的; (二)核设施营运单位或者为其提供设备、工程以及服务等的单位未建立或者未实施质量保证体系的; (三)核设施营运单位未按照要求控制辐射照射剂量的; (四)核设施营运单位未建立核安全经验反馈体系的; (五)核设施营运单位未就涉及公众利益的重大核安全事项征求利益相关方意见的
24	《核安全法》第78条	违反本法规定,在规划限制区内建设可能威胁核设施安全的易燃、易爆、腐蚀性物品的生产、贮存设施或者人口密集场所的,由国务院核安全监督管理部门责令限期拆除,恢复原状,处十万元以上五十万元以下的罚款
25	《核安全法》第79条	违反本法规定,核设施营运单位有下列情形之一的,由国务院核安全监督管理部门责令改正,处一百万元以上五百万元以下的罚款;拒不改正的,责令停止建设或者停产整顿;有违法所得的,没收违法所得;造成环境污染的,责令限期采取治理措施消除污染,逾期不采取措施的,指定有能力的单位代为履行,所需费用由污染者承担;对直接负责的主管人员和其他直接责任人员,处五万元以上二十万元以下的罚款: (一)未经许可,从事核设施建造、运行或者退役等活动的; (二)未经许可,变更许可文件规定条件的; (三)核设施运行许可证有效期届满,未经审查批准,继续运行核设施的; (四)未经审查批准,进口核设施的

(续表)

序号	法条依据	具体内容
26	《核安全法》第80条	违反本法规定,核设施营运单位有下列情形之一的,由国务院核安全监督管理部门责令改正,给予警告;情节严重的,处五十万元以上二百万元以下的罚款;造成环境污染的,责令限期采取治理措施消除污染,逾期不采取措施的,指定有能力的单位代为履行,所需费用由污染者承担: (一)未对核设施进行定期安全评价,或者不接受国务院核安全监督管理部门审查的; (二)核设施终止运行后,未采取安全方式进行停闭管理,或者未确保退役所需的基本功能、技术人员和文件的; (三)核设施退役时,未将构筑物、系统或者设备的放射性水平降低至满足标准的要求的; (四)未将产生的放射性固体废物或者不能经净化排放的放射性废液转变为稳定的、标准化的固体废物,及时送交放射性废物处置单位处置的; (五)未对产生的放射性废气进行处理,或者未达到国家放射性污染防治标准排放的
27	《核安全法》第81条	违反本法规定,核设施营运单位未对核设施周围环境中所含的放射性核素的种类、浓度或者核设施流出物中的放射性核素总量实施监测,或者未按照规定报告监测结果的,由国务院环境保护主管部门或者所在地省、自治区、直辖市人民政府环境保护主管部门责令改正,处十万元以上五十万元以下的罚款
28	《核安全法》第85条	违反本法规定,未经许可持有核材料的,由国务院核工业主管部门没收非法持有的核材料,并处十万元以上五十万元以下的罚款;有违法所得的,没收违法所得
29	《食品安全法》第122条	违反本法规定,未取得食品生产经营许可从事食品生产经营活动,或者未取得食品添加剂生产许可从事食品添加剂生产活动的,由县级以上人民政府食品安全监督管理部门没收违法所得和违法生产经营的食品、食品添加剂以及用于违法生产经营的工具、设备、原料等物品;违法生产经营的食品、食品添加剂货值金额不足一万元的,并处五万元以上十万元以下罚款;货值金额一万元以上的,并处货值金额十倍以上二十倍以下罚款。明知从事前款规定的违法行为,仍为其提供生产经营场所或者其他条件的,由县级以上人民政府食品安全监督管理部门责令停止违法行为,没收违法所得,并处五万元以上十万元以下罚款;使消费者的合法权益受到损害的,应当与食品、食品添加剂生产经营者承担连带责任

第三节 危害国家安全的刑事责任

危害国家安全行为一般先由行政法和各个单行法进行规制，但其社会危害性上升，就可能列入犯罪，由人民法院动用刑罚加以处罚。刑事责任是危害国家安全各类法律责任中最为严厉、惩罚力度最大、威慑作用最强的责任类型。具体而言，危害国家安全的主刑包括自由刑、财产刑和生命刑。自由刑可以分为拘役、有期徒刑和无期徒刑。财产刑主要指向没收犯罪工具和违法所得。生命刑指向死刑，具体包括死刑立即执行和死缓。

在刑法中，危害国家安全法益主要通过危害国家安全罪来确认，但这并不意味着危害国家安全犯罪等同于危害国家安全罪。刑法规定了危害狭义国家安全的犯罪构成及其刑事责任，其所保护的国家安全主要指向政治安全和国土安全。然而，政权稳定、政治制度的平稳运行和国土安全虽然是国家安全最为重要的组成部分，但并非国家安全法益整体。经济安全、社会安全、资源和生态安全同样构成国家安全的重要维度，对这些安全的侵犯也会关涉到国家基本制度、国计民生和日常生活秩序。与此相适应，刑法中的破坏社会主义市场经济秩序罪规定了大量危害国家经济安全的犯罪，妨碍社会管理秩序罪规定了侵犯公共场所秩序、信息安全、网络安全和国家机关工作秩序等安全法益的犯罪类型（详见表18.2）。

表18.2 危害国家安全刑事责任主要法条规定

序号	法条依据和罪名	具体内容
1	《刑法》第102条【背叛国家罪】	勾结外国，危害中华人民共和国的主权、领土完整和安全的，处无期徒刑或者十年以上有期徒刑； 与境外机构、组织、个人相勾结，犯前款罪的，依照前款的规定处罚
2	《刑法》第103条【分裂国家罪】【煽动分裂国家罪】	组织、策划、实施分裂国家、破坏国家统一的，对首要分子或者罪行重大的，处无期徒刑或者十年以上有期徒刑；对积极参加的，处三年以上十年以下有期徒刑；对其他参加的，处三年以下有期徒刑、拘役、管制或者剥夺政治权利； 煽动分裂国家、破坏国家统一的，处五年以下有期徒刑、拘役、管制或者剥夺政治权利；首要分子或者罪行重大的，处五年以上有期徒刑

(续表)

序号	法条依据和罪名	具体内容
3	《刑法》第104条【武装叛乱、暴乱罪】	组织、策划、实施武装叛乱或者武装暴乱的,对首要分子或者罪行重大的,处无期徒刑或者十年以上有期徒刑;对积极参加的,处三年以上十年以下有期徒刑;对其他参加的,处三年以下有期徒刑、拘役、管制或者剥夺政治权利; 策动、胁迫、勾引、收买国家机关工作人员、武装部队人员、人民警察、民兵进行武装叛乱或者武装暴乱的,依照前款的规定从重处罚
4	《刑法》第105条【颠覆国家政权罪】【煽动颠覆国家政权罪】	组织、策划、实施颠覆国家政权、推翻社会主义制度的,对首要分子或者罪行重大的,处无期徒刑或者十年以上有期徒刑;对积极参加的,处三年以上十年以下有期徒刑;对其他参加的,处三年以下有期徒刑、拘役、管制或者剥夺政治权利; 以造谣、诽谤或者其他方式煽动颠覆国家政权、推翻社会主义制度的,处五年以下有期徒刑、拘役、管制或者剥夺政治权利;首要分子或者罪行重大的,处五年以上有期徒刑
5	《刑法》第106条【与境外勾结的处罚规定】	与境外机构、组织、个人相勾结,实施本章第一百零三条、第一百零四条、第一百零五条规定之罪的,依照各该条的规定从重处罚
6	《刑法》第107条【资助危害国家安全犯罪活动罪】	境内外机构、组织或者个人资助实施本章第一百零二条、第一百零三条、第一百零四条、第一百零五条规定之罪的,对直接责任人员,处五年以下有期徒刑、拘役、管制或者剥夺政治权利;情节严重的,处五年以上有期徒刑
7	《刑法》第108条【投敌叛变罪】	投敌叛变的,处三年以上十年以下有期徒刑;情节严重或者带领武装部队人员、人民警察、民兵投敌叛变的,处十年以上有期徒刑或者无期徒刑
8	《刑法》第109条【叛逃罪】	国家机关工作人员在履行公务期间,擅离岗位,叛逃境外或者在境外叛逃的,处五年以下有期徒刑、拘役、管制或者剥夺政治权利;情节严重的,处五年以上十年以下有期徒刑; 掌握国家秘密的国家工作人员叛逃境外或者在境外叛逃的,依照前款的规定从重处罚
9	《刑法》第110条【间谍罪】	有下列间谍行为之一,危害国家安全的,处十年以上有期徒刑或者无期徒刑;情节较轻的,处三年以上十年以下有期徒刑: (一)参加间谍组织或者接受间谍组织及其代理人的任务的; (二)为敌人指示轰击目标的

(续表)

序号	法条依据和罪名	具体内容
10	《刑法》第111条【为境外窃取、刺探、收买、非法提供国家秘密、情报罪】	为境外的机构、组织、人员窃取、刺探、收买、非法提供国家秘密或者情报的,处五年以上十年以下有期徒刑;情节特别严重的,处十年以上有期徒刑或者无期徒刑;情节较轻的,处五年以下有期徒刑、拘役、管制或者剥夺政治权利
11	《刑法》第112条【资敌罪】	战时供给敌人武器装备、军用物资资敌的,处十年以上有期徒刑或者无期徒刑;情节较轻的,处三年以上十年以下有期徒刑
12	《刑法》第113条【危害国家安全罪适用死刑、没收财产的规定】	本章上述危害国家安全罪行中,除第一百零三条第二款、第一百零五条、第一百零七条、第一百零九条外,对国家和人民危害特别严重、情节特别恶劣的,可以判处死刑; 犯本章之罪的,可以并处没收财产
13	《刑法》第115条【放火罪;决水罪;爆炸罪;投放危险物质罪;以危险方法危害公共安全罪(结果加重犯)】	放火、决水、爆炸以及投放毒害性、放射性、传染病病原体等物质或者以其他危险方法致人重伤、死亡或者使公私财产遭受重大损失的,处十年以上有期徒刑、无期徒刑或者死刑
14	《刑法》第120条【组织、领导、参加恐怖组织罪】【数罪并罚】	组织、领导恐怖活动组织的,处十年以上有期徒刑或者无期徒刑,并处没收财产;积极参加的,处三年以上十年以下有期徒刑,并处罚金;其他参加的,处三年以下有期徒刑、拘役、管制或者剥夺政治权利,可以并处罚金; 犯前款罪并实施杀人、爆炸、绑架等犯罪的,依照数罪并罚的规定处罚
15	《刑法》第120条之一【帮助恐怖活动罪】	资助恐怖活动组织、实施恐怖活动的个人的,或者资助恐怖活动培训的,处五年以下有期徒刑、拘役、管制或者剥夺政治权利,并处罚金;情节严重的,处五年以上有期徒刑,并处罚金或者没收财产; 为恐怖活动组织、实施恐怖活动或者恐怖活动培训招募、运送人员的,依照前款的规定处罚; 单位犯前两款罪的,对单位判处罚金,并对其直接负责的主管人员和其他直接责任人员,依照第一款的规定处罚

(续表)

序号	法条依据和罪名	具体内容
16	《刑法》第 120 条之二 【准备实施恐怖活动罪】	有下列情形之一的,处五年以下有期徒刑、拘役、管制或者剥夺政治权利,并处罚金;情节严重的,处五年以上有期徒刑,并处罚金或者没收财产: (一)为实施恐怖活动准备凶器、危险物品或者其他工具的; (二)组织恐怖活动培训或者积极参加恐怖活动培训的; (三)为实施恐怖活动与境外恐怖活动组织或者人员联络的; (四)为实施恐怖活动进行策划或者其他准备的 有前款行为,同时构成其他犯罪的,依照处罚较重的规定定罪处罚
17	《刑法》第 120 条之三 【宣扬恐怖主义、极端主义、煽动实施恐怖活动罪】	以制作、散发宣扬恐怖主义、极端主义的图书、音频视频资料或者其他物品,或者通过讲授、发布信息等方式宣扬恐怖主义、极端主义的,或者煽动实施恐怖活动的,处五年以下有期徒刑、拘役、管制或剥夺政治权利,并处罚金;情节严重的,处五年以上有期徒刑,并处罚金或者没收财产
18	《刑法》第 120 条之四 【利用极端主义破坏法律实施罪】	利用极端主义煽动、胁迫群众破坏国家法律确立的婚姻、司法、教育、社会管理等制度实施的,处三年以下有期徒刑、拘役或者管制,并处罚金;情节严重的,处三年以上七年以下有期徒刑,并处罚金;情节特别严重的,处七年以上有期徒刑,并处罚金或者没收财产
19	《刑法》第 120 条之五 【强制穿戴宣扬恐怖主义、极端主义服饰、标志罪】	以暴力、胁迫等方式强制他人在公共场所穿着、佩戴宣扬恐怖主义、极端主义服饰、标志的,处三年以下有期徒刑、拘役或者管制,并处罚金
20	《刑法》第 120 条之六 【非法持有宣扬恐怖主义、极端主义物品罪】	明知是宣扬恐怖主义、极端主义的图书、音频视频资料或者其他物品而非法持有,情节严重的,处三年以下有期徒刑、拘役或者管制,并处或者单处罚金
21	《刑法》第 125 条【非法制造、买卖、运输、邮寄、储存枪支、弹药、爆炸物罪】【非法制造、买卖、运输、储存危险物质罪】	非法制造、买卖、运输、邮寄、储存枪支、弹药、爆炸物的,处三年以上十年以下有期徒刑;情节严重的,处十年以上有期徒刑、无期徒刑或者死刑; 非法制造、买卖、运输、储存毒害性、放射性、传染病病原体等物质,危害公共安全的,依照前款的规定处罚 单位犯前两款罪的,对单位判处罚金,并对其直接负责的主管人员和其他直接责任人员,依照第一款的规定处罚

(续表)

序号	法条依据和罪名	具体内容
22	《刑法》第126条【违规制造、销售枪支罪】	依法被指定、确定的枪支制造企业、销售企业,违反枪支管理规定,有下列行为之一的,对单位判处罚金,并对其直接负责的主管人员和其他直接责任人员,处五年以下有期徒刑;情节严重的,处五年以上十年以下有期徒刑;情节特别严重的,处十年以上有期徒刑或者无期徒刑: (一)以非法销售为目的,超过限额或者不按照规定的品种制造、配售枪支的; (二)以非法销售为目的,制造无号、重号、假号的枪支的; (三)非法销售枪支或者在境内销售为出口制造的枪支的
23	《刑法》第127条【盗窃、抢夺枪支、弹药、爆炸物、危险物质罪】【抢劫枪支、弹药、爆炸物、危险物质罪;盗窃、抢夺枪支、弹药、爆炸物、危险物质罪】	盗窃、抢夺枪支、弹药、爆炸物的,或者盗窃、抢夺毒害性、放射性、传染病病原体等物质,危害公共安全的,处三年以上十年以下有期徒刑;情节严重的,处十年以上有期徒刑、无期徒刑或者死刑; 抢劫枪支、弹药、爆炸物的,或者抢劫毒害性、放射性、传染病病原体等物质,危害公共安全的,或者盗窃、抢夺国家机关、军警人员、民兵的枪支、弹药、爆炸物的,处十年以上有期徒刑、无期徒刑或者死刑
24	《刑法》第128条【非法持有、私藏枪支、弹药罪】【非法出租、出借枪支罪】	违反枪支管理规定,非法持有、私藏枪支、弹药的,处三年以下有期徒刑、拘役或者管制;情节严重的,处三年以上七年以下有期徒刑; 依法配备公务用枪的人员,非法出租、出借枪支的,依照前款的规定处罚; 依法配置枪支的人员,非法出租、出借枪支,造成严重后果的,依照第一款的规定处罚; 单位犯第二款、第三款罪的,对单位判处罚金,并对其直接负责的主管人员和其他直接责任人员,依照第一款的规定处罚
25	《刑法》第129条【丢失枪支不报罪】	依法配备公务用枪的人员,丢失枪支不及时报告,造成严重后果的,处三年以下有期徒刑或者拘役
26	《刑法》第130条【非法携带枪支、弹药、管制刀具、危险物品危及公共安全罪】	非法携带枪支、弹药、管制刀具或者爆炸性、易燃性、放射性、毒害性、腐蚀性物品,进入公共场所或者公共交通工具,危及公共安全,情节严重的,处三年以下有期徒刑、拘役或者管制

（续表）

序号	法条依据和罪名	具体内容
27	《刑法》第140条【生产、销售伪劣产品罪】	生产者、销售者在产品中掺杂、掺假，以假充真，以次充好或者以不合格产品冒充合格产品，销售金额五万元以上不满二十万元的，处二年以下有期徒刑或者拘役，并处或者单处销售金额百分之五十以上二倍以下罚金；销售金额二十万元以上不满五十万元的，处二年以上七年以下有期徒刑，并处销售金额百分之五十以上二倍以下罚金；销售金额五十万元以上不满二百万元的，处七年以上有期徒刑，并处销售金额百分之五十以上二倍以下罚金；销售金额二百万元以上的，处十五年有期徒刑或者无期徒刑，并处销售金额百分之五十以上二倍以下罚金或者没收财产
28	《刑法》第141条【生产、销售、提供假药罪】	生产、销售假药的，处三年以下有期徒刑或者拘役，并处罚金；对人体健康造成严重危害或者有其他严重情节的，处三年以上十年以下有期徒刑，并处罚金；致人死亡或者有其他特别严重情节的，处十年以上有期徒刑、无期徒刑或者死刑，并处罚金或者没收财产； 药品使用单位的人员明知是假药而提供给他人使用的，依照前款的规定处罚
29	《刑法》第142条【生产、销售、提供劣药罪】	生产、销售劣药，对人体健康造成严重危害的，处三年以上十年以下有期徒刑，并处罚金；后果特别严重的，处十年以上有期徒刑或者无期徒刑，并处罚金或者没收财产； 药品使用单位的人员明知是劣药而提供给他人使用的，依照前款的规定处罚
30	《刑法》第142条之一【妨害药品管理罪】	违反药品管理法规，有下列情形之一，足以严重危害人体健康的，处三年以下有期徒刑或者拘役，并处或者单处罚金；对人体健康造成严重危害或者有其他严重情节的，处三年以上七年以下有期徒刑，并处罚金： （一）生产、销售国务院药品监督管理部门禁止使用的药品的； （二）未取得药品相关批准证明文件生产、进口药品或者明知是上述药品而销售的； （三）药品申请注册中提供虚假的证明、数据、资料、样品或者采取其他欺骗手段的； （四）编造生产、检验记录的。 有前款行为，同时又构成本法第一百四十一条、第一百四十二条规定之罪或者其他犯罪的，依照处罚较重的规定定罪处罚

(续表)

序号	法条依据和罪名	具体内容
31	《刑法》第143条【生产、销售不符合安全标准的食品罪】	生产、销售不符合食品安全标准的食品,足以造成严重食物中毒事故或者其他严重食源性疾病的,处三年以下有期徒刑或者拘役,并处罚金;对人体健康造成严重危害或者有其他严重情节的,处三年以上七年以下有期徒刑,并处罚金;后果特别严重的,处七年以上有期徒刑或者无期徒刑,并处罚金或者没收财产
32	《刑法》第144条【生产、销售有毒、有害食品罪】	在生产、销售的食品中掺入有毒、有害的非食品原料的,或者销售明知掺有有毒、有害的非食品原料的食品的,处五年以下有期徒刑,并处罚金;对人体健康造成严重危害或者有其他严重情节的,处五年以上十年以下有期徒刑,并处罚金;致人死亡或者有其他特别严重情节的,依照本法第一百四十一条的规定处罚
33	《刑法》第145条【生产、销售不符合标准的医用器材罪】	生产不符合保障人体健康的国家标准、行业标准的医疗器械、医用卫生材料,或者销售明知是不符合保障人体健康的国家标准、行业标准的医疗器械、医用卫生材料,足以严重危害人体健康的,处三年以下有期徒刑或者拘役,并处销售金额百分之五十以上二倍以下罚金;对人体健康造成严重危害的,处三年以上十年以下有期徒刑,并处销售金额百分之五十以上二倍以下罚金;后果特别严重的,处十年以上有期徒刑或者无期徒刑,并处销售金额百分之五十以上二倍以下罚金或者没收财产
34	《刑法》第146条【生产、销售不符合安全标准的产品罪】	生产不符合保障人身、财产安全的国家标准、行业标准的电器、压力容器、易燃易爆产品或者其他不符合保障人身、财产安全的国家标准、行业标准的产品,或者销售明知是以上不符合保障人身、财产安全的国家标准、行业标准的产品,造成严重后果的,处五年以下有期徒刑,并处销售金额百分之五十以上二倍以下罚金;后果特别严重的,处五年以上有期徒刑,并处销售金额百分之五十以上二倍以下罚金
35	《刑法》第147条【生产、销售伪劣农药、兽药、化肥、种子罪】	生产假农药、假兽药、假化肥,销售明知是假的或者失去使用效能的农药、兽药、化肥、种子,或者生产者、销售者以不合格的农药、兽药、化肥、种子冒充合格的农药、兽药、化肥、种子,使生产遭受较大损失的,处三年以下有期徒刑或者拘役,并处或者单处销售金额百分之五十以上二倍以下罚金;使生产遭受重大损失的,处三年以上七年以下有期徒刑,并处销售金额百分之五十以上二倍以下罚金;使生产遭受特别重大损失的,处七年以上有期徒刑或者无期徒刑,并处销售金额百分之五十以上二倍以下罚金或者没收财产

（续表）

序号	法条依据和罪名	具体内容
36	《刑法》第148条【生产、销售不符合卫生标准的化妆品罪】	生产不符合卫生标准的化妆品,或者销售明知是不符合卫生标准的化妆品,造成严重后果的,处三年以下有期徒刑或者拘役,并处或者单处销售金额百分之五十以上二倍以下罚金

后 记

中国特色社会主义进入新时代，我国社会主要矛盾已经转化为人民日益增长的美好生活需要和不平衡不充分的发展之间的矛盾。人民不仅对物质文化生活提出了更高要求，而且在民主、法治、公平、正义、安全、环境等方面的要求也在日益增长。国安才能国治，治国必先治安。国家安全和社会稳定，改革发展才能不断推进。2014年4月15日，习近平总书记在主持召开中央国家安全委员会第一次会议发表重要讲话中第一次提出了"总体国家安全观"，强调指出，要准确把握国家安全形势变化新特点、新趋势，必须坚持总体国家安全观，以人民安全为宗旨，以政治安全为根本，以经济安全为依托，走出一条中国特色国家安全道路。

国家安全涵盖领域十分广泛，既有传统安全，又有非传统安全。在总体国家安全观的指引下，集政治安全、国土安全、军事安全、经济安全、文化安全、社会安全、科技安全、网络安全、生态安全、资源安全、核安全、海外利益安全、生物安全、太空安全、极地安全、深海安全等于一体的国家安全体系已在构建与完善之中。

为有效维护国家安全、完善中国特色社会主义制度、推进国家治理体系和治理能力现代化，2015年1月23日，中共中央政治局审议通过了《国家安全战略纲要》，它是中国第一个国家安全战略文本。《国家安全战略纲要》要求加强国家安全教育，培养国家安全专业人才。同年7月1日，第十二届全国人民代表大会常务委员会第十五次会议通过新的《国家安全法》，明确规定"把国家安全教育纳入国民教育和公务员教育培训体系"。2020年9月，教育部发布《大中小学国家安全教育指导纲要》。2020年12月30日，国务院学位委员会、教育部发布《关于设置"交叉学科"门类、"集成电路科学与工程"和"国家安全学"一级学科的通知》，决定设置"交叉学科"门类，正式增设"国家安全学"一级学科，要求有关方面加快推进国家安全学科建设和人才培养。

为满足国家安全战略实施对人才的需求，"十四五"时期，可以说是我国国家安全学学科建设和人才培养的重要窗口期。在此背景下，我校依托法学、政治学和公共管理三个一级学科,加大学科的交叉和融合,加快推进国家安全法学学科建设。2021年6月,我校在中共上海市委国家安全委员会办公室(市国安办)、市国家安全局、上海社会科学院、上海国际问题研究院、上海市法学会国家安全法律研究会等单位的大力支持下,组织相关专家审议通过国家安全法学学科建设论证方案,通过上海市学位办向教育部学位中心正式申报增设交叉学科"国家安全法学"硕士学位授权点,并于2022年2月12日获批备案通过。

2020年12月,由我牵头组织校内法学、政治学、公共管理、社会学等学科团队,与上海市高级人民法院、上海市人民检察院、上海社会科学院、上海市法学会国家安全法律研究会等单位合作申报成功国家社科基金重大项目"新时代国家安全法治的体系建设与实施措施研究"(项目编号:20&ZD191)。2021年11月1日,由华东政法大学、上海市法学会国家安全法律研究会、上海社会科学院联合召开的"国家安全学科与话语体系建设"研讨会,吸引了中国人民大学、北京师范大学、中国政法大学、西南政法大学、西北政法大学、复旦大学、上海交通大学、华东理工大学、上海财经大学、上海政法学院,以及来自最高人民法院、上海市人大监察与司法委员会、上海市高级人民法院、上海市人民检察院、上海市国家安全局、上海市法学会等高校、科研院所、政法机关的近百位专家学者、实务工作者参会,与会人员围绕"习近平新时代中国特色国家安全理论问题""新时代国家安全法治体系的协调问题""新时代国家安全法治体系的适用问题""新时代国家安全法治体系的实施保障措施""新时代中国国家安全法治体系的立法完善"五个议题进行了深入研讨。学界与实务界共商国家安全法治体系建设路径,既关注传统领域,又对新时代的变革有所因应;既有国内法视角,又与国际法相衔接。本次研讨会中所产生思想成果,既丰富了国家安全法治的理论内涵,又提供了未来国家治理的实际建议,为新时代总体国家安全法治体系建设与完善,贡献了智慧与力量。上海电视台、《法治日报》《检察日报》《上海法治报》等媒体对本次研讨会的成果进行宣传报道,取得了广泛的好评。有鉴于此,本次研讨会的不少成果也被吸收在了由我主编的《国家安全法学》一书中,我在此代表编写组向各位论者表示衷心的感谢。

为了依托"国家安全法学"孵化并推进我校国家安全学学科建设,我们组织了国家社科基金重大项目"新时代国家安全法治的体系建设与实施措施研究"课题组中的我校青年教师为主的编写力量,编写"国家安全学"系列教材,本书是其中第一本出版的教材,也是国家社科基金重大项目"新时代国家安全法治的体系建设与实施措施研究"阶段性研究成果之一。全书由我担任主编,李翔教授(华东政法大学发展规划处处长、学科建设办公室主任、博士生导师)担任执行主编,杨知文(华东政法大学副教授、法学博士)、杨海强(华东政法大学助理研究员、法学博士)担任副主编。由我与李翔教授负责全书策划、统稿。两位副主编参与了部分章节的审稿工作。具体编写分工如下(以编写章节先后为序):杜欢博士(第一章、第四章)、吉磊博士(第二章、第三章)、杨知文博士(第五章、第六章)、李振勇博士(第七章、第八章)、戴津伟博士和张健博士(第九章、第十八章)、龙敏博士和张健博士(第十章、第十一章)、程凡卿博士(第十二章、第十三章)、李翔教授、戎静博士(第十四章、第十五章)、杨海强博士(第十六章、第十七章)。

由于我们对国家安全学的认识还处于不断研究与学习之中,理论储备不足,加上编写者写作水平有限,教材中难免有不当疏漏之处,尚祈方家指正。在此,我们也感谢北京大学出版社徐音编辑的大力支持与帮助,她的努力使本教材得以顺利出版。

华东政法大学校长、教授、博士生导师:叶青
2022 年 3 月 20 日